BIBLIOTHECA
SCRIPTORVM GRAECORVM ET ROMANORVM
TEVBNERIANA

L. CAELIVS FIRMIANVS LACTANTIVS

DIVINARVM INSTITVTIONVM LIBRI SEPTEM

FASC. 1
LIBRI I ET II

EDIDERVNT

EBERHARD HECK
ET
ANTONIE WLOSOK

MONACHII ET LIPSIAE
IN AEDIBVS K. G. SAVR MMV

Bibliographic information published by Die Deutsche Bibliothek

Die Deutsche Bibliothek lists this publication in the
Deutsche Nationalbibliografie,
detailed bibliographic date is available
in the Internet at **http://dnb.ddb.de**.

© 2005 by K. G. Saur Verlag GmbH, München und Leipzig
Printed in Germany
Alle Rechte vorbehalten. All Rights Strictly Reserved.
Jede Art der Vervielfältigung ohne Erlaubnis des Verlags ist unzulässig.
Satzaufbereitung: Eberhard Heck
Satz: pagina GmbH, Tübingen
Gedruckt auf alterungsbeständigem Papier.
Druck und Bindung: Druckhaus „Thomas Müntzer" GmbH, 99947 Bad Langensalza
ISBN 3-598-71265-0

VIRIS REVERENDISSIMIS

QVI NOBIS LACTANTIO DEDITIS

FAVTORES FVERVNT

JACQUES MOREAU
(1918 – 1961)

ERNST ZINN
(1910 – 1990)

HANC EDITIONEM

GRATA RECORDATIONE

DEDICAMVS

PRAEFATIO

Lactantii Diuinarum institutionum libros septem in Bibliotheca Teubneriana edituris nobis et bibliopolae placuit hoc opus in quattuor fasciculos diuidere. Hic primus continet libros I *De falsa religione* et II *De origine erroris* praefatione aliisque subsidiis praemissis; alter continebit libros III *De falsa sapientia* et IV *De uera sapientia et religione*, tertius libros V *De iustitia* et VI *De uero cultu*, quartus librum VII *De uita beata*, deinde appendicem interpretationum uocum Graecarum, postremo indices formarum uel scripturarum et locorum et nominum. Speramus fasciculos ita editum iri, ut quemque proximus biennio fere intermisso sequatur.

Hac praefatione agemus 1. de Institutionum usque ad nostra tempora fortuna, 2. de codicibus, 3. de librorum I–VII inscriptionibus, 4. de recensendis et emendandis Institutionibus, 5. de editionis instructione; sequuntur index editionum et commentationum atque index compendiorum et siglorum.

Etiam posterioribus fasciculis praemittentur praefationis supplementa continentia, quae ad libros in iis edendos proprie pertineant (e. g. de recensendis locis Sacrae scripturae a Lactantio in libro IV uerbo tenus laudatis in altero fasciculo agetur editione huius libri absoluta); praeterea supplementa idonea erunt, ubi si necesse fuerit menda priorum fasciculorum corrigantur uel iis addenda inserantur uel index commentationum suppleatur. Supplementorum quoque paginae per numeros q. d. Romanos numerabuntur ita, ut alteri fasciculi supplementum hanc praefationem, tertii et quarti antecedens quodque continuent; similiter cuiusque fasciculi paginarum numeri q. d. Arabici, quibus textus (et quae eum in quarto sequentur) numerabitur, antecedentis fasciculi numeris adnectentur.

1. De Institutionum usque ad nostra tempora fortuna

L. Caelius Firmianus qui et Lactantius[1] consilium *Diuinas institutiones*[2] scribendi cepit, cum Diocletianus et Galerius mense Februario a. 303 Christianos persequi coepissent et qui contra hos agerent Nicomediae extitissent (cf. inst. 5, 2, 1 – 4, 8). Absoluit eas antequam Galerius mense Maio a. 311 mortuus est[3], sed postea bis retractauit. Primum aliquot annis post fecit *Epitomen*, quae fieret magni operis licet breuiata, sed emendata quasi altera editio[4]. Deinde ipsis Institutionibus nouas curas adhibuit, quarum uestigia in quibusdam codicibus inuenimus[5]. Inseruit enim priori textui duas disputationes de causa et origine mali a deo ipso creati[6] et duas oratiunculas[7], quibus Institutiones Constantino dedicaret; praeterea hic illic uerba mutauit aut addidit. Quod opus iteratum ne perficeret, cum laudes Constantini a. 324[8] scripsisset, impeditus esse uidetur morte a. 325 obita.

Lactantium praesertim Hieronymo et Augustino notum fuisse constat[9], sed etiam alii ex Institutionibus hauserunt inde a Zenone Veronensi et Lucifero Calaritano usque ad Isidorum Hispa-

---

[1] De nominibus Lactantii sic restituendis cf. Wlosok, 1989, 378 post Brandt, Ed. I (1890), VII n. 1; de gentili u. infra p. XXIX. – Commentationes in indice pp. LI–LIII plene nominatas in notis nonnisi nomine auctoris anno pagina (uel nota) indicatis citamus; cf. n. 158.

[2] Quas sic inscriptas testatur Lact. inst. 1, 1, 12. ira 2, 4. epit. praef. 1; cf. infra p. XXVIII; u. et Wlosok l. c. 390.

[3] Cf. Heck, 1972, 143–150; Wlosok l. c. 390 sq.

[4] Cf. Lact. epit. edd. Heck – Wlosok, 1994, VII sq.

[5] Cf. Heck, 1972, passim (conspectus locorum 194 sq.).

[6] Inst. 2, 8, 6 add. 1–9 (et §§ 3–6 auctis). 7, 5, 27 add. 1–17; cf. Heck l. c. 24–115. Accedit opif. 19, 8 add. 1–5; cf. Heck ibid. 116–126.

[7] Inst. 1, 1, 13–16. 7, 26, 11–17; cf. Heck l. c. 127–170.

[8] Cf. Heck l. c. 138–143; 168–170. Contradixit Digeser (u. infra n. 80) nihil quod ualeat adferens.

[9] Horum et aliorum testimonia ap. Brandt, Ed. II 1 (1893), 161–167; Wlosok, 1989, 376; 379 sq. Ceterum cf. Brandt, Ed. I, VIII–XII.

lensem[10]. Adhuc minus exploratum est, qui auctores medii q. d. aeui Lactantio usi sint, sed Institutiones his quoque saeculis notas fuisse apparet ex codicibus, de quibus infra agemus[11]. Nam post duos codices saec. V (BG) extant sex saec. IX (DHMPRV; accedit fragmentum septimi A) et singuli saec. XI (K) et XII (S), quibus utimur testibus; postea sui iuris nullus est. Sed per renascentium litterarum aetatem Lactantii opera multis uiguerunt. Nam et ab auctoribus a saec. XIV ad XVI, inde a Petrarca usque ad Erasmum et aequales, laudantur Lactantioque eo tempore cognomen datum est Ciceronis Christiani[12], et codices recentiores his saeculis a prioribus extantibus descripti fere trecenti Lactantiana continent, plures quam ducenti Institutiones uel totas uel partes earum[13].

Paulo post quam libri typis imprimi coepti sunt, 1465 primus liber in Italia impressus est Lactantii operum, etiam Institutionum editio princeps in monasterio Sublacensi (*Subiaco*, prope Romam) a C. Sweynheim et A. Pannartz Moguntiacensibus[14]. Secutae sunt usque ad finem saec. XVIII plurimae editiones; de quibus cum diligenter egerit Brandt[15], hic pauca sufficiant: Cum editiones saec. XV impressae nihil fere nisi codices quosdam recentiores reddidissent, textui emendando operam dare coepe-

---

[10] V. indicem expilatorum et testium ap. Brandt, Ed. II 2 (1897), 269–278, et nostrum apparatum nota 'Test.' signatum.

[11] V. infra pp. XIV–XXIV; conspectus siglorum p. LVI.

[12] V. Wlosok, 1989, 403 sq.; cf. Winger, 1999, 65 sq.

[13] Cf. infra p. XLIII.

[14] Cf. Brandt, Ed. II 1 (1893), XLII sq.; u. et: La culla della stampa italiana 1465–1965, ed. Comitato esecutivo per le celebrazioni centenarie, Sublacii 1965, 24–33 (adnexae imagines editionis).

[15] Brandt l. c. XXXIX–LXXXI, de Inst. XLII–LXX. Opera Lactantii a 1465 usque ad 1500 impressa descripsit numeris 9806–9825 L. Hain, Repertorium bibliographicum in quo libri ... usque ad annum MD typis impressi ... recensentur, 2, 1, Stutgardiae / Parisiis 1831; editiones usque ad 1786 etiam ap. C. T. G. Schoenemann, Bibliotheca historico-literaria patrum Latinorum 1, Lipsiae 1792, 180–248.

runt I. Parrhasius (Venetiis 1509), I. B. Egnatius (Aldina, Venetiis 1515), X. Betuleius (Basileae 1563) et alii, sed curae textui constituendo adhibitae floruerunt saec. XVIII[16]: Cum C. A. Heumann (1736) Lactantii textum persaepe coniecturis mutasset, J. L. Bünemann (1739) recte a Brandt ut optimus antecessor laude ornatus[17] textui tradito intellegendo et seruando operam dedit nonnullis locis rectius quam postea Brandt (e. g. 1, 3, 7. 17, 10. 2, 3, 20). Bünemann notas, quas dederat C. Cellarius (1698), qui primus Lactantii operum capita per paragraphos digessit, integras et, ut iam alii priores, notas antecessorum selectas recepit. 1748 N. Lenglet-Dufresnoy editionem a J. B. Le Brun inchoatam (hic illic codd. Parisinis ueteribus nisam) absoluit, cui praeter suas etiam priorum notas selectas necnon ampliores dissertationes addidit[18]. Editionem minorem, sed paucis notis et coniecturis (e. g. 2, 11, 4) instructam curauit O. F. Fritzsche 1842; secundum hanc editionem laudabat Brandt opera Lactantii, antequam sua ederetur.

Primus profecto recensuit Institutiones ut cetera opera Lactantii S. Brandt 1890 in editione Vindobonensi. Textum constituit ex codicibus ueteribus BGHMPRSV recentioribus rarissimo[19] usus; ergo nonnumquam lectiones genuinas antea obrutas

---

[16] Editiones quarum hinc mentio fit numerantur infra p. LI; de his et aliis eiusdem temporis cf. Brandt l. c. LXV–LXX.

[17] Brandt l. c. LXVI sq.; XCII n. 1. Ex huius editionis cum notis, tum uerbis sine notis receptis apparet, qualis textus Lactantii operum, praesertim Institutionum, usque ad saec. XVIII uulgatus fuerit, cum antiquorum codicum lectiones saepissime tamquam sentibus innumerabilium recentiorum interpolatorum obrutae essent; cf. n. 18.

[18] De hac editione Brandt l. c. LXVIII. Eam J. P. Migne 1844 repetiuit PL 6 (inst., epit.) et PL 7 (cetera, aliorum opusculis adiunctis); hic ut apud Bünemann (u. n. 17) reperitur textus ante Brandt uulgatus, quo quidam etiam post Brandt usi sunt. Ex PL 6, 883–1016 laudamus notas quas dederat I. Isaeus 1646 (uelut ad 1, 11, 63).

[19] In locis supra nn. 6 et 7 laudatis adhibuit Gothanum, de quo u. infra n. 67.

protraxit. Incommodis quidem editio non caret, quia Brandt interdum lectiones codicum, quorum partem alii in eius usum contulerant, falsas reddidit[20], scribendi ratione paene fortuita usus est scripturis uetustissimi cod. B nimium obsecutus[21], adnotationem minutiis ad correctiones scripturasue pertinentibus onerauit, denique tradita uerba coniecturis siue priorum siue suis persaepe mutauit[22], nonnullis locis contra numeros clausularum, quod ei paulo post uitio dedit Th. Stangl[23] optime meritus de respicienda lingua Lactantii et Ciceroniana et posteriore uerborum usu imbuta. Quod Brandt in recensendis Institutionibus ea, quae nos Lactantii ipsius retractationi tribuimus[24], ab alio interpolata iudicauit[25], error, a quo ipse postea recessit[26], frugifer fuit, quia uiam ad uerisimilia inuenienda monstrauit[27]. Nihilominus Brandt etiamnunc summae auctoritatis esse debet, quia hucusque alia Institutionum editio non extitit digna, quae in eius locum succedat[28]. Duo subsidia ad explicanda cum alia scripta,

---

[20] E. g. B 1, 18, 5 (habet *senem*). 2, 11, 5 (habet *est*); BG 1, 18, 21 (habent *uulcano*); P 1, 18, 16 (habet *potest*). 2, 11, 4 (habet *coeperit*); R 1, 16, 2 (ad *uniuersa*). 2, 2, 10 (ad *mouetur*). 2, 17, 9 (ad *acceperimus*). – Ex errore priora recepit 1, 8, 8 *et* pro *e*; 1, 11, 63 *placans* pro *precans*; alii errores e. g. 1, 19, 3 *esse* om.; 2, 3, 14 *qui* pro *quia*.

[21] Cf. Brandt, Ed. I, XIX. CVII; sequitur B quamuis uariantem (conspectus XIX–XXII); ubi B deest, sequitur P, quia eius uerborum formas omnibus locis descriptos habet. V. infra p. XLV sq. et n. 150.

[22] E. g. 1, 1, 4. 9, 5. 16, 4. 17, 10. 21, 7; contra numerum 1, 1, 10. 7, 1. 11, 50. 2, 16, 12.

[23] Stangl 1915, passim; u. infra ad 1, 9, 5. 16, 4. 17, 13; de numero 1, 20, 27. Non probamus quod 2, 3, 1 al. scripturas *prodeesse* sim. Lactantio tribuit; cf. infra n. 151.

[24] V. supra p. VIII et nn. 5–7.

[25] Brandt, 1889; Ed. I, XXXII; cf. Heck, 1972, 17–19.

[26] Brandt, BPhW 23, 1903, 1225; cf. Heck l. c. 20 n. 9.

[27] Primus indicia abhinc non refutata attulit locos 2, 8, 6 add. 1–9 et laudes Constantini priori textui non congruentes postea insertos esse; cf. Heck l. c. 19; 22 sq.; 39 sq.; 138–150.

[28] De editionibus quas confecit Monat u. infra p. XII et nn. 32–35. –

tum Institutiones ministrauit, dicimus indices quos addidit editioni[29] et apparatus praeter adnotationem criticam sectiones, quibus indicantur et fontes et expilatores et qui Epitomes locus cuique Institutionum loco respondeat[30].

Lactantii scriptis minoribus in serie *Sources Chrétiennes* inscripta ab a. 1954 usque ad 1987 editis[31] etiam Institutionum libris singulis inde a 1973 deditus esse coepit P. Monat. Cum libri V textum, uersionem Gallicam et commentarium duobus uoluminibus 1973[32] edidit, breuem adnotationem criticam dedit et de textu quorundam locorum constituendo egit, sed editionem criticam non effecit nec hoc tunc sibi uindicauit. Quod expressis uerbis fecit, cum libros I, II, IV singulis uoluminibus edidit et rationes criticas a Brandt differentes protulit[33]. Sed quamquam nonnullis locis textum traditum a Brandt mutatum restituit et defendit, scribendi rationem diligentius adhibuit adnotationemque criticam strictiorem reddidit, succedere non potuit in locum

---

Winger, 1999, 93–251 libros V et VI (praemissis 3, 7, 1 – 13, 6; 4, 22–26. 30) breuiter adnotatos cum uersione Germanica edidit Brandt fere secutus, hic illic copiis nostris usus (cf. 93 n. 589).

[29] Index uerborum rerumque grammaticarum notabilium (Ed. II 2 [1897], 363–568) aliis exemplo esse potest materiae bene eligendae; Brandt una cum hoc indice etiam schedas in usum Thesauri linguae Latinae confecit. – Licet hic notemus nos ad inuestigandum Lactantii uerborum usum et similia adhibere textum Brandt arte computatoria tamquam in horreum redactum, quem 1975 ab Uniuersitate Bruxellensi recepimus, sed correximus et scribendi ratione uniformem reddidimus (cf. Heck, Philologus 132, 1988, 172 n. 67; Heck – Wlosok, 1996, 147 n. 12). Ab eo textu profecti hanc editionem arte computatoria instituimus; u. infra p. L.

[30] Cf. Lact. epit. edd. Heck – Wlosok, XXII–XXIV et n. 72; XLI. De huius editionis apparatu eiusque sectionibus u. infra p. XLVI sq.

[31] Cf. Heck, 1992, 592 n. 1.

[32] Cf. Heck, Gnomon 49, 1977, 366–370; de textu et adnotatione 369.

[33] Monat, Ed. inst. I (1986), 7. 20; Ed. inst. II (1987), 18 – cf. Heck, 1992, 593 –; Ed. inst. IV (1992), 27.

editionis Vindobonensis, primum quia codices neglegenter contulerat, etiam errores a Brandt descripserat[34], deinde quod recensendi officio minime satisfecit[34a].

Cum iam Brandt Lactantium in Bibliotheca Teubneriana iterum edere uoluisset, quod ne fieret bello 1914 orto prohibitum est[35], nos rogantibus aedibus Teubnerianis tunc Stutgardiensibus 1969 consilium cepimus scripta Lactantii edendi[36]. Inde ab a. 1972 Epitomen, ab a. 1974 Institutionum editionem praeparare coepimus subsidia arte computatoria comparando et codices lucis arte depictos conferendos curando[37]; hoc munere functa est Wiebke Schaub. Quod opus cum inde ab a. 1978 uariis de causis intermittendum nobis fuisset, a. 1988 denuo suscepimus ab Institutionum primo libro sumentes exordium. Sed iam a. 1971 Epitomen quasi minus specimen maiori operi praemittere constitueramus; quod consilium cum distulissemus fere 1981 certiores facti de editione, quam curaret Perrin, inde ab autumno a. 1991 renouauimus et Epitomes editioni operam dedimus[38]. Quae cum 1994 absoluta esset, aliis occupationibus[39] detenti inde ab a. 2001 – cum interea Bibliothecam Teubnerianam, quae post a. 1945 in Lipsiensem et Stutgardiensem diuisa a. 1991 rursus una facta erat, a. 1999 suscepisset K. G. Saur bibliopola Monacensis – denuo nos ad Institutiones edendas contulimus.

---

[34] Cf. Heck, 1992, 594 sq.; 2000, 599 sq.; ad inst. I Id., 2005, 57–60.

[34a] Cf. Heck, 1992, 596 et e. g. infra ad 1, 4, 4.

[35] Cf. Brandt, Philologus 78, 1923, 131 et Stangl, 1915, 224; ceterum cf. Lact. epit. edd. Heck – Wlosok, XVII.

[36] Idem consilium iam antea ceperant Wlosok et Jacques Moreau, quod huius praematura morte a. 1961 irritum factum est.

[37] Per annos 1975–1978 nos adiuuit societas *Deutsche Forschungsgemeinschaft* (*DFG*) nominata; u. infra n. 40 et p. L.

[38] Cf. Lact. epit. edd. Heck – Wlosok, XVII; Heck – Schickler (infra n. 39) 42.

[39] Etiam Epitome in Germanam linguam uersa: Lactantius, Göttliche Unterweisungen in Kurzform, übersetzt v. E. Heck u. G. Schickler, Monaci / Lipsiae 2001.

2. De Institutionum codicibus

Describimus codices quam breuissime[40] eo ordine, qui efficitur, cum ii ex textus recensione in classes distribuuntur, i. e. BG, DV, PA, HMW, KS, R; codicum sigla per ordinem alphabeticum digeremus p. LVI; illinc lectorem pagina indicata huc relegamus. Quomodo cuiusque classis codices inter se coniunctae sint, iam in hac parte breuiter notamus; quae rationes intercedant inter has classes, infra pp. XXXIV–XLII narrabitur, cum de recensendis Institutionibus agetur.

1. Classis β (et β³), i. e. codd. BG:

B   B[41] = Bononiensis, bibl. uniu. (*Bologna, Biblioteca universitaria*) 701, saec. V in Italia scriptus litteris uncialibus, quaque pagina per binas columnas. Continet opera Lactantii in corpore X librorum, i. e. Inst. libros I–VII, deinde lib. VIII *De ira diuina* (sic), IX *De opificio diuino* (sic), X *Epitome* (sc. cc. 51–68

---

[40] Fusius de iis quos adhibuit, BGVPHMSR, egit Brandt, Ed. I, XIII–LVI. Horum codd. et eorum, quibus praeterea utimur, DKW, nobis praesto sunt imagines lucis arte siue taeniis minutis siue chartis depictae. Partem earum comparauimus sumptibus *DFG* (u. supra n. 37), ceteras nostris, quasdam locante instituto Parisino dicto *Institut de recherche et d'histoire des textes* (*IRHT*). Taenias codd. MPRS nobis insigni comitate credidit Institutum Erasmianum Monasteriense. Codices ex imaginibus (BDHPRV ipsis in bibliothecis ad locos quosdam inspectis) in usum nostrum sumptibus *DFG* contulit Wiebke Schaub 1975–1978 (de K u. infra n. 63). Eius notis usi praesertim eas lectiones, quas incertas uel a Brandt differentes indicauerat, ex imaginibus codicum recoluimus.

[41] B descripsit Brandt l. c. XIII–XXVI B¹ saec. VI uel VII, B³ saec. XIII uel XIV scriptum ratus. B¹ saec. V tribuit Lowe, CLA III 280 (cum imagine), B³ saec. VII, sed Bischoff (ap. Heck, 1972, 12 n. 7) eam manum semiuncialibus q. d. litteris usam ineuntis saec. VI uel etiam exeuntis saec. V esse confirmat (cf. Bischoff, 1966, 151; de fortuna cod. Hunt, 1962, 3–6). B praesto fuit nobis taeniis primo ab *IRHT* conductis, deinde a bibliotheca Bononiensi emptis.

tantum). Inst. extant foll. 1ʳ – 221ʳ. Initium deest 2 foll. amissis; f. 1 incipit a 1, 2, 2 *putaretur*; praeterea desunt 1, 5, 23 *sed ut est* ... 6, 15 *in* (2 foll. amissis); 1, 11, 55 *leamus eos* ... 18, 2 *rebus os* (8 foll. amissis); 4, 8, 6 *itemque ceteros* ... 8 *reuelaret*. 9 *et alios item* ... 11 *traduxerit*. 29, 4 *sed ille quasi* ... 6 *portiones* (hos tres locos consulto omissos suppl. B³); 5, 18, 7 *inanem* ... 14 *dignissimus iudi* (lacuna prius orta; suppl. B³); 6, 24, 27 *sed hominis* ... 25, 11 *ad sacri* (folio amisso).

Quaedam menda correxit manus prima, quaedam manus secunda (B²) eiusdem aetatis suo Marte. Sed et tertia manus (B³) se interposuit paulo recentior[42] et exemplari a B¹ alieno usa B³ ita, ut B³ testis sui iuris habendus sit. Nam proprio fonte nisa menda manus primae correxit et omissa suppleuit[43], praesertim quae B¹ in libro IV consulto omiserat; etiam menda ex suo exemplari intulit uelut 2, 7, 11 *thebis* pro *ueiis* et quae addit 2, 7, 22 post *morbo*. Nonnullis locis in B ordo uerborum transpositus, sed restitutus est lineolis planis supra textum additis, e. g. 2, 9, 24 pro *prima sunt* habet B *sunt prima*, sed supra *s* duas, supra *p* unam lineolam; idem u. 1, 11, 10. 2, 9, 26 (ordo sic falso m.2 mutatus 1, 18, 11).

G[44] = Sangallensis (*St. Gallen, Stiftsbibliothek*) 213, saec. V in G

---

[42] De aetate manus B³ u. supra n. 41; ergo non B³ e codice tardo et deteriore pendet (sic Brandt l. c. XXVI), sed tales recentiores e B a manu tertia tractato; B³ codicem non solum, quod Brandt monet, mendis auxit, sed plura a B¹ omissa suppleuit (u. infra p. XXXV et n. 100) rectasque lectiones restituit uelut 6, 21, 4 (u. infra n. 101).

[43] Singula uerba s. l., plura in mg. sup. uel inf. suppleuit in textu locum ubi suppleantur signo *hd* uel *hd·* indicans, cui respondet in mg. ante suppleta *hs* uel *hs·*, e. g. 1, 8, 5. 2, 6, 1. 7, 2; de *hd* = *hic deorsum* et *hs* = *hic seorsum* u. post alios M. Perrin in: Lact. opif. ed. M. P., Parisiis 1974, 82 sq. (quamquam de additamentis, quibus B³ auxit opif., adsentiri non possumus).

[44] Cf. Lowe, CLA VII 923; Brandt, Ed. I, XXVI–XXIX; amplius Id., 1884, ubi edidit quae legere potuerat. Nobis ut plura cognoscamus chartae lucis arte depictae praesto sunt, quas 1975 luce ultra uiolam

XVI   PRAEFATIO

Italia scriptus litteris uncialibus, sed rescriptus saec. VIII Gregorii Magni dialogis, paginis inde ab 153 antea alio tractatu anonymo, ergo bis rescriptis. Extant ex libris I–VI 77 folia ordine, ut in palimpsestis fieri solet, perturbato. Sunt libri I 4, II 16, III 15, IV 12, V 10, VI 20 folia seruata, quae in codice per paginas numerantur[45]. Ubicumque G extat, indicamus in apparatus sectione 'Codd.' notata; hi loci sunt in hoc fasciculo: 1, 15, 30 – 16, 10.   17, 4–13.   18, 19 – 20, 2.   20, 14–24; 2, 1, 1 – 2, 14 (4 foll.).   4, 10–23.   5, 5–16.   5, 36 – 6, 5.   7, 9 – 8, 7 (2 foll.).   8, 31–43.   8, 53–65.   9, 3–25 (2 foll.).   10, 8–17.   16, 19 – 17, 9.   18, 6 – 19, 6.

B[1] et G ex communi fonte originem ducere uidit Brandt[46]; ergo hanc classem signo β comprehendimus, cum B[3] ex alio fonte deducta sit[47], quem β[3] signamus.

2. Classis δ, i. e. codd. D V:

D   D[48] = Cameracensis (*Cambrai, Bibliothèque municipale*) 1219,

   usus confecit P. Meinrad Wölfle OSB Beuronensis, quod ut fieret
   eximia beneuolentia concesserat Johannes Duft tunc bibliothecae
   Sangallensis moderator. Has imagines a W. Schaub collatas atque
   transscriptas hic illic denuo inspeximus. In paginis inde a p. 153 bis
   rescriptis lucis arte depictis ultra quae Brandt (cf. 1884, 248) membranis ipsis aqua leuiter madefactis legerat nihil agnosci potuit.

[45] Cf. tabulas ap. Brandt, 1884, 237–239 (sec. ordinem hodierni codicis); 239–244 (sec. ordinem textus Lactantiani, i. e. ordine prioris codicis restituto). In adnotatione Brandt paginas G primo sec. textus prioris ordinem, deinde uncis inclusas sec. codicis ordinem numerat, e. g. 1, 18, 19 '5 (151)'; nos solum hodierni codicis pag. indicamus. De Monat G neglegenter adhibente u. Heck, 1992, 595 sq.

[46] Brandt, Ed. I, XXIX sq.; Id., 1884, 253–256. Nota communia additamenta e. g. 1, 19, 4. 2, 1, 5. 5, 8, praesertim 2, 1, 13. 4, 3, 18 (cf. Brandt, 1884, 254); alia consulto mutata 2, 2, 11. 19, 3; menda uelut ordinem uerborum turbatum e. g. 2, 4, 22. 9, 8; omissa 1, 19, 3. 2, 5, 8. Non alterum ex altero, sed utrumque ex eodem fonte pendere monstrauit Brandt ibid. mendis utrique propriis.

[47] V. infra p. XXXV sq.

[48] Cf. Bischoff, 1998, 179 nr. 812. Brandt, Ed. I, LIII, eum codicem a

saec. IX Cameraci scriptus minusculis Carolinis, continet in 165 foliis libros I–VII. Paginae binis columnis scriptae sunt, sed exterior pars exterioris cuiusque columnae ab incendio aquaque detrimento adfecta est; quo ubi aliquid periit uel incertum est, notamus, si alicuius momenti est, i. e. si uariae lectiones praesertim in V occurrunt uel si textus contra ceterorum codicum consensum mutatur. Omisit D ut V 3, 17, 24 *quomodo* . . . 33 *omnium*; 4, 8, 6 *itemque ceteros* . . . 8 *reuelaret.* 9 *et alios item* . . . 11 *traduxerit*; 4, 29, 1 *fortasse* . . . 3 *generari.* Codicem interdum correxit manus prima, interdum duae ut uid. manus paulo recentiores (nobis D^2).

V^{49} = Valentianensis (*Valenciennes, Bibliothèque municipale*) 147 (olim 140), saec. IX in scriptorio Remensi scriptus litteris minusculis Carolinis, continet in 144 foliis libros I–VI. Omisit V ut D 3, 17, 24 *quomodo* . . . 33 *omnium*; 4, 8, 6 *itemque ceteros* . . . 8 *reuelaret.* 9 *et alios item* . . . 11 *traduxerit*; 4, 29, 1 *fortasse* . . . 3 *generari.* Correxit codicem manus prima, sed saepius altera paulo recentior exemplari ut uid. correctiore usa.

V

D et V ex communi fonte, quam δ signamus, originem ducere manifestum est, quia in libris III et IV eadem siue errore siue consulto omittunt, in libro V eandem appellationem Constantini 5, 1, 1 et ante subscriptionem notam *emendaui conferente secundo* exhibent; in DV etiam eadem interpretamenta locorum Graecorum sunt. Uterque habet menda propria, V plura quam D.

Exemplar quo saec. IX usus est Sedulius Scottus, cum Graeca Lactantii excerpsit interpretamentis Latinis additis, quae extant

Sedul.

Lenglet adhibitum nusquam inueniri dixit, sed nos eum in bibliotheca Cameracensi praesto esse cognouimus taeniasque ab *IRHT* 1974 conduximus. Tria folium paria 35/35bis, 36/36bis, 48/48bis conglutinata W. Schaub in bibliotheca aperienda curauit paginasque adhuc opertas nec depictas contulit. Ergo D habet 165, non 162 folia.

[49] De V cf. Brandt, Ed. I, XL–XLVII, de aetate et origine Bischoff ap. Heck, 1972, 13 n. 19. Nobis taenias bibliotheca Valentianensis credidit, unde chartas trahendas curauimus.

in codice Parisino bibl. armamentarii (*Paris, Bibliothèque de l'Arsénal*) 8407 foll. 64^V – 66^{V50}, ex δ pependisse uidetur, nisi quod nonnumquam ex π contaminatum fuit[51].

3. Classis π, i. e. P et fragmentum A:

P P[52] = Parisinus BN (*Paris, Bibliothèque nationale*) lat. 1662 (Puteani), scriptus saec. IX litteris minusculis Carolinis in monasterio Corbeiensi (*Corbie*)[53], continet corpus codici B simile, i. e. inst. I–VII, deinde ira et opif. et epit. inde a c. 51, sed mutilatam[54]. Inst. exhibentur a f. 1^r ad 163^r, desunt 5, 17, 22 *ire stultum* ... 20, 12 *de quibus*; 6, 3, 2 *aditu esse* ... 4, 1 *tartara*; 7, 22, 4 *quamuis* ... 14 *conuerterent*; his locis scriptura continuatur, ergo lacunae iam in priore codice ortae sunt. Codicem correxit manus prima, sed plerumque altera (P^2) et tertia (P^3) eiusdem fere aetatis ex fonte meliore; exemplar quo altera usa est, ex classe σ pendet[55].

---

[50] Edidit Montfaucon, 1708, 243–247; imagines chartis depictas a bibliotheca recepimus. Cf. Brandt, Ed. I, CIV–CVII et Ed. II 2, 275 sq. Nos Sedulii excerpta non in editione ipsa inter testes notamus, sed una cum interpretamentis Latinis in appendicem quarti fasciculi relegamus (cf. infra p. XLIX); in adnotatione critica Sedulium non laudamus nisi ubi maioris momenti est, e. g. 2, 10, 4.

[51] Rem ita se habere apparet ex Graecis a Sedulio fere sicut in DV scriptis, rarius P similibus, cui etiam quaedam interpretamenta propinqui sunt. Ut Sedulii lectiones, quas in appendice proferemus, cum DV et P conferri possint, iam in edendis Graecis scripturas eorum codicum amplius notamus quam infra p. XLIX uolumus. Sedulius uix 'instar codicis Lactantii' (Brandt l. c. CV) habendus est, quia quae a DVP aliena habet, e. g. 1, 6, 4 προcδεομαι pro προσδέεται (interpretatus *eget*) uel 1, 8, 3 δυναται pro δύνατ', ubi aut lemma lexici pro forma finita aut scripturam plenam pro breuiata reddit, propria sunt uiri saec. IX grammaticae quasi purgatae operam dantis.

[52] Cf. Brandt, Ed. I, XXXVIII–XL. Taeniam imaginum codicis nobis credidit Institutum Erasmianum Monasteriense.

[53] Bischoff, 1966, I 58 cum n. 29.

[54] Cf. Lact. epit. edd. Heck – Wlosok, XXXII.

[55] E. g. 1, 20, 36 *stercutus* pro *sterculus*; 1, 14, 5 *diespiter*; cf. 1, 21, 4 *sacrilegiis*; cf. Heck, 1972, 176; 178.

A[56] = fragmentum Auerbodense, i. e. 4 folia in cod. Auerboden- A
sis (*Averbode, Bibliothèque de l'abbaye*) 44 E XIV inuolucrum
inglutinata, quae olim partes erant codicis Institutionum nunc
deperditi, qui saec. IX in monasterio Fuldensi litteris minusculis
Carolinis per binas columnas scriptus erat. Exhibent haec folia
inst. 4, 29, 12 – 5, 2, 8 columnis exterioribus resectis mutila.

Hunc codicem ex eodem fonte originem duxisse ac P apparet
ex mendis communibus 5, 1, 11 *strictior* pro *instructior*, 19 *gaudium* pro *gradum*, 22 *ignorabilis* pro *ignobilis* et *uere* pro *se*;
lectio 5, 2, 4 *Christianorum* pro *Christianum* a P aliena et cum
BR communis a Brandt falsa iudicata recta est, i. e. A hoc loco
textum genuinum seruauit et P ut alii siue sua sponte siue ex
contaminatione falsum exhibet.

4. Classis η, i. e. codd. HMW:

H[57] = Palatino-Vaticanus (*Biblioteca Apostolica Vaticana*) lat. H
161, saec. IX scriptus in coenobio Sancti Amandi (in Gallia
septentrionali) litteris minusculis Carolinis, continet, quia initium excidit, in 235 foliis Inst. ab 1, 6, 5 *deo autem* totas, praeterea f. 236 cum propria inscriptione opif. 19, 1–8 et 20, 1 ... 2

---

[56] Cf. Bischoff, 1998, 40 nr. 172. Primus de A egit Cappuyns, 1964, 39–43 imaginibus inde a 5, 1, 1 additis et uariis lectionibus quas alicuius momenti putaret ex toto fragmento prolatis (nec satis cum aliis codd. sec. Brandt collatis); nos adhuc nihil ultra uidimus. Aliud eiusdem cod. fragmentum (inst. 5, 17, 10 – 19, 33) extat in cod. Florentino Laurentiano Ashburnhamiensi 1899 (Bischoff l. c. 257). De duobus fragmentis u. praefationis in tertio fasciculo supplementum.

[57] Cf. Brandt, Ed. I, XXXIV–XXXVI. Taenias imaginum primo nobis *IRHT* locauit, deinde a. 1990 a bibliotheca uniuersitatis Heidelbergensis emimus, quod summa beneuolentia permisit P. Leonard E. Boyle O.P. tunc Bibliothecae Vaticanae praefectus. – In ima pag. ultima, i. e. f. 236^V H^1 subscripsit: *Antestis d(omi)ni nimium praeclarus amande | hunc tibi lotharius librum sic scribere fecit*; de hoc Lothario (†828) et scriptorio coenobii S. Amandi cf. Lowe, CLA X, XIV sq. cum imagine.

expectant (sic). Codicem correxit praeter manum primam etiam altera meliore exemplari usa.

M   M[58] = Montepessulanus schol. med. (*Montpellier, Faculté de médecine*) 241, saec. IX loco ignoto scriptus litteris minusculis Carolinis, continet in 186 foliis Inst. totas, sed pristini codicis initium excidit usque ad 1, 9, 8 *quinni putem*, quae foll. 1–8
M[p] suppleuit manus posterior signata M[p] saec. XII. Post finem Inst. sequitur propria inscriptione data opif. 19, 1–8 et 20, 1 . . . 2 *expectant*. Codicem correxit et manus altera paulo tardior.

H et M tamquam gemellos fratres esse iam uidit Brandt[59]; coniunguntur praesertim 2, 8, 3 uerbis *fecerit . . . solus esset* pro *uoluerit*, 4, 30, 10 *aut arriani* haereticorum seriei additis, 6, 23, 10–11 *haec tamen . . . parcit* consulto omissis et fragmentis ex opif. 19–20 additis[60]; praeterea Graeca fere omnia (inde ab 1, 8, 3) Latinis litteris transscripta et distorta exhibent. M plura menda habet quam H, sed etiam utrique propria sunt.

W   W[61] = Vindobonensis ÖNB (*Wien, Österreichische Nationalbibliothek*) lat. 719, scriptus litteris minusculis Gothicis saec. XIII,

---

[58] Cf. Bischoff, 2004, 205 nr. 2851 (M in Gallia orientali uel in Germania occidentali scriptus uid.); Brandt l. c. XXXVI sq. De fortuna cf. Lowe, CLA VI 789 (saec. XII M fuit Diuiduni [*Metz*], ubi supplementum M[p] et duo folia codicis saec. VII a Lactantio alieni addita sunt). – Taeniam imaginum nobis credidit Institutum Erasmianum Monasteriense. Nota: f. 185 (7, 20, 5 *contestantibus . . .* 21, 8 *accipient*) olim ante f. 181 collocatum post f. 184 (7, 27, 9 *quam bonā*) transpositum est.

[59] Brandt ibid. Ea de causa M usque ad 1, 10 tantum notauit, Monat per totum opus, quod et nobis placet.

[60] Haec in KS ante 7, 27, 3 inserta sunt; u. infra p. XXVIII.

[61] Cf. Brandt, Ed. I, XXXVII. Taeniam imaginum a bibliotheca comparauimus. Partes, praesertim 1, 1–6, contulit W. Schaub; locos lectionibus codicum HM uel KSR insignes (notandum est W 1, 6, 12 exhibere additamentum a KSR insertum, ab HM alienum; cf. infra n. 119) inspexit Heck 1988 adiutore Wolfram Winger, 1, 7–9 contulit 2001 adiutrice Katrin Fürst.

continet Inst.[62] 127 foliis. Quia W cum HM plurimis propriis lectionibus coniungitur, ergo eodem fonte ortus est, adhibemus eum quoad illorum initia desunt, i. e. usque ad 1, 9, 11.

5. Classis σ, i. e. codd. KS:

K[63] = Casinensis (*Montecassino, Biblioteca del convento*) 595, K scriptus saec. XI litteris Beneuentanis binis columnis, continet in 90 foliis per paginas numeratis Inst. cum additamentis ed. secundae[64], sed uariis detrimentis desunt: 1, 19, 6 *factos* ... 20, 23 *humanum hoc* (folio exciso); partes textus 1, 23, 2 – 2, 1, 13 (parte f. 22 = p. 43 sq. inferiore abscissa); 2, 8, 6 add. 2 *starent* ... 3, 12, 35 *uideamur* (pluribus foliis amissis, ft. iam fonte mutilato); partes textus 3, 12, 35 – 14, 6 (parte f. 31 = p. 61 sq. abscissa); 4, 1, 3 *tatur mortem* ... 4, 6, 8 *ego eram cui* (3 foll. excisis); partes textus 4, 15, 19 – 4, 16, 8 (parte f. 50 = p. 99 sq. superiore abscissa); 4, 16, 9 *contumelia* ... 4, 17, 15 *habeamus* (folio exciso); 6, 3, 7 *si ducem nactus* ... 4, 13 *mala eius et* (folio exsecto); 6, 6, 17 *defensor si* ... 7, 3, 19 *si ita esse* (p. 156 lacuna indicata omissa transsiliuntur, ergo iam fons mutilus); 7, 15, 4 *tamque mirabile* ... 7, 18, 4 κόσμον (2 foll. excisis); 7, 22, 16 *animae reuerti* ... 27, 1 *spatiis* (2 foll. excisis); ultimum folium continet p. 179 7, 27, 1 *ad metam* ... 2 *modo possunt*, laudes Constantini 7, 26, 11–17, deinde p. 180 propria inscriptione opif. 19, 1–8. 20, 1 ... 2 *expectant*[65], inst. 7, 27, 3 *proinde* ... 4 *operam dare ut*; finis libri deest.

---

[62] Folium excisum 1, 3, 19 *tot fuerint imperatores* ... 1, 4, 8 *principes aut* suppleuit manus posterior proprio folio. Iam in priore codice defuerunt quae W omisit 1, 13, 2 – 14, 1. 15, 18–31. 6, 23, 29 – 24, 5.

[63] Cf. Codicum Casinensium manscriptorum catalogus rec. M. Inguanez, uol. III pars 2, Montis Casini 1941, 272. Brandt, Ed. I, LI sq. codicis mentionem tantum fecit ut ex eodem fonte orti ac S, sed cf. Heck, 1992, 594. Taeniam imaginum adiuuante bibliopola adepti sumus; partes praesertim lib. II et VII contulit W. Schaub, K totum 1981/82 contulit Heck adiuuante Elke Ahlborn†.

[64] Cf. supra p. VIII nn. 6–7.

[65] Haec fragmenta HMW in fine adnexa exhibent; u. infra p. XXVIII.

Codicem correxerunt manus prima et manus altera eiusdem fere aetatis; quaedam (e. g. 3, 25, 15 *Phaedonem* pro *Pythagoram*) secundum editionem impressam correxit manus recentissima.

S S^{66} = Parisinus BN (*Paris, Bibliothèque nationale*) lat. 1664, scriptus saec. XII in Italia litteris Gothicis, continet in 182 foliis Inst. cum additamentis secundae editionis, at partes non a manu priore S signata, sed a manibus posterioribus suppletae sunt: Primum folium, quod detrimentis affectum esse uidetur, trans-
S^p scripsit manus fere saec. XIV S^p signata; ergo S ipsa incipit f. 2^r ab 1, 1, 7 *esse his*. Tum desunt iam fonte, ut uidetur, mutilato 2, 8, 35 *aliquid qui* ... 3, 14, 11 *philosophorum sa* et 6, 6, 14 *esse coeperint* ... 7, 5, 6 *spectans uultus*; has lacunas suppleuit manus saec. XIV uel XV pendens ex classe η, quam Brandt merito in adnotationem non recepit. Ante 7, 27, 3 post alteras laudes Constantini S eadem fragmenta ex opif. 19–20 exhibet quae K.

Praesertim hinc, sed etiam ex aliis rebus (e. g. mendis 2, 8, 4 add.), manifestum est K et S ex communi fonte fluxisse. Sed S non a K descriptus est, quia 3, 17, 36 pro *audiat* S cum HMR^2 habet *audeat*, K *audat* errorem separatiuum, unde S pendere nequit, et 3, 25, 7 pro *componere* habet *comprehendere*, quod et K habuit antequam manus prima restituit *componere* (unde conicias K pendere ex exemplari duplices lectiones continente); ergo si S saeculo post ex K descriptus esset, uix intellegeres quare lectionem ante correctionem lectu difficilem recepisset. Utique K prior classis σ testis est quam S et praesertim in additamentis libri VII, ubi R deest, testis uetustissimus (K inter R et S alterius gradus esse apparet et ex 5, 1, 10 add., ubi R recte *uenena tegentia*, K *uenenum teg-*, S *uenenum agentia* habet)[67].

---

[66] Cf. Brandt, Ed. I, XLVII–LI. Taeniam imaginum nobis credidit Institutum Erasmianum Monasteriense.

[67] Cum K et S nobis praesto sint, noniam necesse est ad additamenta editionis secundae (ut Brandt et eum secutus Heck 1972) uel alias (ut

6. Classis ρ, i. e. cod. R:

R⁶⁸ = Parisinus BN (*Paris, Bibliothèque nationale*) lat. 1663   R
(Regius), scriptus litteris minusculis Carolinis saec. IX in Gallia
occidentali; deinde fuit monasterii Floriacensis (*Fleury*). Continet in 216⁶⁸ᵃ foliis Inst. cum additamentis editionis secundae,
quoad extat. Nam mutilus est et iam ex fonte mutilato originem
ducere uidetur; desunt 2, 9, 8 *nam* ... 3, 4, 4 *sicut*, 4, 16, 12
audaciam ... 17, 5 *sed et ipse*, 6, 25, 4 *quae etiam* ... 7, 7, 3
aliorum etiam, 7, 9, 12 *sentiens uel* usque ad finem. Primam
lacunam suppleuit saec. XII Iulianus quidam ex codice Plani-   Rᵖ
pedensi (ex monasterio *Pleinpied* prope Auaricum [*Bourges*])⁶⁹;

> Monat) adhibere g = Gothanum (*Thüringische Landes- und Forschungsbibliothek Gotha*) membr. I 55 saec. XIV. Quem (et eius propinquos) sui iuris testem putauit M. C. Tagliente, AFLPer 16–17, 1, 1978–1980, 13–31, sed u. Heck, 1992, 594 n. 6 et infra n. 126; g eiusque propinqui pendent ex codice contaminato, cuius fontes in inst. sunt V, P et S, coniecturisque praesertim in Graecis aucto. Locos et longiores textus partes Gothani inspexerunt W. Schaub et Heck, quibus taenias comiter credidit Michel Perrin.

⁶⁸ Cf. Brandt, Ed. I, XXX–XXXIV; Heck, 1972, 184 sq.; originem nos docuit Birgit Ebersperger in Academia Monacensi edendo Bischoff, Katalog ... III dedita. Taeniam imaginum totius codicis nobis credidit Institutum Erasmianum Monasteriense, postquam 1971 adepti sumus imagines chartis depictas foll. 1ʳ – 60ʳ (i. e. etiam supplementi Planipedensis; cf. Heck l. c. 13 n. 15; 174 n. 18). Numeros q. d. stichometricos, quos exhibet R signo *u. n.* in inscriptione et subscriptione libri IV et in inscriptione libri VI, u. infra p. XXVI sq.

⁶⁸ᵃ In numerandis foliis tertium decimum praetermissum est; ergo inde a f. 13 numeri in codice scripti uno minores sunt (e. g. f. 56ʳ, ubi incipit Rᵖ, re uera f. 57ʳ est); hos minores numeros recipimus sicut Brandt; folium praetermissum 12bis numerari oportet.

⁶⁹ Cf. Brandt l. c. XXX sq. Iuliani subscriptio f. 59ᵛ haec (compendiis fere expletis): *Ego iulianus armarius cum hęc q(uat)tuor folia deessent· quesiui ea multis in locis· (et) q(uia) liber hic raro inuenitur uix tand(em) repp(er)i in monasterio clericorum p(ro)pe bituricas q(uo)d plani pedes d(icitu)r.*

quod supplementum Planipedense (i. e. foll. $56^r - 59^v$) signo R^p notauit Brandt. Cum iam prima manus quaedam correxisset, altera manus codicem castigauit, quam Brandt R^2 notauit, sed iam uidit manum esse eiusdem Iuliani[70]. Qui utique usus est exemplari classi σ adscribendo, quia et appellationem Constantini 3, 1, 1 necnon lectiones ad editionem secundam pertinentes 2, 8, 39 et 12, 7 habet et correctiones eius nonnumquam lectionibus KS adfines sunt[71].

3. De librorum I–VII inscriptionibus

Lactantium ipsum singulis Institutionum libris proprias inscriptiones dedisse satis constat, cum hae inscriptiones non solum in codicibus, i. e. inscriptionibus et subscriptionibus cuiusque libri exhibeantur, sed etiam auctoris ipsius testimoniis confirmentur, qui earum in prooemiis et epilogis facit mentionem. Placuit nobis haec testimonia unum in locum congerere ita, ut primo inscriptiones et subscriptiones codicum, quas Brandt suo quoque loco protulit, hic in adnotationem secundum ordinem librorum redigamus[72], deinde ex codicum lectionibus et testimoniis auctoris singulorum librorum inscriptiones colligamus. Proferamus ergo inscriptiones et subscriptiones quas habent codices (compendiis fere expletis; prius notamus nihil tale extare in G):

1 a. Inscriptio totius operis:
incipit liber lactantii contra gentes M (i. e. M^p);   *l. coelii lactantii firmiani diuinarum institutionum lib.* (i. e. libri) *VII* K m. rec. (taeniis pictis uetustior inscriptio operta?);   *incipit liber* (deinde s.l., sed eras. *celi*) *firmiani· institutionum diuinarum* et in mg. dext. ab imo ad summum *celii firmiani de religione et*

---

[70] Brandt l. c. XXXIII sq.
[71] Cf. Heck, 1972, 173 sq. cum n. 17; adde 1, 21, 6 *moluio*.
[72] Ergo in adnotatione critica ad initium et finem cuiusque libri lectores huc relegabimus.

rebus diuinis ad constantinum imperatorem R;   nihil tale in
DVPWS; initium omnino deest in BH.

1 b. Inscriptio libri primi:
incipit (om. DP) *liber firmiani* (*ni* inc. D; *-mini* V) *lactantii de
falsa religione* (*ligione* inc. D) DVP;   *l. caecili firmiani* (s.l.)
lactantii liber primus contra gentes m. rec. in mg. sup. M;
firmiani lactantii de falsa religione deorum li(ber) in(cipit) S
(i. e. S^p);   nihil tale in WKR. – Tituli in summa quaque pag.
sin. *de falsa*, dext. *religione* BDV.

2. Subscriptio libri primi, inscriptio libri secundi:
*l. caeli firmiani lactanti de falsa religione liber primus explicit
incipit liber secundus de origine erroris   legenti uita in christo
iesu domino nostro* B (antea in fine col. christogramma q. d.
inter A et Ω);   *explicit liber de falsa religione   incipit de
origine erroris* DV;   *cecilii firmiani de falsa religione liber
primus explicit* (deinde in pag. uacua inseruit testimonia Hieronymi m. rec.)   *incipit liber secundus lactantii caecilii firmiani
de origine erroris ad constantinum imperatorem* P;   *firmiani
lactantii de falsa religione deorum liber primus explicit   incipit
de eadem religione falsa liber II* H;   *explicit liber primus.
incipit II de falsa religione* W;   *firmiani lactantii de falsa religione deorum liber primus explicit. incipit liber secundus de
origine mortis* (sic) KS;   *l. caeli firmiani institutionum diuinarum liber primus explicit feliciter. incipit secundus de origine
erroris* R;   subscr./inscr. spatio uacuo om. M. – Tituli in summa
quaque pag. sin. *de origine*, dext. *erroris* BDV.

3. Subscriptio libri secundi, inscriptio libri tertii:
*l. caeli firmiani lactanti de origine erroris liber secundus explicit   incipit de falsa sapientia liber tertius   legenti uita in christo
iesu* B;   *explicit liber II   incipit liber III* D (deinde *et*?) V;   *de
origine erroris liber secundus explicit   incipit de falsa sapientia
liber III* P;   *firmiani lactanti de falsa religione deorum liber II
explicit   incipit de falsa sapientia philosophorum liber tertius* H
(eadem S in supplemento m. rec.);   *explicit liber secundus incipit III de falsa sapientia philosophorum* W;   exciderunt haec in

KSR (de m. rec. S u. supra; R^p a libro II ad III proxima lin. sola litt. initiali distincta pergit⁷³); subscr. et inscr. om. M. – Tituli in summa pag. sin. *de falsa*, dext. *sapientia* BV (ubi a f. 73ʳ accedit numerus *III*).

4. Subscriptio libri tertii, inscriptio libri quarti:
l. caeli firmiani lactanti de falsa sapientia liber III explicit incipit de uera sapientia et religione liber IIII feliciter   legenti uita in christo iesu B;   *de falsa sapientia liber III explicit incipit de uera sapientia et religione liber IIII feliciter* DV;   *de falsa sapientia liber tertius explicit   incipit de uera sapientia liber quartus* P;   *incipit liber IIII de uera religione et uera sapientia* tantum H; *explicit liber tertius incipit liber quartus firmiani lactanti de uera religione et uera sapientia* W;   *l. caeli firmiani de falsa sapientia philosophorum liber III explicit incipit de uera sapientia et religione liber IIII* KS;   *l. caeli firmiani institutionum diuinarum liber III explicit   incipit liber IIII de uera religione et sapientia u. n.* (i. e. *uersuum numero*) $\overline{II}$ *DCCC   hic dicit de natiuitate et passione domini christi et iudaeis* R;   subscr. et inscr. om. M, subscr. H. – Tituli in summa quaque pag. sin. *de uera sapientia*, dext. *et religione lib.* (om. V) *IIII* BV.

5. Subscriptio libri quarti, inscriptio libri quinti:
l. caeli firmiani lactanti de uera sapientia et religione liber IIII explicit   incipit de iustitia liber V   legentium uita in cristo iesum (sic) *dominum nostrum* B;   *de uera sapientia et religione liber IIII explicit incipit de iustitia liber* (om. D) *V* DV, eadem nisi *incipit liber quintus de iustitia* P;   *firmiani lactanti de religione uera et uera sapientia liber IIII explicit incipit liber V de iustitia feliciter* HM; *explicit liber IIII incipit* tantum W;   *de uera sapientia et religione liber IIII explicit   incipit liber V de iustitia feliciter* KS;   *l. caeli firmiani institutionum diuinarum liber IIII explicit u. n.* (u. supra 4.) $\overline{II}$ *DCCC   incipit liber V de*

---

⁷³ Subscriptionem Iuliani ad supplementum Planipedense u. supra n. 69.

PRAEFATIO

iustitia R. – Tituli in summa quaque pag. sin. *de iustitia*, dext. *lib. V* B (in V semel duabus primis pag. *de* et *iustitia lib. V*).

6. Subscriptio libri quinti, inscriptio libri sexti:
lactanti de iustitia liber V explicit incipit de uero cultu liber VI B; *explicit liber V de iustitia feliciter incipit de uero cul* (cetera cum mg. dext. desunt) D, *de iustitia liber quintus explicit incipit de uero cultu liber* (om. V) *sextus* PV; *firmiani lactanti* (*-tii* H) *de iustitia liber V explicit incipit de uero cultu liber VI feliciter* HM; *incipit liber VI de uero cultu* tantum W; *de iustitia liber V explicit incipit de uero cultu liber VI feliciter* KS; *l. caeli firmiani institutionum diuinarum liber V de iustitia explicit incipit liber VI de uero cultu u. n.* (u. supra 4.) $\overline{II}$ *D* R. – Tituli in summa quaque pag. sin. *de uero cultu*, dext. *lib. VI* B.

Nota: inter 5, 23, 5 et subscr. inserunt m.1 *emendaui conferente secundo* DV.

7. Subscriptio libri sexti, inscriptio libri septimi:
de uero cultu explicit liber VI incipit de uita baeata (pr. *a* del.) *liber VII* B; *explicit de uero cultu liber VI incipit liber VII de uita beata feliciter* D; *explicit de uero cultu deo gratias mihi autem adhaerere deo bonum est inmanuhel* V qui hic desinit; *explicit de uero cultu domino gratias incipit liber septimus de uita beata* P; *incipit liber VII eiusdem de uita beata feliciter* tantum H, *l. caecili firmiani lactanci de uero cultu explicit liber VI incipit liber VII eiusdem de uita beata feliciter* M (eadem fere S in supplemento m. rec.); *incipit liber VII* W; in H deest subscriptio; omnino haec exciderunt in KSR. – Tituli in summa quaque pag. sin. *de uita beata*, dext. *lib. VII* B.

8. Subscriptio libri septimi uel totius operis, inscriptio libri Lact. ira:

l. caeli firmiani lactanti de uita beata liber VII explicit incipit de ira diuina liber VIII B; *inclina domine aurem tuam et exaudi unum potens per omnia foue* tantum D; *celi firmiani institutionum diuinarum de uita beata explicit septimus liber incipit de ira diuina liber octauus* P; *firmiani lactanti explicit liber VII eiusdem de uita beata feliciter   de dei opificio id est de ratione firmiani lactanti* (om. M) *ad demetrianum* HM[74], qui deinde exhibent opif. 19, 1–8. 20, 1 . . . 2 *expectant* (eadem sine subscriptione et inscriptione habet W).

Post 7, 27, 2 et 26, 11–17 haec: *de dei opificio id est de ratione f. l. ad demetrianum*, deinde opif. l. c., KS; post inst. 7, 27, 3–16 hoc: *explicit liber ultimus* S; post 7, 27, 3–4 *dare ut* desinit K; R iam 7, 9, 12 desinit, V iam post librum VI.

Nunc colligamus, qui testes inscriptiones toti operi et singulis libris a Lactantio datas exhibeant:

1 a. totius operis: *Diuinae institutiones* Lact. inst. 1, 1, 12. ira 2, 4. epit. praef. 1; in codd. sic non nisi K m. rec., *inst- diu-* P subscr. VII, R subscr. I, III, IV, V (ex Hier. uir. ill. 80, 2).

1 b. libri I: *De falsa religione* in codd. inscr. DVP, subscr. BDVP, tituli in summis pag. BDV; nota: H (et W) libros I et II ut libros *De falsa religone deorum* (cf. 2, 1, 1) *I* et *II* numerant (ex inst. 3, 30, 10); cf. Lact. inst. 2, 1, 1 (plur.). 3, 2, 1 *religionum falsitas*. 3, 30, 10 (plur., de lib. I et II). epit. 25, 2 (sing., sed de parte libris I et II respondente; cf. 36, 1).

2. libri II: *De origine erroris* Lact. inst. 3, 2, 1; in codd. inscr. BDVPR (*de o. mortis* KS), subscr. B, tituli in summis pag. BDV; de H et W u. supra 1 b.

3. libri III: *De falsa sapientia* Lact. inst. 3, 30, 10; cf. 7, 1, 3. epit. 25, 2. 36, 1; in codd. inscr. BP, subscr. BDVP (*de f. s. philosophorum* inscr. H, subscr. KS), tituli in summis pag. BV.

4. libri IV: *De uera sapientia et religione* in codd. inscr. BDVKS, subscr. BDVPKS (*de u. s.* tantum P inscr., *de u. r. et u. s.* inscr. H, subscr. HM, *de u. r. et s.* R inscr.), tituli in summis pag. BV; cf. Lact. inst. 3, 30, 10. 4, 30, 15. epit. 36, 1.

5. libri V: *De iustitia* Lact. inst. 4, 30, 15. 5, 5, 1; cf. 5, 17, 17. epit. 53, 1; in codd. inscr. et subscr. omnium, tituli in summis pag. B.

---

[74] Duos uersus quos H[1] toti codici subiecit u. supra n. 57.

6. libri VI: *De uero cultu* in codd. inscr. omnium, subscr. BDVPM, tituli in summis pag. B; cf. Lact. inst. 6, 1, 11 (et 6, 2, 13. 15, 8. epit. 62, 4).

7. libri VII: *De uita beata* Lact. inst. 3, 13, 3. 7, 5, 8; in codd. inscr. BDPHM, subscr. BPHM, tituli in summis pag. B.

Nota: codices, qui quibusdam locis non citantur, his locis aut desunt (e. g. KSR) aut subscriptionem siue inscriptionem omnino omiserunt (e. g. M) aut nihil nisi libri numerum exhibent.

Postremo notamus nomen gentile Lactantii, quamquam non ab omnibus testibus idem exhibetur, tamen pro certo habendum est *Caelius*, quia *Caecilius*, quod nonnullis placet[75] suadente titulo Cirtensi CIL VIII 7241 *L. Caecilius Firmianus*, nonnisi a P in subscriptione libri I et inscriptione libri II atque ab M in inscriptione libri I (manu recentiore) et in subscriptione libri VII exhibetur, cum *Caelius* (sc. genitiuus *caeli*) a B et R, quoad praesto sunt, fere semper (B in subscriptione libri V habet *lactanti* tantum), praeterea a KS in subscriptione libri III et a P in subscriptione libri VII extet.

4. *De Institutionibus recensendis et emendandis*

Lactantii Institutiones recensendi exordium sumendum putamus a duabus rebus, quamuis altera alteri repugnare uideatur[76]:

1. Institutionum duas formas, breuiorem et longiorem, exhibent codices; pars codicum habet locos, qui ceteris desunt, scilicet disputationes de causa et origine mali, quae dicuntur 'additamenta dualistica', et laudes Constantini[77]. Formam breuem

---

[75] E. g. J. Moreau in: Lact. mort. pers. ed. J. M., Parisiis 1954, 14 n. 1; T. D. Barnes, Constantine and Eusebius, Cantabrigiae (Mass.) 1981, 13 n. 93. Cf. supra n. 1.

[76] Cf. Heck, 1972, 196–202 ('Doppelrezension und gemeinsamer Archetyp'); breuiter Id., 1993, 404–407. Copiose de recensendis Inst., sed suis iudiciis nisus Brandt, Ed. I, LVI–LXXIV.

[77] Cf. supra p. VIII nn. 6–7.

praebent, quoad extant, BGDVP fere puram, formam longam, quoad extant, R et KS; HM (et W) breuem formam tradunt, sed quaedam ex longiore contaminati receperunt[78]. Quae duae formae quomodo ortae essent, diu multumque disputatum est[79], hodie autem communis quae dicitur opinio uidetur esse Lactantium ipsum breuem formam retractando in longiorem redegisse, sed hoc opus non absoluisse[80].

2. Quae cum ita sint, fieri uidetur non posse, ut omnes codices ex uno eodemque archetypo originem ducant, cum iam duo Lactantii autographa, breue et longum, statuenda esse uideantur. Sed illum communem omnium codicum archetypum fuisse Brandt[81] probauit ita, ut, licet de plurimis locis haud recte iudicauerit, huic sententiae quod opponas non habeas. Nam et menda omnium codicum inuenit communia et locos protulit, ubi falsae lectiones longioris formae testium cum parte testium formae breuioris contra alteram partem congruunt.

Menda omnium communia[82]: 2, 4, 31 *sustulerat* pro *sustulisset*;

---

[78] Hic rem summatim strinximus (cf. Heck, 1992, 593 sq.); de classibus δ (DV) et π (P) singulis locis ex forma longa contaminatis u. infra p. XXXVII et XL, de classe σ (KS) olim breui, sed ex ρ (R) repleta p. XXXVII sq., de η (HM) p. XXXIX.

[79] Primus diligenter de ea re egit Brandt, 1889; ceterum u. Heck, 1972, 17–23; summatim Wlosok, 1989, 390.

[80] Quin forma longior breui posterior esset, inde a 1972 nemo fuit qui dubitaret. Additamenta denuo Lactantio abrogauit Monat, Ed. inst. II, 16 (cf. Heck, 1992, 596); ea, imprimis laudes Constantini, Lactantium iam a. 310/11 absoluto operi inseruisse temere (e. g. Epitome omnino neglecta) contendit E. D. Digeser, JECS 2, 1994, 35–52; Ead., Making a Christian Empire – Lactantius & Rome, Ithacae (NY) / Londinii 2000, 134 sq.

[81] Brandt, Ed. I, LVII–LXXI; cf. Heck, 1972, 196–200.

[82] Brandt l. c. LVII sq.; plures quidem locos quam oportuit, ut erat nimis amans coniecturarum, falso traditos putauit, sed satis multi probabiles restant. Cf. Heck l. c. 197–199; inst. 3, 18, 5 et ea, quae laudat 198 n. 11, errores auctoris ratus seruat Id., 1993, 409–415; inst. 6, 11, 16 *dicitis* tuetur Winger ad l. (1999, 210 n. 1383).

8, 62 *corporata* pro *torporata*; 9, 9 *hibernus* pro *hibernum*; 17, 5 *dei* omissum uidetur; 3, 9, 18 *ad ea quae* pro *ea ad quae* (*ea* exp. V²; G inc.); 15, 13 *faciet inquit sapiens idem Seneca* pro *f. s. inquit idem S.*; 21, 9 *etiam* falsum pro *tantum* ut uid.; 4, 13, 16 *curasset* falsum, pro *furasset* ut uid. (*celasset* P, coniectura).

Lectiones falsae longioris formae testium, praesertim R, parti testium breuioris formae, praesertim B, congruae[83]: Maximi momenti lacunae: 1, 4, 4 *qui talia loquebantur* om. BM^PKSR (HW desunt); 1, 7, 11 *de ... disseremus* om. BHM^PWKSR, solum sequens *nunc* om. DVP. – BR contra ceteros: 1, 7, 8 post *oportere* add. *debere*; 20, 10 *flagitante populo* pro *p. f.*; 2, 3, 11 *uulgatum* pro *uelatum*; 5, 33 *et* omissum; 7, 16 *lucinae* pro *laciniae*; BKSR contra ceteros uarios: 1, 18, 11 *faciendo* pro *fas endo* (*fas est do* DVP^ac); cf. 1, 21, 40 *idem* DVPR, *idae* B¹HMKS pro *ide*. – BDVPR contra HMKS: 2, 7, 11 *interrogauit* pro *interrogaret*; cf. 2, 5, 39 BPR *solidi*, DV *solidii* pro *sola dei*; huc referas etiam 1, 15, 31 *o patriae* DVPKSR (B deest, G inc.) pro *o genitor* contra HM, qui *o patriae genitor*[84].

Quomodo duae operis formae ab ipso auctore confectae et omnium codicum archetypus communis inter se conciliari pos-

---

[83] Adferimus locos librorum I et II; cf. Heck l. c. 199. Plura Brandt l. c. LVIII–LXIV cum tabulis. De nonnullis locis constituendis aliter iudicamus ac Brandt, et plurimis exemplis ab eo adlatis non communis omnium codicum fons efficitur, sed demonstratur, quomodo classes ex binis fontibus deriuatae sint, e. g. ex erroribus in B(G)HM aut in B(D)V communibus (cf. Brandt l. c. LX) colligimus classem δ atque η utramque et ex β et ex alio hyparchetypo originem ducere (u. infra p. XXXVI et XXXVIII). Tamen adhuc operae pretium est Brandt l. c. recolere, quod neglexit Monat e. g. ad 1, 4, 4. 7, 11 (cf. Heck, 1992, 596).

[84] Huc fortasse pertinent etiam loci, ubi B deest, sed ceteri easdem falsas lectiones praebent: 1, 6, 13 *creduntur*; 11, 63 *stella* pro *sella*; 12, 7 *qui* ante *quidem* omissum. Sed ab his discerni non possunt ii, ubi B solus contra ceteros congruos rectum habet, e. g. 1, 11, 31 *agesilao*; 20, 23 *numinibus*; 2, 5, 5 *mare*.

sint, haud facile, sed quodammodo probabiliter explicari potest. Iam Brandt, quamquam ea, quibus forma longior aucta est, ab alio inserta putauit, formam archetypi inuenisse sibi uisus est, quae et aliis rem explicandi rationibus conueniret[85]. Existimauit enim eum continuisse opera Lactantii in corpus decem librorum (inst. I–VII, ira, opif., epit. mutilam) ut extat in BP redacta, praeterea cum alias interpolationes, tum additamenta dicta 'dualistica' et laudes Constantini, id est formam longam aliis interpolationibus auctam exhibuisse, unde originem ducerent uariae codicum classes[86]. Si res ita se haberet, ille archetypus fuisset uera editio critica, in qua omnia additamenta, quae non solum in longioris formae testibus (KS et R), sed et in aliis uelut B extant, diligentissime signata essent ita, ut quicumque postea ex eo codicem describeret, facile et certe eligere posset, quae Lactantii uerba arbitraretur.

Quod quia uerisimile non est, rem aliter explicare conamur[87]. Putandum est archetypum omnium codicum communem, ex quo et forma breuis et forma longa originem ducerent, exemplar Institutionum fuisse, quod primo formam breuem praeberet (Ω_1), deinde a Lactantio ipso in formam longam redigeretur (Ω_2). Quod uidetur ita factum esse, ut minora commutanda uel addenda inter lineas uel in margine notarentur, additamenta maiora, i. e. dicta dualistica et laudes Constantini, propriis foliis insererentur. Sed quomodo ab exemplari, quod Lactantio ipso uiuo et auctore scriptum et auctum est, in omnes codices inde

---

[85] Brandt, Ed. I, LXIII–LXIX; cf. Heck, 1972, 200 (ibid. 14–16 de diuersis rationibus duas formas explicandi).

[86] Monendum est nos quidem ut Brandt de codicum classibus loqui, sed non eadem significare quae ille; in adhibenda nostra editione eius hyparchetyporum sigla omnino seponenda sunt (cf. Heck, 1992, 596 contra Monat, Ed. inst. I 22 = II 17 siglis Brandt abutentem).

[87] Cf. Heck, 1972, 201 sq. Non ignoramus nostram opinionem haud facile probari (cf. Heck, 1993, 404 sq.), sed probabilior ratio rem explicandi adhuc inuenta non est.

deriuatos menda communia peruenerunt? Huiusmodi menda, ut uidimus[88], praesertim uerborum ordine perturbato orta sunt, et R cum parte testium formae breuis communes habet lacunas. Iam Brandt[89] uidit archetypum plenissimum fuisse correctionum. Quare putandum est eum non fuisse Lactantii autographum, sed exemplum ex priore, id est breui forma operis Lactantii, ab alio quodam non sine mendis descriptum. Quod exemplum cum siue a Lactantio ipso siue ab alio recoleretur et corrigeretur, uerba, quae librarius omiserat, inter lineas super antecedentia uel sequentia inserta sunt, quo factum est, ut in exemplis ab archetypo descriptis falso collocarentur[90], nonnumquam etiam omnino neglegerentur, ex quo orerentur lacunae communes e. g. in BR. Etiam alii errores, praesertim paucis litteris omissis uel falso scriptis orti, in omnes codices permanare potuerunt, quia rectae scripturae in archetypo super lineam uel in margine restitutae a posteris siue non cognitae siue neglectae sunt[91].

Quicumque hoc apographum Institutionum fecit et recoluit, Lactantius ipse ad eas retractandas eo usus est[92], siquidem ex eo

---

[88] Supra p. XXXI; cf. Heck, 1972, 199 et nn. 15–16.

[89] Brandt, Ed. I, LXIII–LXV.

[90] Eius generis errores fere in omnibus codicibus proprios deprehendimus; de R cf. Heck, 1972, 185.

[91] Fieri etiam potuit, praesertim in tanto opere, ut menda uel errores, qui Lactantio in scribendo accidissent, siue alium siue ipsum opus recolentem uel retractantem omnino fugerent. Quod quamquam nonnumquam conici potest (cf. Heck, 1993, 409–415 et supra n. 82), tamen ea explicandi ratione cautissime utendum est, quia plerumque uerisimilius est errorem ab auctore correctum, sed correctionem ab iis, qui opus describerent, non cognitam uel neglectam esse.

[92] Id exemplum ('Handexemplar des Lactanz') describere conatus est Heck, 1972, 199; cf. Id., 1993, 404 cum n. 22. Huic etiam librum *De opificio dei* ante Institutiones compositum adiunctum esse uerisimile est, quia opif. 19, 8 add. 1–5 ad eandem retractationem pertinet. Minus certum est, num in eo iam Epitome et liber *De ira dei* fuerint; sed fieri potuit, ut Lactantius illud decem librorum corpus ipse con-

archetypo et testes breuis formae et testes longae formae originem ducunt; quod sic factum putamus: Primo exemplaris adhuc breuis (Ω_1) apographa[93] facta sunt, ex quibus testes formae breuis orerentur. Deinde Lactantius opus breue in formam longam redegit; quae forma aucta, sed ab eo non absoluta in eodem exemplari remansit (Ω_2), unde ad nos peruenit[94].

Videamus, quae rationes intercedant inter sex testium classes β (et β³) δ π η σ ρ, cum iam in describendis codicibus ostenderimus[95], quae cuiusque classis testibus communia sint.

Ordo classium efficitur, quod ut ρ purissime praebet formam longam Ω_2, ita β[96] exhibet formam breuem Ω_1 quamquam noniam integram, sed nonnumquam interpolatam, tamen nulla longius formae admixtione adfectam, cum ceterae classes δ π η σ uaria prae se ferant contaminationum uestigia. Sed harum quattuor classium testes uel omnes uel ex parte etiam lectiones seruant, quae nec in β (BG) nec in ρ (R) extant[97]; ergo plus minusue ex alio apographo formae breuis Ω_1 pendent, quem hyparchetypum ψ signamus, qui tamen non purus extat, sed uariis contaminationibus siue ex β siue ex ρ ortis adfectus est.

---

stitueret, antequam duo opera retractaret. Vix huc referendum est, quod 1, 1, 20 in R deest numerus septem librorum, quod potius posterius mendum uidetur (aliter Heck, 1972, 186).

[93] Saltem duo, potius tria apographa archetypi breuis formae fuisse necesse est, quia, ut infra uidebimus, classis β a ceteris formae breuis classibus δ et π separanda est; praeterea β³ collocanda uidetur extra ceteros testes.

[94] Forma longa quamquam mutila tamen purior in R, i. e. ρ extat, cum classis σ plura exhibeat, sed per contaminationem a breui in longam formam redacta sit. Quae Heck, 1972, 199 sq. summatim descripsit, adhuc retinemus, scilicet testium D et K postea cognitorum ratione habita et rationibus inter codices intercedentibus melius recognitis.

[95] Supra pp. XIV–XXIV; u. quae antea monuimus p. XIV.

[96] De β³ u. infra p. XXXV.

[97] V. supra p. XXXI errores uel lacunas codd. BR communes.

PRAEFATIO XXXV

Singulas classes recensendi initium sumimus quaerendo, unde ea, quae B^3 suppleuit aut mutauit, originem ducant, i. e. utrum eius fons $β^3$ ex $β$, antequam ea classis interpolationibus obsereretur, an ex $ψ$ an omnino ex tertio breuis formae apographo prouenerit. Nam cum B praesertim in libro IV, cum de deo diuinisque personis ageretur, textum tamquam haereticum corrigere nisus esset eaque de causa et quaedam consulto omisisset[98] et nonnulla addidisset, quae quoad extat et G exhibet[99], B^3 omissa quidem suppleuit, sed addita non deleuit. Cum in fonte, quo in corrigendo B uteretur, et ea, quae B^1 omiserat, et ea, quae addiderat, inueniri potuisse nemo sit qui putet, uerisimilius est B^3 a B^1 omissa quidem ex suo fonte supplesse, sed a delendis additamentis, quae in B^1, sed non in suo fonte inuenisset, abstinuisse. Ergo, si B^3 siue $β^3$ cum $β$ coniungere uelis, opineris necesse est $β$, cum $β^3$ ex eo deduceretur, nondum interpolatum fuisse; sed cum B^3 praeter locos libri IV etiam, quoad uidimus in libris I et II, 38ies uerba singula uel plura, quae in B^1 (quater etiam in G) deerant, suppleuerit[100], praeterea nonnulla a B^1 (et quoad extat G) falsa praebita correxerit, fontem quo uteretur a $β$ alienum fuisse uerisimile est.

Restare uidetur, ut $β^3$ ex $ψ$ originem duxerit. Sed ubi B^3 a B^1 (et G) alienus est, quoad uidemus, cum quodam teste classium $δ$ $π$ $η$ $σ$ certe coniungi non potest, sed cum singulis testibus hic consentit, illic dissentit. Praeterea cum plurimis locis ea, quae B a ceteris aliena praebet, e. g. 2, 8, 8 *digestis* pro *discriptis*, non attigit, fieri potuit, ut B^3 ea etiam in suo fonte, etiamsi ille a $β$ alienus esset, inueniret. Accedit, ut semel saltem[101], quamquam, quia nulla longioris formae uestigia praebet, ex $ρ$ pendere non

---

[98] 4, 8, 6–11 passim; 29, 4–6; u. supra p. XV.
[99] E. g. 4, 3, 18; alia u. supra p. XVI n. 46.
[100] V. imprimis plura uerba suppleta 1, 8, 5. 20, 18; 2, 5, 18. 6, 1. 7, 2. 16, 14; cf. 2, 15, 6 ad Graeca.
[101] 6, 21, 4 *si non fuerint* a ceteris omissa habent B^3 et R (et *perito* recte BDV¹PR, *imp*- GV²HM); cf. Heck, 1972, 185 n. 90.

potest, cum uno R recte consentit. Postremo B³ nonnuliis locis ea, quae B¹ praebuit, in deterius mutauit, uelut 2, 5, 10 *inpios* in *inperitos*. 18 *uagarum* in *uagantium*; 7, 11 *ueiis* in *thebis* (cf. quae B³ addidit e. g. 2, 7, 22 post *morbo*), quae falsa ex suo fonte uidetur hausisse. Ex his colligi potest B³ ex tertio breuis formae apographo pendere, qui fuerit a β et ψ alienus. Ergo putamus testes breuis formae siue puros siue contaminatos potius per tria quam per duo apographa ex Ω_1 ad nos peruenisse; quare tres breuis formae hyparchetypos β³, β, ψ supponimus, ad quos accedit quartus ρ ex Ω_2 ortus.

Classis β, i. e. B uel B¹ et, quoad extat, G, a ceteris secernitur mendis communibus, etiam uerbis consulto mutatis, praesertim additis[102]. B solus G non extante rectam lectionem seruauit in libris I et II 1, 11, 31 *agesilao*; 20, 23 *numinibus*; 2, 4, 25 *cur illi*; 5, 5 *mare*; 9, 26 *immobilis*, alias B uel BG recta praebent cum uno alio teste uel pluribus. Per contaminationem cum β coniunguntur δ et η.

Classis δ, i. e. D et V, maxime ex ψ pendet, sed cum β lacunis libri IV et cum ρ uno paruo additamento conectitur. Certe ex ψ habet ea, quae contra B et R aliosque una cum P recta seruauit, praesertim quae ceteris desunt 1, 4, 4 et 1, 7, 11[103]. Inde etiam orti sunt in DVP (uel DVP¹) plurimi errores communes (1, 1, 12. 18. 19 et saepe), etiam consulto mutata uelut 1, 10, 3 *neptunus* omissum et 4, 1, 1 *cogitanti* pro *consideranti*[104]. Sed ne DVP uni eidemque classi adscribas, obstat quod P aliter ac DV per contaminationem etiam ex σ pendet, ergo propriae classis π testis habendus est[105]. Ex β factum est, ut in libro IV eadem, quae B (G non extante) consulto omisit, etiam in DV desint[106]. Unde colligi potest scriptorem hyparchetypi δ dubita-

---

[102] V. supra p. XVI n. 46.
[103] V. quae attulimus p. XXXI.
[104] Cf. Heck, 1993, 405–407.
[105] V. infra p. XL.
[106] 4, 8, 6–11 passim. 29, 4–6; u. supra p. XV (B) et XVII (DV).

tionibus q. d. dogmaticis sollicitatum ea, quae sibi maxime suspecta essent, ex libro IV auctore classis β teste eiecisse; similibus scrupulis adductus esse uidetur V, ut librum VII omitteret[107], quem D retinet[108]. Ex formae longae teste, siue ρ siue σ, ortum est, quod 5, 1, 1 DV praebent appellationem *Constantine imperator maxime* aliter ac KSR, qui *maxime* omittunt. Vix casu talis appellatio nonnisi in eodem libro quinto inuenitur, quem, ut ex subscriptione apparet, 'secundus' uel 'Secundus' quidam cum exemplo alio fonte ac δ orto contulit[109].

Antequam de classe π agamus, transsiliamus ad σ et η, quia σ ut fuit classi ρ proxima, ita etiam alter fons hyparchetyporum π et η fuit, et quidem classi η propior quam classi π.

Classis σ longae formae testis plenissimus est, sed additamenta editionis secundae in hyparchetypum prius breui forma praeditum ex ρ inserta sunt[110]: Primum 2, 8, 4 add. KS et 2, 8, 6 add. 9 / 7 S, cum K desit, solus aliter ac R pluribus uerbis repetitis quasi suturas minus diligentes ostendunt[111]. Deinde altera

---

[107] Cf. subscriptionem libri VI supra p. XXVII, unde Brandt, Ed. I, XLVI recte collegit librum VII propter finem mundi ibi haeretice narratum timide omissum esse. Quomodo hic V cum P cohaereat, nobis nondum satis constat; de ea re etiam D respecto agemus, cum libros VI et VII ediderimus, i. e. in supplementis praefationis fasc. tertio et quarto praemittendis.

[108] Cum Brandt D nondum cognouisset, id respicere non potuit; quaerendum erit, quibusnam testibus libri VII D tum unus classis δ testis adiungi possit.

[109] V. supra p. XXVII; cf. Heck, 1972, 128 n. 5. Utrum *maxime* in DV falso ex 1, 1, 13 inrepserit an genuina lectio in KS et R neglecta sit, non satis certum est; illud probabilius uidetur. Quod Gothanus g idem *maxime* exhibet, nihil refert (u. supra n. 67).

[110] Id iam uidit Brandt, Ed. I, L, confirmauit Heck, 1972, 37 sq.; cf. 173 cum n. 14.

[111] Cf. Heck l. c. 37–39, cui sutura 2, 8, 4 add. 1972 nondum nota (quia a Brandt in S neglecta, in K ei nondum cognita erat) 1981 K et S collatis innotuit; cf. Heck, 1992, 596.

laus Constantini (7, 26, 11–17) in KS (R deest) falso non post 7, 26, 10, sed post 7, 27, 2 extat, quam subsequuntur opif. 19, 1–8 et 20, 1 . . . 2 *expectant*[112]. Praeterea hac contaminatione quaedam additamenta, quae R solus exhibet 2, 8, 4–6, non ex ρ translata sunt. Ex ρ etiam ea prouenerunt, quae KSR communia contra ceteros habent siue omnino recta siue menda siue ex retractatione orta[113]. Notandum est huius recensionis, i. e. secundae Institutionum editionis solum testem a 2, 9, 8 ad 3, 4, 4 esse supplementum Planipedense R^p, quia K et S iam antea deficiunt et postea redeunt, et a 6, 25, 4, ubi post K et S etiam R deficit, ad 7, 3, 19, ubi K primus redit, omnino nullum extare testem, deinde per librum VII praeter 7, 7, 3 – 9, 12 eam recensionem, praesertim alterum q. d. additamentum dualisticum alteramque laudem Constantini, nonnisi per K (quoad extat) et S traditam esse[114]; R^p = R^2 ex σ pendere infra uidebimus[115]. Quae σ contra β (BG) et ρ (R) exhibent, originem ducunt ex ψ, e quo pependit exemplum breue, cui ex ρ additamenta et commutationes alterius editionis inserta esse diximus[116]. Hyparchetypum η ex σ, non hunc ex η pependisse nunc uideamus.

Classis η, i. e. HM (et W) breuem formam exhibet fere ex β pendentem, quod ex plurimis erroribus communibus in BHM uel B^{1}HM uel etiam BGHM apparet[117], sed contaminatione lec-

---

[112] Cf. Heck, 1972, 119 sq.; 137; 172 sq.; u. et supra p. XXVIII.

[113] De his locis cf. interim Heck l. c. 171–195 passim, de lectionibus RS communibus 174–181 nondum cognito K nec RS denuo collatis, unde nonnulla corrigenda sunt (e. g. 187 ad 2, 2, 10).

[114] Cf. lacunarum codd. KSR conspectus supra pp. XXI–XXIII.

[115] V. infra p. XLI; de Iuliano cf. supra p. XXIII sq. cum n. 69.

[116] Locos mendosos B et R communes, ergo per ψ recte traditos u. supra p. XXXI; lectiones ab HMKS uel HM solis recte ex ψ seruatas infra n. 134. De ratione quae est inter σ et π u. infra p. XL sq.

[117] BGHM contra ceteros 1, 18, 2 *erudienda*; 2, 17, 1 *dicit* (cf. 2 *priorum*); 19, 3 *p(a)ene*; ubi G deest, saepissime BHM soli falsi, e. g. 2, 13, 7 *progenies* pro *gens*; nota: GHM contra B et alios falsi 6, 21, 4 (supra n. 101). – Variare uidetur ratio inter HM et B^3; ple-

tiones ex σ recepit, unde orta est turba errorum communium in HM(W)KS[118]. Inde exhibent HMW unum uestigium formae longae 2, 8, 3 *fecerit cum solus esset* pro *uoluerit cum* KSR[119], et huc pertinet etiam libro VII adnexum opif. 19, 1–8. 20, 1 ... 2 *expectant*, quod in KS alteram Constantini laudem sequitur. Ea re monstrari potest hyparchetypum σ, quamquam eius testes KS posteriores sunt quam HM, priorem fuisse quam η, quia illa fragmenta, quae proxima sunt opif. 19, 8 add. 1–5, eodem modo in σ peruenisse uerisimile est quo cetera longae formae additamenta; haec primum quadam foliorum confusione cum altera Constantini laude coniuncta in σ (KS) inter inst. 7, 27, 2 et 3 collocata, deinde in η (HMW) post finem totius operis transposita sunt[120]; accedunt loci, ubi KS lectionem priorem exhibent quam HM[121].

---

rumque HM contra B³ cum B¹ (uel B¹G), e. g. 2, 1, 12 om. *ut*, sed cum B³ contra B¹G 2, 7, 11 *formae* pro *fortunae*; cf. 2, 8, 8 *materies* B³ ex *materiis*, unde HMS (K deest) *sit ista materies*; quomodo η et σ cum β³ uel cum B iam a B³ tractato coniunctae sint, non liquet, quod exemplum est adfinitatum uel contaminationum inter testes textus Lactantii in obscuro latentium; cf. etiam 2, 8, 1 infra n. 128.

[118] In libris I et II quoad K extat fere 140ies HM(W)KS falsa praebent (in adnotatione nostra quaque fere pagina), bis soli recta 2, 5, 39 *sola dei*; 7, 11 *interrogaret* (u. supra p. XXXI et infra n. 134).

[119] W eadem uestigia longae formae praebere quae HM his locis collatis (u. supra n. 61) apparet; praeterea W contra HM^p cum KSR 1, 6, 12 habet *cuius ... abstulerit*. Hoc non ex η, sed quolibet modo ex σ, etiam ex K aut S in codicem saec. XIII peruenire potuit; inde non habemus quod W sui iuris teste utamur, sed eum solum quoad HM desunt hyparchetypi η uicem gerentem adferimus.

[120] Cf. Heck, 1972, 119 sq. et praesertim 172 sq.

[121] 1, 15, 13 KS om. *et* post *Pan*, ex quo leuigando HM *libero et pane* faciunt; cf. 5, 5, 9 pro *propere terram* KR *proprie t.* et S *propriae t.*, unde HM *propriae terrae*. Non obstat 1, 13, 12, ubi pro *aurea quae* HM habent *aur(e)aque*, KS *aureaque ut*, quod in σ non errore η metri causa leuigato, sed ex codice quodam Vergilii peruenit.

Unde P prouenerit, non satis certum est; nam et cum classibus δ ac σ coniungitur et aliunde praebet falsam lectionem 2, 16, 12 *atuexerunt* pro *attulerunt* et interpolationes ad 2, 16, 6–9 notatas; inde etiam recte recepisse uidetur 2, 1, 2 *nihili* et 3, 9, 13 *id est mente* (sicut V^2 et M^2; G inc., K et S desunt). Ergo P proprio classi adscribendus est, quam π signamus, cui et fragmentum A adiunximus[122]. Haec classis adfinis est classibus δ et σ. Nam P cum DV quidem per totum primum librum necnon postea, e. g. 4, 1, 1, easdem lectiones quas DV exhibet[123], sed eum etiam cum σ coniungi apparet ex lectionibus PKS communibus, etiam in Graecis et Graecorum interpretamentis[124]. Exhibet P etiam formae longae indicia, primum in libri II inscriptione idem *ad constantinum imperatorem* quod R in totius operis inscriptione[125], quod π uel ex ρ uel ex σ potuit recipere, quamquam in KS liber II aliter inscribitur; alterum non in Institutionibus, sed alibi in corpore X librorum, scilicet opif. 19, 8, add. 1–5 in P solo uetustiore[126] tradito extat, quod coniungi potest cum fragmentis eius operis in σ et η traditis[127]. Colligi potest π ex Ω_1 propria uia deductum originem fuisse lectionum ab eo in δ et σ deriuatarum, i. e. illud breuis formae apographum, quod praeter β et $β^3$ statuimus, nihil aliud fuisse nisi π eaque de causa δ inter β et π,

---

[122] De fragmento Auerbodensi u. supra p. XIX et n. 56.

[123] De lectionibus communibus in DVP u. supra p. XXXVI. Quae BDV in libro IV omiserunt (u. supra p. XXXVI sq.), π non ex δ, sed aliunde, sc. σ uel ψ, recepit.

[124] V. praesertim locum ex Persio laudatum 2, 2, 18; cf. 2, 4, 9 ad *qui usus*; Graeca: 1, 7, 13; interpretamenta: 1, 13, 11. 15, 15.

[125] V. supra p. XXIV sq. (1 a. et 2.).

[126] Gothanus (cf. supra n. 67) idem additamentum exhibet, quia in opif. ex P et V(alentianensi 148) pendet (alia de opif. et ira in g traditis coniecit Heck, 1972, 118 sq., sed correxit Gnomon 57, 1985, 146), cum in inst. praesertim ex S et V contaminatus sit.

[127] Cf. Heck, 1972, 199 sq. Putamus libros X totius corporis in P uel in π ex diuersis fontibus sumptos esse, scilicet inscriptionem inst. II et additamentum post opif. 19, 8 ex σ.

σ inter π et ρ ut classes contaminatas collocandas esse. Sed cum formae longae uestigia in P multo minora sint quam in σ uel etiam in η, potius π ex σ pendere uidetur quam σ ex π; fieri ergo potuit, ut, cum π ex δ et σ mixtus esset, ea quae ab iis aliena habet, i. e. interpolationes et lectiones falsas supra dictas, postea in classe π orerentur. Sed obstant solae lectiones contra ceteros rectae, quae non per δ aut σ, sed ex harum classium fonte, qui alienus a β et ρ fuit, quasi recta uia in π peruenire potuerunt[128]. Inde statuimus tertium breuis formae Ω_1 praeter β et $β^3$ apographum aliud fuisse ac π idque siglo ψ signauimus. Sed num haec classium δ π σ adfinitas recte constituta sit, nondum satis certe exploratum habemus et fortasse numquam certe explorari poterit[129].

Classis ρ, i. e. R uel R^1, archetypum in formam longam conuersum Ω_2 purius quam classis σ ex ρ et ψ contaminata, sed magis mutilate reddit[130]. Saepe etiam R solus testis est recti textus non a Lactantio mutati, sed in classibus formae breuis perperam seruati[131]. R^2 manum eiusdem Iuliani, qui scripsit supplementum Planipedense R^p, ex σ pendere iam diximus[132].

Ut rem summatim tamquam a sinistra ad dextram partem circumscribamus, formae breuis Ω_1 tria apographa $β^3$, β et ψ

---

[128] Lectiones P uel π rectas et falsas u. supra p. XL. Adde 2, 8, 1 *simulationum in his* P pro *simulati numinis*, cum B habeat *simulationum causas in his*; fortasse hoc ortum in Ω, cum *numinis* falso in *nominis* mutaretur (quod habent KS, i. e. σ) et *o* suprascripta falso insereretur, ut fieret *simulationuminis*, quod cum in β et ψ peruenisset, in utroque inserta *h* inter *numin* et *is* ex parte, solum in β addito *causas* omnino leuigaretur. Sed mirum restat; cf. n. 117.

[129] Hac et aliis de causis abstinemus a stemmate codicum designando; monemus id, quod praebet Heck, 1972, 202, non pro stemmate habendum esse, sed pro rudi rei antea narratae imagine.

[130] Cf. supra p. XXIII.

[131] Cf. Heck, 1972, 185 n. 90, sc. nonnullis ex nostra editione corrigendis, e. g. 1, 13, 2 *referunt* falsum; adde e. g. 1, 1, 23 *praecipitia*.

[132] Cf. supra p. XXIV cum n. 71.

fuisse putamus, longae Ω_2 unum ρ. Ex $β^3$ pendet B^3, ex β B (uel B^1) et G; inter β et ψ collocamus hyparchetypum δ utrique iunctum, ex quo pendent DV, iuxta δ inserimus π, unde pendent P et A, sed coniungimus cum δ et σ et ψ ipso. Inter π et σ collocamus η cum β et σ coniunctum, ex quo pendent HMW; sequitur hyparchetypus σ inter η et ρ positus cum ψ et ρ coniunctus, unde pendent KS et R^p; ultimus ρ, ex quo pendet R^{133}.

Ex hac recensione apparet et nostra adnotatione confirmabitur unamquamque classem et mendis non carere et hic illic rectam lectionem solam praebere[134], ergo nullam classem omnino superiorem esse. Itaque in textu constituendo unoquoque loco uariis lectionibus tradito diligentissime quaerendum est, quae lectio ueri similior uel simillima sit (ne dicamus 'melior uel optima', quia textui quem Lactantium reliquisse uerisimile est studemus, non textui qualibet regula optimo uel pulcherrimo). In locis consensu codicum traditis coniecturis abstinendum est, nisi tradita uox nihili est aut alia de causa Lactantio nullo pacto uindicari potest, quod perraro inuenimus[135]. Hic illic non certis uiris doc-

---

[133] Sufficiant haec; stemma designare noluimus; u. supra n. 129.

[134] Etiam HMKS, i. e. classes η et σ alias non optimae notae (u. supra n. 118), soli recta praebent 2, 5, 39 *sola dī* i. e. *dei*, DV *solidii*, BPR *solidi*. In Ω fuisse uidetur *solidii*, sed litt. *a* supra pr. *i* scripta correctum. Mendum non correctum peruenit in β et ρ, ubi *solidi* factum est; in ψ peruenit correctio ut duplex lectio, unde in σ et η seruata est, cum in δ mendum primum transiret et in DV maneret, in π uel in P ipso ex *solidii* fieret *solidi* ut iam in β et ρ. Ubi longae formae testes KSR omnino desunt, etiam HM, i. e. η, soli recta habere possunt ut 2, 9, 11 *quae*; R^p per contaminationem ex ψ pendet, manus saec. XIV quae suppleuit S hic et saepius cum HM congruens ex iis pendet. – In DV, i. e. δ, solis recta 2, 11, 1 *terram*; 15, 3 *sed*.

[135] 1, 6, 5 ⟨*non*⟩ (dubium); 13 *credunt[ur]*; 11, 63 *sella*; 12, 7 ⟨*qui*⟩; 2, 8, 62 *torporata*; 9, 9 *hibernum*; 17, 5 ⟨*dei*⟩; cf. 17, 9 *accepimus* ft. rectum. Alias coniecturas nisi a Brandt receptas uix notamus; quae proposuit Shackleton Bailey, 1960, 165 sq. ad 1, 18, 17. 20, 40. 2, 8, 39. 9, 3. 14, 13. 15, 3. 16, 20, tractat Monat suo quoque loco.

tis, sed ignotis recentiorum codicum scriptoribus correctiones textus falso traditi debemus[136]. Ceterum inter Institutionum codices recentiores, qui sunt plures quam ducenti, nullus adhuc inuentus est, qui non a teste uetustiore extante descriptus (uel ex pluribus mixtus), ergo eliminandus sit[137], neque ullus recentior integer ita ex uetustiore mutilato pendet, ut ubi ille deest eius uicem gerere possit[138]. Ergo recentiores praeter dictas coniecturas nihil ad textum constituendum conferunt; itaque de his amplius non agimus. Non negamus recentiorum origines fortunas adfinitates testimonio esse, quantopere Lactantius per renascentium litterarum aetatem uiguerit; hoc autem inuestigare et enarrare non est huius editionis, sed commentationis propriae[139].

Ad Institutiones emendandas hic illic subsidia praesto uidentur esse in Epitome, in locis auctorum posteriorum e Lactantio pendentibus et in locis priorum a Lactantio laudatis. Quibus subsidiis cautissime utendum est. Epitome ad constituendum Institutionum textum minus ualet quam inuicem[140], quia operis magni sex fere partes in breuiatum recepti non sunt, et semper quaerendum est, utrum quae Epitome aliter exhibet ac Institu-

---

[136] 1, 6, 5. 12, 7; 2, 17, 5; saepius recc. haud recte, e. g. 1, 3, 7. 21; 2, 2, 16. 3, 8.

[137] De Gothano eiusque adfinibus u. supra n. 67. Recentiores, quos inspexit W. Schaub locis insignibus, nihil praebuerunt non ex prioribus extantibus deriuandum; cf. n. 138.

[138] Cum cod. Basiliensis (*Basel, Universitätsbibliothek*) A IV 21 fortasse ex D usque ad a. 1409 integro descriptus esse, ergo ubi ille detrimenta cepisset eius uicem gerere posse uideretur, totum contulit W. Schaub, ex quo apparuit eum D instar non esse. – De W inst. 1, 1–9 HM uicem gerente u. supra p. XXI.

[139] Commentatio eius generis est P. L. Schmidt, Die Überlieferung von Ciceros Schrift 'De legibus' in Mittelalter und Renaissance, Monaci 1974 (cf. Heck, Gnomon 52, 1980, 130–137); agitur de 96 codd. textus 90 paginarum, unde aestimari potest, quantae operae sit idem de Lactanti Institutionibus efficere.

[140] Cf. Lact. epit. edd. Heck – Wlosok, XXXVIII.

tionum locus respondens in ea falsa, ergo non respicienda, an recta, ergo ad corrigendas Institutiones adhibenda, an pro consulto mutatis habenda sint[141].

Loci Lactantii a posterioribus adhibiti ad libros I et II emendandos nihil conferunt, maxime quia plerumque non uerbo tenus, sed libere Lactantium laudant[142]. Etiam Lactantius ipse fontes, quos uerbo tenus laudare uidetur (scilicet auctore nominato uerbisque *ait* uel *inquit* positis), nonnumquam breuiata uel aliter mutata praebet, siue eos memoriter repetiuit siue eos in suis exemplaribus ita legit[143]. Cauendum ergo est ne textus Lactantii temere ad textum auctoris laudati accomodetur; etiam ubi Lactantius uarias habet lectiones, quaerendum est, utrum fontem sequaris an lectionem ab eo alienam recipias[144].

---

[141] Epit. falsa ex inst. corrigenda e.g. epit. 4, 1. 10, 1. 36, 3, recta lectionem in inst. adfirmat inst. 1, 9, 1 *Alcimenae*; 11, 46 *gnosso* 2, 12, 16 *ac* (cf. ad 1, 3, 7 *potest esse*; 11, 46 ft. recte adhibetur epit.); consulto mutata exhibet pro inst. 1, 17, 13 *profudisse* epit. *effudisse*, inst. 1, 21, 6 *muluio* omittit epit. Dubia restant 1, 6, 9 *Delphida*; 20, 36 *Stercutus*, quia error formae breuis iam in epit. correctus esse potest; ambiguum et 2, 16, 2 *diuinitate*.

[142] Cf. locos ab Isidoro Hispalensi laudatos, e. g. 1, 11, 24. 12, 5; 2, 1, 15. 9, 3. De Lucifero Calaritano teste in libro V respiciendo u. supplementum praefationis fasc. tertii; de Sedulio Scotto Graeca Lactantii laudante in appendicem relegato cf. supra nn. 50–51.

[143] E. g. in Tullianis 1, 15, 5–6. 23–25 (sed u. etiam n. 144). 2, 6, 8, Lucretianis 1, 16, 3. 2, 3, 11; Vergilianum 2, 16, 18 breuiauit consulto. Versuum Propertii ordo mutatus 2, 6, 14; cf. Enniana 1, 15, 31. Sibyllina ap. Lact. a codd. Sib. discrepant, e. g. 1, 11, 47. 15, 15.

[144] Contra fontem seruamus 2, 2, 18 *terras*. Secundum fontem Lucr. constituimus Lact. 2, 3, 11 *uelatum*; 11, 1 *terram*. Ex Lact. corrigitur Cicero inst. 1, 6, 3 *Thoyth*; 15, 23 *sunt* (cf. ibid. *locauerunt*). Interdum Lactantius unam ex duabus iam antiquis uariis lectionibus legisse uel etiam elegisse uidetur, e. g. in Vergilianis 2, 10, 16 *terrea / ferrea*: 17, 2 *priorum / piorum*; aliter 1, 8, 8 (Lact. quoque bis *e* Vergilio uindicat).

De locis Sacrae scripturae, quos Lactantius inde a libro IV uerbo tenus laudat, agemus in supplemento praefationis fasciculo alteri praemittendo[145]. Ceterum quidam loci libri I recens tractati sunt[146].

5. De huius editionis instructione

a. De textus discriptione haec monemus: Institutiones in libros capita paragraphos discribimus sicut iam Cellarius, Heumann, Bünemann, Brandt, sed aliter ac ii omnia, quae ad Institutionum formam longam, i. e. alteram editionem pertinent, textui inserimus litteris inclinatis impressa[147]. Illi cum laudes Constantini 1, 1, 13–16 et 7, 26, 11–17 ut Lactantii uerba in textu praeberent, additamenta q. d. dualistica ut ab eo aliena in apparatum post 2, 8, 6 et 7, 5, 27 relegauerunt propriis paragraphorum numeris discripta[148]. Nos ea Lactantio uindicata et in textum recepta numeramus 2, 8, 6 add. 1–9 et 7, 5, 27 add. 1–17[149], et ea, quae 2, 8, 3–6 pluribus lineis textui inserta sunt, in margine signamus 2, 8, 3 add. et 2, 8, 5 add.; ceterum si pauca uerba a testibus breuis formae et longae diuersa traduntur, in duas columnas diuisa exhibemus, in sinistra formam breuem, in dextra formam longam inclinatis litteris. Speramus ita rationem nos inuenisse formae longae additamenta apte laudandi.

b. Quod ad scribendi rationem pertinet, potius sequimur Monat quam Brandt. Qui B Lactantii scribendi rationem reddere

---

[145] Interim cf. Lact. epit. edd. Heck – Wlosok, XXXVIII et n. 99.
[146] Heck, 2005, egit de priorum erroribus 1, 8, 8. 11, 34. 11, 63. 15, 15. 19, 3, de dubiis Graecis 1, 6, 3. 21, 31. 39, de aliis locis dubiis 1, 16, 14. 20, 26. 30–31. 23, 3.
[147] Monat haec additamenta crassioribus litteris impressa habet.
[148] Inde orta est consuetudo hos locos in Thesauro linguae Latinae laudandi 'Lact. inst. interpol. 2, 8, 6, 1–9' sim.
[149] Heck, 1972, 24 n. *; cf. 17 n. 1 et 127 n. *.

ratus eum quoad extat secutus est ita, ut inter *aput* et *apud*, *illut* et *illud* uacillaret praefixaque q. d. praepositionalia modo consonantibus sequentibus assimilaret, modo non[150]. Sed 'Lactantii orthographiam' e codicibus restitui posse minime persuasum habemus, potius cauendum putamus, ne scripturas unius testis tardae antiquitatis proprias uelut *prodeesse* pro *prodesse*[151] Lactantio uindicemus. Tamen quantum sine nimia uarietate fieri potuit, codicum rationem habuimus et e. g. *ads-* pro *ass-*, sed non *inm-* pro *imm-* scripsimus, itaque non omnino lexicorum lemmata scribendi modos recepimus; solum id egimus, ut uerba composita eiusdem generis eadem scriptura exhiberemus. Scripturas codicum uarias in indice scripturarum et formarum quarto fasciculo adiungendo proferemus, ne adnotatio critica his minutiis oneretur, tamen lectori codicum scripturae alicuius momenti notescant. Quacumque scribendi ratione editores non omnibus lectoribus satisfacere posse non ignoramus.

c. Cum Brandt in indicibus non libros capita paragraphos, sed paginas et lineas suae editionis indicet, ubicumque editionis Vindobonensis noua pagina incipit, eius paginae numerum in margine inclinatis litteris ponimus, e. g. 2, 1, 18 '*99*'.

d. Apparatus sex sectiones singulis paginis (sc. sectiones 1–5 non in unaquaque) subneximus hoc ordine:

1. (antecedit nota **Epit**.:) Indicatur, qui locus (uel loci) Epitomes unicuique Institutionum loco in eam recepto (qui ante uncum datur per librum caput paragraphos) respondeat; locos similes adferimus cum nota *cf.* Hic apparatus tamquam speculum est apparatus nostrae Epitomes editionis primi.

---

[150] V. supra n. 21. E. g. scribit 1, 1, 20. 2, 6 *exsequi*. 6, 17 *exequ-* (ut 23, 7. 2, 17, 5); 1, 21, 17 *exerentes*. 2, 3, 4 *exseras*. 20 *exereret*. Cf. quae diximus Lact. epit. edd. Heck – Wlosok, XXXIX.

[151] Cf. ad 2, 3, 1; Stangl, 1915, 230 has formas Lactantio uindicauit, sed scripturae uel formae B propriae sunt ut e. g. 2, 5, 1 *clarimum*, ergo non in textum Lactantii recipiendae, sed tamen, quia antiquitatis sunt, notandae et e. g. in Thesauro linguae Latinae respiciendae.

2. (nulla nota) 1, 3, 10. 24. 2, 4, 24. al. indicatur, ad quos locos Institutionum Lactantius lectorem releget.

3. (antecedit nota **Auct**.:[152]) notantur loci auctorum, quos Lactantius siue uerbo tenus siue liberius laudauit siue aliter adhibuit[153]. Locos similes ultra eos quibus manifesto usus est non adferimus, quia hoc fines editioni necessarios superaret.

4. (antecedit nota **Test**.:) notantur testes uel expilatores, qui Lactantio se usos esse aperte significant. Ultra Isidorum Hispalensem testes non adferimus, quia nondum satis explorati sunt[154].

5. (antecedit nota **Codd**.:) codices non unaquaque pagina in initio adnotationis criticae indicamus sicut Brandt (quod rationi editionis arte computatoria componendae repugnat), sed satis esse putamus in initio cuiusque libri et, ubicumque codices aut extare incipiunt aut desinunt, notare, quae extent testes[155].

6. (nulla nota) adnotatio critica, de qua nunc proprie agimus.

---

[152] In auctoribus et testibus quaerendis uel recolendis nos adiuuerunt Katrin Fürst, Horst Grohmann, Stefanie Maninger, Michael Meyer.

[153] Adhibemus editiones plurimi aestimandas: nisi recentiores (ut Theophil. Autol. ed. M. Marcovich, PTS 44, 1995), Latinorum sec. Thesaurus linguae Latinae – Index, Lipsiae 1990^2 (unde auctorum et operum compendia), Graecorum sec. L. Berkowitz – K. A. Squittier, Thesaurus linguae Graecae – Canon of Greek authors, Oxonii / Noui Eboraci 1990^3. 1993^4 (sine compendiis; quae cum ap. Liddell – Scott – Jones, Greek – English Lexicon, nimis parca sint, plenioria lexicis uelut 'Der Neue Pauly' usitata recepimus). Fragmentorum collectiones laudamus editore post numerum posito praeter CH = A. D. Nock – A. J. Festugière, Corpus Hermeticum; FGrHist = F. Jacoby, Die Fragmente der griechischen Historiker; SVF = I. ab Arnim, Stoicorum ueterum fragmenta; TrGF = B. Snell – S. Radt – R. Kannicht, Tragicorum Graecorum fragmenta; VS = H. Diels – W. Kranz, Fragmente der Vorsokratiker.

[154] Cf. supra p. IX. De editionibus adhibitis u. n. 153; nota: Theosophorum fragmenta laudamus sec. ed. H. Erbse, 1995.

[155] Lacunae singulorum codicum indicantur etiam in descriptionibus pp. XIV–XXIV; locos librorum I et II ubi G extat u. p. XVI.

e. De adnotatione critica praemonemus:

Plerumque apparatu q. d. negatiuo utimur, i. e. codices, qui textui recepto congruunt, non adferimus; nonnumquam testes receptae lectionis citamus, praesertim si uni codici debetur. Codicum sigla ponimus fere eo ordine, qui recensione effectus est, i. e. BG DV P(A) HM(W) KS R[156]; nonnumquam, si lectiones ualde discrepant, adnotatio a lectione receptae proxima ad maxime alienam procedit; lectiones similes uirgula, discrepantes semicolo separantur. Si quid explicamus ad correctiones sim. pertinens, cum lectio ad plures codices pertinet, ea quae inter lectionem et sigla codicum, uirgulis disiuncta (uel uncis inclusa), adnotantur, ad omnes eos codices pertinent (e. g. 1, 11, 26 p. 46, 8 KS; 20, 4 p. 83, 7 DR; 20, 19 p. 86, 8 BP; 2, 16, 10 p. 192, 11 DV), ea quae (uncis inclusa) post unum ex codicum siglis notantur, nonnisi ad hunc unum codicem pertinent (e. g. ad 1, 4, 3 *atquin*; 5, 18 *ipsa*; 2, 7, 11 *Fortunae*).

Codicum manus praesertim in correctionibus quoad possumus distinguimus siglis numero auctis B^1 B^2 B^3 sim. (in notis extra sigla respondent *m.1 m.2 m.3*). Si mendum primae manus a posteriore ita correctum est, ut recepto textui congruat, solum mendum notamus, si una manus posterior est; in B et P, ubi duae posteriores sunt, manum correctricem cum nota '*corr.*' laudamus (u. e. g. 1, 17, 4 p. 73, 16 P aliter notatum ac D et R, sc. in D et R manus altera textum restituit receptum). Mendum iam a manu prima correctum siglo B^{ac} D^{ac} sim. notamus, lectionem post correctionem a recepta alienam D^{pc} sim. (post uoces rasura mutatas e. g. B^{ar} uel B^{pr} = B ante uel post rasuram); B^{ac} sim. etiam ponimus, si incertum est, quae manus mendum correxerit.

Notandas lectiones spatii causa ubicumque possumus breuiamus, maxime ubi textus recepti lemma ante uncum praemittitur aut ubi plures uariae lectiones similes sunt, et quidem ita, ut uox receptae aequalis nonnisi prima littera et puncto reddatur (e. g. 1, 1, 11 *s.* = *sibi*, *u.* = *uideantur*), uox parti receptae respondens

---

[156] Siglorum conspectus p. LVI; de recensione u. pp. XXIX–XLII.

ita breuietur, ut diuersa tantum una cum littera aequali ultima antecedente et prima sequente, ceterum lineolis diuisoriis inclusa scribantur (e. g. 1, 1, 21 p. 5, 18 -*ligim*- et -*legim*- reddunt *colligimus* et *collegimus*; similiter ab initio aequales e. g. 1, 1, 1 p. 1, 6 *dediss*- = *dedissent*, a fine 1, 1, 5 p. 2, 5 -*mi* = *summi*). Breuiata semper ad lectionem receptam, non ad aliam in adnotatione antecedentem referenda sunt (e. g. 2, 2, 24 DV habent *uoluntates*, non *uoluntatem*). In adnotandis uerborum ordinibus mutatis uoces iisdem litteris incipientes ne confundantur plenius reddimus (e. g. ad 1, 1, 25).

Voces nihili omnino non notamus, ubi solae uariae lectiones singulorum codicum sunt (e. g. 1, 17, 3 *superstionis* R).

In adnotandis Graecis breuius agamus quam Brandt necesse est. Lectiones non traditis maiusculis litteris, sed minusculis reddimus sine accentuum signis, quae perraro tradita sunt. Minutias neglegimus; praesertim litteras Α Δ Λ uel Π Γ ΤΙ uel Η Ν confusas aut scripturas sono simili ortas ΑΙ pro Ε uel ΕΙ pro Ι uel Υ pro Ι et uice uersa non notamus[157], nisi adfinitates testium ostendunt aut aliam uocem non nihili efficiunt. Interpretamenta Graecorum, quae exhibent praesertim DV et PKS necnon Sedulius Scottus, spatii causa non in adnotationem criticam recepimus (ubi ne Brandt quidem ea reddidit mentione tantum facta), sed in appendicem quarto fasciculo adiungendam relegamus.

Commentationes sim. in adnotatione necnon in aliis apparatus sectionibus eadem ratione laudamus qua in praefatione[158].

---

[157] Auctore Montfaucon, 1708, 236; cf. Heck, 2005, 60 sq. cum n. 20; u. supra n. 51. – Graeca in HM inde ab 1, 8, 3 litteris Latinis transscripta et distorta (u. p. XX) neglegimus, nisi cuiusquam momenti sunt (uelut 1, 13, 11. 2, 11, 18).

[158] Cf. supra n. 1. Semel laudata suo loco plene indicantur, sed commentationes in periodicis q. d. uel uoluminibus collectaneis editae solo loco notato, non commentationis inscriptione. Periodica breuiamus sec. 'L'année philologique', alios libros, praesertim lexica, sec. rationes inter philologos usitatas (nota: ALL = Archiv für lateinische Lexikographie und Grammatik). Alia compendia u. p. LIII–LV.

Postremo gratias agimus omnibus, qui huic editioni auxilio fuerunt: Opibus nos adiuuit per annos 1975–1978 societas *Deutsche Forschungsgemeinschaft* nominata (u. supra n. 40; eius sumptibus et opera computatoria n. 29 dicta instituimus); ab a. 1981 usque ad a. 2003 saepissime mercedes studiosis nos adiuuantibus soluendas ministrauit opibus suis quamuis minutis Tubingense philologorum seminarium nobisque adhuc locum concessit, ubi editio confici possit. Gratias debemus bibliothecis aliisque institutis nn. 40–68 passim, praecipue n. 40 laudatis. Nominatim gratias agimus iis, quas uel quos nobis auxilio fuisse iam supra in notis diximus: Elke Ahlborn† (n. 63), P. Leonard E. Boyle† (n. 57), Johannes Duft (n. 44), Birgit Ebersperger (n. 68), Katrin Fürst (n. 61. 152; adfuit nobis etiam in editione relegenda), Horst Grohmann (n. 152), Stefanie Maninger (n. 152), Michael Meyer (n. 152), Michel Perrin (n. 67), Wiebke Schaub (quae codices contulit; u. praesertim nn. 40. 44. 137. 138), Wolfram Winger (n. 61), P. Meinrad Wölfle (n. 44). Grato animo recordamur, quantopere in componenda editione nobis adfuerint Elisabeth Schuhmann Lipsiensis, cui Bibliotheca Teubneriana curae est, et Wilhelm Ott, cuius rationes textus arte computatoria tractandi Tubingenses (*Tübinger System von Textverarbeitungsprogrammen, TUSTEP*) ab initio in conficienda editione adhibuimus necnon in praeparando libro, ut exemplum unde imprimatur in officina *pagina GmbH* Tubingensi arte q. d. electronica componatur[159]. Ultimas nec minimas gratias meruit Gisela Heck, quae operi nostro, praesertim coniugis, semper socia carissima interfuit.

Tubingae et Moguntiaci,   E. H.
mense Iunio a. MMV   A. W.

---

[159] Inter editores et bibliopolam nemo intercedit typotheta, quia ego exemplum unde imprimatur ad componendum praeparaui; ergo uitiose impressa nemini nisi mihi soli uitio danda sunt.   E. H.

INDEX EDITIONVM ET COMMENTATIONVM[160]

1. Editiones
(notantur editiones Institutionum inde a 1736; priores descripsit Brandt, Ed. II 1, XLII–LXX; cf. supra n. 15):
C. A. Heumann, Gottingae 1736 (opera omnia; u. p. X)
J. L. Bünemann, Lipsiae 1739 (opera omnia; u. p. X)
J. B. Le Brun – N. Lenglet-Dufresnoy, Parisiis 1748 (opera omnia, fere = Migne, PL 6. 7, u. p. X n. 19)
O. F. Fritzsche, Lipsiae 1842 (opera omnia, u. p. X)
S. Brandt, Vindobonae 1890 (CSEL 19, nobis Ed. I: inst. et epit.; cf. CSEL 27, 1, 1893, nobis Ed. II 1: cetera opera praeter mort. pers.; 27, 2, 1897, nobis Ed. II 2: mort. pers., indices; u. p. X sq.)
P. Monat, Parisiis 1973 (SChr 204/205: inst. V). 1986 (SChr 326: inst. I). 1987 (SChr 337: inst. II). 1992 (SChr 377: inst. IV); u. supra p. XII et nn. 32–35.
Adde Winger, 1999, 93–251 (inst. V et VI; u. supra n. 28)

2. Opera generalia saepius laudata:
B. Bischoff, Mittelalterliche Studien I, Stutgardiae 1966
– , Katalog der festländischen Handschriften des neunten Jahrhunderts, I: Aachen – Lambach, Visbadae 1998, II: Laon – Paderborn, ibid. 2004
J. B. Hofmann – A. Szantyr, Lateinische Syntax und Stilistik, Monaci 1965
E. A. Lowe, Codices Latini Antiquiores, Oxonii 1934 sqq. (nobis CLA)
B. de Montfaucon, Palaeographia Graeca, Parisiis 1708

3. Commentationes ad Lactantii textum et fontes pertinentes:
S. Brandt, Der St. Galler Palimpsest der Divinae institutiones des Lactantius, SAWW 108, 1884, 231–338 (separatim Vindobonae 1885, 3–110)

---

[160] Librorum et commentationum ad Lactantium pertinentium depositorium arte computatoria instituit J. Bryce, Bibliography of Lactantius, revised version 2003, sub inscriptione interretiali http://www.acad.carleton.edu/curricular/CLAS/Lactantius.biblio.htm.

S. Brandt, Über die dualistischen Zusätze und die Kaiseranreden bei Lactantius eqs.: 1. Die dualistischen Zusätze, SAWW 118, 1889, Abh. 8; 2. Die Kaiseranreden, ibid. 119, 1889, Abh. 1

M. Cappuyns, Fragments-tests de Fauste de Riez et de Lactance dans un manuscrit d'Averbode (cod. 44 E XIV), RBen 74, 1964, 36–43

W. Hartel: critica communicata ap. Brandt (u. Ed. I, CIX)

E. Heck, Die dualistischen Zusätze und die Kaiseranreden bei Lactantius, Heidelbergae 1972

– , censurae editionum Monat: V: Gnomon 49, 1977, 366–370; I et II: ibid. 64, 1992, 592–597; IV: ibid. 72, 2000, 599–602

– , Wer baute die Mauer für Laomedon?, in: Festschr. H. J. Frede et W. Thiele, Friburgae / Br. 1993, 397–415

– , Pseudo-Cyprian, Quod idola di non sint und Lactanz, Epitome diuinarum institutionum, in: Festschr. K. Thraede, JbAC Erg.bd. 22 (Monasterii 1995), 148–155

– , Lactantius, *De falsa religione*. Textkritisches zum 1. Buch der *Diuinae institutiones*, in: Mélanges F. Heim, Turnholti 2005, 55–67

E. Heck – A. Wlosok, Zum Text der Epitome divinarum institutionum des Laktanz, WS 109, 1996, 145–170

R. W. Hunt, The medieval home of the Bologna manuscript of Lactantius, M&H 14, 1962, 3–6

M. Lausberg, Untersuchungen zu Senecas Fragmenten, Berolini 1970

V. Loi, Lattanzio nella storia del linguaggio e del pensiero teologico preniceno, Turici 1970

A. Löw, Hermes Trismegistos als Zeuge der Wahrheit, Berolini 2002

P. Monat, Lactance et la Bible, Parisiis 1982

M. Perrin, L'homme antique et chrétien – L'anthropologie de Lactance, Parisiis 1981

R. Pichon, Lactance, Parisiis 1901, 152–158

F. Schöll, critica communicata ap. Brandt (u. Ed. I, CIX)

D. R. Shackleton Bailey, Lactantiana, VChr 14, 1960, 165–169

H. Stadtmüller, critica communicata ap. Brandt (u. Ed. I, XCVI)

Th. Stangl, Lactantiana, RhM 70, 1915, 224–252. 441–471

G. Thilo, critica communicata ap. Brandt (u. Ed. I, CIX)

R. Volkmann, critica communicata ap. Brandt (u. Ed. I, XCIV n. 1)

W. Winger, Personalität durch Humanität – Das ethikgeschichtliche Profil christlicher Handlungslehre bei Lactanz, Francofurti ad Moenum 1999

G. Wissowa, censura Brandt, Ed. I et II 1, GGA 1895, 517–527

A. Wlosok, Laktanz und die philosophische Gnosis, Heidelbergae 1960

– , Zur Bedeutung der nichtcyprianischen Bibelzitate bei Laktanz, Studia Patristica 4 (1961), 234–250 = A. W., Res humanae – res divinae, Heidelbergae 1990, 201–216

– , Lactantius, in: Handbuch der lateinischen Literatur der Antike (HLL) 5, Monaci 1989, 375–404

u. et Heck – Wlosok, 1996

INDEX COMPENDIORVM ET SIGLORVM

a.	annus, -i, -o, -um
acced.	accedit, -dens, -dente
ad l.	ad locum
add.	addidit, addiderunt; additum, -a (2, 8, 6 add. 3 = additamenti post 2, 8, 6 § 3; u. supra p. XLV)
adn. crit.	adnotatio critica
al.	alius, -a, -ud; et alii(s) loci(s)
alt.	alter, -a, -um
anteced.	antecedit, -dens, -dente
ap.	apud
c. / cc.	caput / capita (accedunt numeri)
cet.	ceteri, -ae, -a
cf.	confer (conferatur)
cl.	collato (loco), collatis (locis)
cod. / codd.	codex / codices
col.	columna
coni.	coniecit, coniecerunt
corr.	correxit, correxerunt; correctum, -a
def.	defendit, defenderunt
del.	deleuit, deleuerunt
dext.	dexter, -a, -um
dist.	distinxit
e. g.	exempli gratia

ed. / edd.	editio (uel edidit) / editores (uel ediderunt)
eras.	erasit; erasa, -um
euan.	euanuit, euanuerunt; euanida, -um
excid.	excidit, exciderunt
exp.	expunxit; expuncta, -um
f. uel fol. / foll.	folium (acced. numerus; r = recto, v = uerso) / folia
fasc.	fasciculus
final.	finalis (littera in uerbo)
frg.	fragmentum (acced. numerus)
ft.	fortasse
graec.	Graecus, -a, -um; Graece
i. e. / i. q.	id est / idem quod
ibid.	ibidem
inc.	incertus, -a, -um
ind. form.	index formarum et scripturarum
inf.	inferior, -us
init.	initium, initio
ins.	inseruit
inscr.	inscriptio
interpr.	interpretamentum, -a
l. / lin.	linea (acced. numerus) / linea (alias)
l. c.	loco citato (laudato)
lac. stat.	lacunam statuit; lacuna statuta
lat.	Latinus, -a, -um; Latine
lb.	liber, libro
litt.	littera, -ae
m.	manus, manu (accedit saepe numerus)
maiusc.	maiusculis (litteris)
mg. inf. / sup.	margine inferiore / superiore
minusc.	minusculis (litteris)
n. / nn.	nota (in ima pagina, acced. numerus) / notae
om.	omisit, omiserunt
opp.	opponitur, -nuntur; oppositus, -a, -um
ord.	ordo, ordine(m)
p. / pag. / pp.	pagina (acced. numerus) / pagina (alias) / paginae
part.	parte, partibus
post.	posterior (manus)
pot.	potiores (codices)
pr.	primus, -a, -um; prior, -us

COMPENDIA ET SIGLA

prob.	probauit, probante
q. d.	qui, quae, quod dicitur, quae dicuntur
ras.	rasura
rec. / recc.	recentior (codex, manus) / -tiores (codices)
repet.	repetiuit; repetitum, -a
rest.	restituit; restitutus (ordo)
rett.	rettulit, rettulerunt
s.l.	supra linea(m)
s. u.	sub uoce
saec.	saeculum, -i, -o
sc.	scilicet
sec.	secundum
sim.	simile, (et) similia
sin.	sinister, -a, -um
sq. / seq.	et sequente (post numerum) / sequitur
subscr.	subscriptio
sup.	supra (u. et mg. sup.)
suppl.	suppleuit, suppleuerunt; suppletum
supplend.	supplendum
tert.	tertius, -a, -um
test.	testimonium (acced. numerus)
trad.	traditum, -a
transpos.	transposuit, transposuerunt
tue(n)t.	tue(n)tur
u.	uide
uar. l(l) .	uaria(e) lectio(nes)
uers.	uersus (carminis)
(ut) uid.	(ut) uidetur
ult.	ultimus, -a, -um

Nota: in rebus grammaticis usitata compendia adhibemus.

Praeterea his signis utimur:

⟨. . .⟩	ab editoribus suppleta, non tradita
[. . .]	in textu: tradita, sed ab editoribus deleta –
	in adnotatione: litterae suppletae
†. . .†	in textu: locus corruptus
* * *	in textu: lacuna statuta
|	in adnotatione uel apparatu 'Codd.': incipit uel finitur linea codicis

CONSPECTVS SIGLORVM
CODICVM EDITORVM CRITICORVM

(De siglis B^1 B^2 B^3 D^{ac} D^{pc} P^{ar} P^{pr} sim. u. supra p. XLVIII)

A	fragmenta lib. IV / V in codd. Auerbodensi 44 E XIV et Florentino Laur. Ashb. 1899, saec. IX; u. p. XIX et n. 56
B	codex Bononiensis bibl. uniu. 701, saec. V (m. 3 saec. V / VI); u. p. XIV sq.
D	Cameracensis bibl. mun. 1219, saec. IX; u. p. XVI sq.
G	Sangallensis 213 (rescriptus) saec. V; u. p. XV sq.
H	Palatino-Vaticanus 161, saec. IX; u. p. XIX sq.
K	Casinensis 595, saec. XI; u. p. XXI sq.
M	Montepessulanus schol. med. 241, saec. IX; u. p. XX (supplementum initii in apparatu 'Codd.' M^p, in adnotatione M)
P	Parisinus BN lat. 1662 (Puteani), saec. IX; u. p. XVIII
R	Parisinus BN lat. 1663 (Regius), saec. IX; u. p. XXIII sq. (supplementum libri II et III saec. XII in apparatu 'Codd.' R^p, in adnotatione R)
S	Parisinus BN lat. 1664, saec. XII; u. p. XXII
V	Valentianensis bibl. mun. 147, saec. IX; u. p. XVII
W	Vindobonensis 719, saec. XIII, u. p. XX sq.
recc.	codices recentiores; cf. p. XLIII
edd.	editores omnes uel plurimi
Br	Brandt (1890)
Buen	Bünemann (1739)
Fr	Fritzsche (1842)
Hm	Heumann (1736)
Le	Le Brun – Lenglet-Dufresnoy (1748)
Mo	Monat (1986 I, 1987 II; u. p. LI)
St 230	Stangl (1915) p. 230

L. CAELI FIRMIANI LACTANTI

DIVINARVM INSTITVTIONVM

LIBER PRIMVS

DE FALSA RELIGIONE

1. Magno et excellenti ingenio uiri cum se doctrinae penitus dedidissent, quidquid laboris poterat impendi, contemptis omnibus et priuatis et publicis actionibus ad inquirendae ueritatis studium contulerunt, existimantes multo esse praeclarius humanarum diuinarumque rerum inuestigare ac scire rationem quam struendis opibus aut cumulandis honoribus inhaerere, quibus rebus, quoniam fragiles terrenaeque sunt et ad solius corporis pertinent cultum, nemo melior, nemo iustior effici potest. erant illi quidem ueritatis cognitione dignissimi, quoniam scire tantopere cupiuerunt atque ita, ut eam rebus omnibus anteponerent – nam et abiecisse quosdam res familiares suas et renuntiasse uniuersis uoluptatibus constat, ut solam nudamque

---

Codd.: *ab initio extant* D V P M^{p}W K S^p R

4 *de inscriptione u. p. XXIV sq. XXVIII*   **5** excellente R   sese M W^{ar}
6 dedidissent P *(et ft. D; inter* de *et* ssent *ruga potius 4 quam 2 litt. euan.)*, dediss- *cet., Mo, numero peiore*   **7** actibus W   ad *om.* M
8 studium] s. se W; studio M   aestimantes M W K S   **10** instruendis V   **12** corporibus P^1, *corr.* P^2 cultum pertinent M W K S
13 quidem illi D V P   agnitione M W   quoniam] quam M W K S
14 atque ita *om.* W; ita ut *om.* M   ponerent V^1, ante *in mg.* V^2
15 familiaris D V P^1 *(corr.* P^2)   suas familiares S

uirtutem nudi expeditique sequerentur; tantum apud eos uirtutis
nomen et auctoritas ualuit, ut in ipsa esse summi boni praemium
iudicarent –, sed neque adepti sunt id quod uolebant et operam
simul atque industriam perdiderunt, quia ueritas id est arcanum
summi dei, qui fecit omnia, ingenio ac propriis sensibus non
potest comprehendi; alioquin nihil inter deum hominemque
distaret, si consilia et dispositiones illius maiestatis aeternae cogitatio adsequeretur humana.   quod quia fieri non potuit ut
homini per se ipsum ratio diuina notesceret, non est passus hominem deus lumen sapientiae requirentem diutius errare ac sine
ullo laboris effectu uagari per tenebras inextricabiles. aperuit
oculos eius aliquando et notionem ueritatis munus suum fecit, ut
et humanam sapientiam nullam esse monstraret et erranti ac
uago uiam consequendae immortalitatis ostenderet.   uerum
quoniam pauci utuntur hoc caelesti beneficio ac munere, quod
obuoluta in obscuro ueritas latet eaque uel contemptui doctis est,
quia idoneis adsertoribus eget, uel odio indoctis ob insitam sibi
austeritatem, quam natura hominum procliuis in uitia pati non
potest – nam quia uirtutibus amaritudo permixta est, uitia uero
uoluptate condita sunt, illa offensi, hac deleniti feruntur in prae-
ceps et bonorum specie falsi mala pro bonis amplectuntur –,
succurrendum esse his erroribus credidi, ut et docti ad ueram
sapientiam dirigantur et indocti ad ueram religionem.   quae

Codd.: **22** *ab* esse *incipit* S *fol. 2ʳ (fol. 1 m. rec. scriptum pergit usque ad § 8* gloriosior*); hinc extant* D V P MᵖW K S R

1 ueritatem W   ⟨et⟩ tantum *Br;* tantumque *recc., edd., St 225 ad* uirtutis *s.l. uel* ueritatis M   **2** auctoritatis D V P   **3** iudicarent] praedic- D *(part. in ras.)* V P   **5** summum D V P *(-*mi *m.1,* mum *tantum in mg. m.2)*   **7** cognitio M W K S *(*D *inc.; post* cog *in fine col.* ni *aut* ita *bibliothecae sigillo opertum)*   **11** ullis Vᵃᶜ   **12** nationem R¹   ut *s.l.* P   **16** lateat W   ea quae D P   contemptu D¹ V P   **17** assertionibus K S   **18** auctoritatem M W   **20** ac deliniti D M W   **21** et *om.* M   falsa P *(alt. a ex* i*)* M   mali P   **22** et *s.l.* P   **23** derigantur Rᵃᶜ

professio multo melior utilior gloriosior putanda est quam illa
oratoria, in qua diu uersati non ad uirtutem, sed plane ad argu-
tam malitiam iuuenes erudiebamus, multoque nunc rectius de
praeceptis caelestibus disseremus, quibus ad cultum uerae maiestatis mentes hominum instituere possimus, nec tam de rebus
humanis bene meretur qui scientiam bene dicendi adfert quam
qui pie atque innocenter docet uiuere. idcirco apud Graecos
maiore in gloria philosophi quam oratores fuerunt. illi enim
recte uiuendi doctores sunt existimati, quod est longe praesta-
bilius, quoniam bene dicere ad paucos pertinet, bene autem uiuere ad omnes. multum tamen nobis exercitatio illa fictarum
litium contulit, ut nunc maiore copia et facultate dicendi causam
ueritatis peroremus. quae licet possit sine eloquentia defendi, ut
est a multis saepe defensa, tamen claritate ac nitore sermonis
inlustranda et quodammodo disserenda est, ut potentius in animos influat et ui sua instructa et luce orationis ornata. de religione itaque nobis rebusque diuinis instituitur disputatio. nam
si quidam maximi oratores professionis suae quasi ueterani de-
cursis operibus actionum suarum postremo se philosophiae tradiderunt eamque sibi requiem laborum iustissimam putauerunt,
si animos suos in earum rerum quae inueniri non poterant in-
quisitione torquerent, ut non tam otium sibi quam negotium
quaesisse uideantur et quidem multo molestius quam in quo
fuerant ante uersati, quanto iustius ego me ad illam piam ueram

---

1 gloriosiorque R²; et g. K **3** multo quae P^ac nunc *s.l.* P²
5 instruere P tamen V P^ar *(D deest)* **6** humanis *om.* K S
dicendo M **9** docciores *(sic; pr.* c *s.l. m.2)* R estimati W
11 nobilis P fictura M; uictarum K S **12** uti M W K S
13 posset R **15** disserenda *codd. (D deest), Mo;* adserenda Br *contra numerum* **16** ui] in M sua ... luce] sua et instructa *(cta in ras.?* R)
religione et luce M W K S R *Mo* **20** laboris R **21** si] et M
inquisitionem W; -sione V^ac P¹ *(corr.* P²; D *deest)* **22** torserunt. que-
rent. M **22–23** sibi ... uideantur] s. quaes- u. quam n. P
23 et quidem] equ- R **24** ad ueram illam piam P¹, *ord. rest.* P²
ueramque M^ar

4 diuinam sapientiam quasi ad portum aliquem tutissimum conferam, in qua omnia dictu prona sunt, auditu suauia, facilia intellectu, honesta susceptu? et si quidam prudentes et arbitri aequitatis institutiones ciuilis iuris compositas ediderunt, quibus ciuium dissidentium lites contentionesque sopirent, quanto melius nos et rectius diuinas institutiones litteris persequemur, in quibus non de stillicidiis aut aquis arcendis aut de manu conserenda, sed de spe, de uita, de salute, de immortalitate, de deo loquemur, ut superstitiones mortiferas erroresque turpissimos sopiamus?

13 *Quod opus nunc nominis tui auspicio inchoamus, Constantine imperator maxime, qui primus Romanorum principum repudiatis erroribus maiestatem dei singularis ac ueri et cognouisti et honorasti. nam cum dies ille felicissimus orbi terrarum inluxisset, quo te deus summus ad beatum imperii columen euexit, salutarem uniuersis et optabilem principatum praeclaro initio auspicatus es, cum euersam sublatamque iustitiam reducens*
14 *taeterrimum aliorum facinus expiasti. pro quo facto dabit tibi deus felicitatem uirtutem diuturnitatem, ut eadem iustitia, qua iuuenis exorsus es, gubernaculum rei publicae etiam senex teneas tuisque liberis ut ipse a patre accepisti tutelam Romani*
15 *nominis tradas. nam malis, qui adhuc aduersus iustos in aliis terrarum partibus saeuiunt, quanto serius tanto uehementius idem omnipotens mercedem sceleris exsoluet, quia ut est erga pios indulgentissimus pater, sic aduersus impios seuerissimus*
16 *iudex. cuius religionem cultumque diuinum cupiens defendere quem potius appellem, quem adloquar nisi eum, per quem rebus humanis iustitia et sapientia restituta est?*

Codd.: §§ 13–16] K S R *tantum; u. Heck, 1972, 127–170*

1 diuinamque M K (que *add. m.2*) R   **3** si *s.l.* P² et *s.l.* D
7 conseruanda D V P   **8** de spe *om.* D V P   **15** culmen K *(ex* columen*), recc.*   **20** tenetis K^{ac}   **22** in] et K S   **25** seuerissimus R¹; reuerentissimus K S

Omissis ergo terrenae huiusce philosophiae auctoribus nihil
certi adferentibus adgrediamur uiam rectam. quos equidem si
putarem satis idoneos ad bene uiuendum duces esse, et ipse
sequerer et alios ut sequerentur hortarer. sed cum inter se
magna concertatione dissideant secumque ipsi plerumque dis-
cordent, apparet eorum iter nequaquam esse directum, siquidem
sibi quisque ut est libitum proprias uias impresserunt confusi-
onemque magnam quaerentibus ueritatem reliquerunt. nobis
autem qui sacramentum uerae religionis accepimus cum sit
ueritas reuelata diuinitus, cum doctorem sapientiae ducemque
uirtutis deum sequamur, uniuersos sine ullo discrimine uel sexus
uel aetatis ad caeleste pabulum conuocamus. nullus enim
suauior animo cibus est quam cognitio ueritatis. cui adserendae
atque inlustrandae septem uolumina destinauimus, quamuis ea
res infiniti sit paene operis et immensi, ut si quis haec dilatare
atque exsequi plenissime uelit, tanta illi rerum copia exuberet, ut
nec libri modum nec finem reperiat oratio. sed nos idcirco
breuiter omnia colligemus, quod ea quae adlaturi sumus tam
clara sunt et lucida, ut magis mirum esse uideatur tam obscuram
uideri hominibus ueritatem et iis praecipue qui sapientes uulgo
putantur, uel quod tantummodo instituendi nobis homines erunt,
hoc est ab errore quo sunt implicati ad rectiorem uiam reuocandi. quod si fuerimus ut spero adsecuti, mittemus eos ad ipsum

---

Codd.: a § *17 rursus extant* D V P M^p W K S R

1 omisse M **2** adserentibus M; adeferentibus, *sed* a *exp.*, R
3 et ipse *om.* R **5** desideant D plerumque ipsi W **6** decretum
D V P **7** quique M uias] uitiis R **9** uerae *om.* D V P
10 relata M W **11** uirtutis] ueritatis M *(sed s.l. m.1* uel uirtutis*)* R
12 uocamus W **13** cogitatio V^1 adserendae] ae *m.2 ex* a *et alia
litt.* R **14** inlustrandae septem] inlustra R^1 *spatio 7 fere litt. relicto;*
ndae *tantum suppl.*, septem *om.* R^2; *u. p. XXXIII n. 92* **15** paene *om.*
W; bene K S **17** ne libri W repperiat D V P^{ac} M W R; *u. ind. form.*
18 collegemus D V^1 (-ligim- *m.2)* P; -legim- W **20** et] ut M W
iis R, his *cet., Mo* **23** mittemus *om.* K S

doctrinae uberrimum ac plenissimum fontem, cuius haustu atque
potu conceptam uisceribus sitim sedent ardoremque restinguant,
eruntque illis omnia facilia prona manifesta, modo ne pigeat ad
percipiendam sapientiae disciplinam legendi uel audiendi patientiam commodare.   multi enim superstitionibus uanis pertinaciter inhaerentes obdurant contra manifestam ueritatem, non
tam de suis religionibus quas praue adserunt bene meriti quam
de se male. qui cum habeant iter rectum, deuios sequuntur anfractus, planum deserunt, ut per praecipitia labantur, lucem relinquunt, ut in tenebris caeci ac debiles iaceant.   his consulendum est, ne contra se pugnent uelintque se tandem ab inueteratis
erroribus liberari; quod utique facient, si quare sint nati aliquando peruiderint.   haec enim prauitatis est causa, ignoratio sui.
quam si quis cognita ueritate discusserit, sciet quo referenda et
quemadmodum sibi uita degenda sit. cuius scientiae summam
breuiter circumscribo, ut neque religio ulla sine sapientia suscipienda sit nec ulla sine religione probanda sapientia.

2.   Suscepto igitur inlustrandae ueritatis officio non putaui
adeo necessarium ab illa quaestione principium sumere, quae
uidetur prima esse natura, sitne prouidentia quae rebus omnibus
consulat an fortuito uel facta sint omnia uel gerantur.   cuius

Epit.: 1, 2, 1–4] 1, 1–2

Auct.: 21 §§ 2–3] *cf.* Cic. nat. deor. 1, 62–66. 117–123

2 ceptam K S   restingant W, -gunt K S   **3** illis *s.l.* V
5 commendare D V P (-mod- *in mg. m. rec.*)   uanis *s.l.* P²
6 obduranturn M W R *Mo; cf.* Thes. IX 2, 43, 9–15   **7** praue adserunt]
praeferunt D V P   **8** sequantur M W   **9** praecipitia R, -um *cet., edd.
contra numerum*   lauantur R¹, uoluantur R²   *ante* lucem *fere 8
litt. eras.* P   **11** pungent D   uelintque] *post* que *fere 3 litt. eras.*
K S; uelint quod M   tandem se W   **12** liberati K S^ac
13 prauitas M   **17** nec ulla ... sapientia] n. u. sap- sine r. p. R *contra
numerum*   **20** sitne] t *eras.* V; sine M   **21** fortuito R, -tu *cet. (*D
euan.); u. ind. form.   sunt M   omnia *s.l.* P²   generantur, *sup.* a
add. uel e *m.*2, R

sententiae auctor est Democritus, confirmator Epicurus. sed et
antea Protagoras, qui deos in dubium uocauit, et postea Diagoras, qui exclusit, et alii nonnulli, qui non putauerunt deos esse,
quid aliud effecerunt nisi ut nulla esse prouidentia putaretur?
quos tamen ceteri philosophi ac maxime Stoici acerrime rettuderunt docentes nec fieri mundum sine diuina ratione potuisse
nec constare, nisi summa ratione regeretur.   sed et Marcus   3
Tullius quamuis Academicae disciplinae defensor esset, de prouidentia gubernatrice rerum et multa et saepe disseruit Stoicorum argumenta confirmans et noua ipse adferens plurima. quod
facit cum in omnibus philosophiae suae libris tum maxime in his
qui sunt de natura deorum.   nec difficile sane fuit paucorum   4   7
hominum praua sentientium redarguere mendacia testimonio populorum atque gentium in hac una re non dissidentium.   nemo   5
est enim tam rudis, tam feris moribus, quin oculos suos in caelum tollens, tametsi nesciat cuius dei prouidentia regatur hoc

Epit.: 1, 2, 5] 1, 3–4

Auct.: **1** Democritus] *cf.* VS 68 A 70   Epicurus] frg. 368 Usener
2–3 Protagoras ... Diagoras] *cf.* VS 80 A 12 *et* Min. Fel. 8, 2–3
12 Cic. nat. deor. 2, 73–153

Codd.: **4** *a* putaretur *incipit* B *(foll. 1–3, usque ad 1, 5, 7* consti, *detrimentis adfecta); hinc extant* B D V P M^p W K S R

1 confimator K S^{ac} **2** ante M W   pytagoras V^2 *(ex* prot-*)* M W *(in*
D *extat* p *et 1 litt. inc. tantum)*   uocabit K   **3** putarunt D V P
4 nulla] illa K S   **5** tamen] tameni *(an hasta ultima i. q.* et*?)* M; t. et
K S   rettuderunt B *(ut uid.)* R^1, retud- K S R^2, retund- M W; reddi-
derunt D V P; *cf.* 3, 28, 9   **6** dicentes M W   **7** nisi] ni K^{ac}
marcus B W, m̃. D V P M, m. K S R; *u. ind. form.*   **9** et *ante* saepe
om. M W   **10** ipse *codd. (in* B D *periit),* ipsa *Br ex errore*
11 cum] tum W S *(*c *ex* t *an* t *ex* c*?)*   tunc P   his *codd.,* iis *Br*
13 praue M W K, -uę S   testimonia W   **14** non *om.* W
dissentientium M   **15** tam *ante* feris *s.l.* P   quia D V P^{ar} *(a eras.);*
qui non M W   **16** dei *s.l.* W

omne quod cernitur, aliquam tamen esse intellegat ex ipsa rerum magnitudine motu dispositione constantia utilitate pulchritudine temperatione nec posse fieri, quin id quod mirabili ratione con-
6 stat consilio maiore aliquo sit instructum. et nobis utique facillimum est exsequi hanc partem quamlibet copiose. sed quia multum inter philosophos agitata res est et prouidentiam tollentibus satis responsum uidetur ab hominibus argutis et eloquentibus et de sollertia diuinae prouidentiae per totum hoc opus quod suscepimus sparsim dicere nos necesse est, omittamus in praesenti hanc quaestionem, quae cum ceteris sic cohaeret, ut nihil a nobis uideatur disseri posse, ut non simul de prouidentia disseratur.

1   3. Sit ergo nostri operis exordium quaestio illa consequens ac secunda, utrum potestate unius dei mundus regatur anne multorum. nemo, qui quidem sapiat rationemque secum putet, non unum esse intellegat, qui et condiderit omnia et eadem qua con-
2 didit uirtute moderetur. quid enim multis opus est ad mundi regimen sustinendum? nisi forte arbitrabimur, si plures sint,
3 minus habere singulos neruorum atque uirium. quod quidem

Epit.: 1, 3, 1–23] 2, 1 – 3, 1 *(ordine mutato, nonnullis aliunde additis)*
1, 3, 1 . . . multorum] 2, 1 . . . plures   1 nemo . . . intellegat] 2, 2 . . . intelleget

1 aliquem K S   *post* aliquam *s.l. add.* scilicet prouidentiam R²   **2** motus V P *(B inc., D deest)*   constantiae M   **3** fieri *s.l.* B³ quin *om.* D V P   constat] c. nisi M W   **4** itaque K S   **5** quamlicet V P *(D deest)*   copiosam M   **8** et *ante* de *eras.* S   **9** nos *om.* K S   **9–10** hanc in presenti M   **12** *post* disseratur *add.* utrum potestate unius dei an multorum mundus regatur *(hoc ordine)* K S *ex 1, 3, 1, ubi haec uerba sicut cet. codd. exhibent*   **15** qui quidem K S^{pc} R *(alt. i ex e m.2);* quidem qui B; quidem D V P S^{ac}; qui deum M W   **16** condiderit] *in* B *periit* di; -didit M   quae M W **17–18** uirtute . . . sustinendum] *in* B *plurima foramine interierunt; quae extant, eadem atque in cet. codd.*   **18** arbitramur P   **19** quidem] *sup. e eras.* a? B

faciunt ii qui esse multos uolunt, quia necesse est imbecillos esse, siquidem singuli sine auxilio reliquorum tantae molis gubernaculum sustinere non possunt. deus autem, qui est aeterna mens, ex omni utique parte perfectae consummataeque uirtutis est. quod si uerum est, unus sit necesse est. potestas enim uel uirtus absoluta retinet suam propriam firmitatem. id autem solidum existimandum est, cui nihil decedere, id perfectum, cui nihil possit accedere. quis dubitet potentissimum esse regem qui totius orbis habeat imperium? neque immerito, cum illius sint quae ubique sunt omnia, cum ad eum solum omnes undique copiae congerantur. at si plures partiantur orbem, minus certe opum, minus uirium singuli habebunt, cum intra praescriptam portionem se quisque contineat. eodem modo etiam dii, si plures sint, minus ualebunt, aliis tantundem in se habentibus. uirtutis autem perfecta natura in eo potest esse, in quo totum est, quam in eo, in quo pars exigua de toto est. deus uero si perfectus est, ut esse debet, non potest esse nisi unus, ut in eo sint omnia. deorum igitur uirtutes ac potestates infirmiores sint necesse est, quia tantum singulis deerit, quantum in ceteris fuerit; ita quanto plures tanto minores erunt. quid quod summa illa rerum potestas ac diuina uis ne semel quidem diuidi potest? quidquid enim

Epit.: 1, 3, 7–8] 2, 8

1 ii *edd.*, hii B W R Mo, hi *cet.*   uolunt multos B   imbecillos] -becc- B; -les P W S *(alt. e ex o?); u. ind. form.*   **6** absolutae *ut uid.* B   **8** esse *s.l.* P   **9** urbis B[ac]   habeat orbis M   **10** sunt] sint R[ac]   **11** at] ad B; *u. ind. form.*   patiantur P *(corr. m. rec.)*   **12** habebant D V P[ac]   **14** sunt K S   **15** eo] eo non M   potest esse] potius est *recc., Mo; trad. def. Buen cl. § 11 et epit.* 2, 8   **16** in eo *ante* in *exp.* R[2]   quo] qua M   si *s.l. m.2* K S   perfectus est quia perfectus est ut M W   **17** non] an D V *(deinde* te *eras.)* P *(deinde 1 litt. eras.); in* B *extat* n; *deinde 2 litt. perierunt*   **18** sint necesse est] s. per *(add. m.2)* omnia n. e. R   **19** tantum *om.* M   **20** quid quod] quid quo V, quod quod P, qui quod M   **21** uis] ius M

capit diuisionem, et interitum capiat necesse est. si autem interitus procul est a deo, quia incorruptibilis est et aeternus, consequens est ut diuidi potestas diuina non possit. deus ergo unus est, si nihil esse aliud potest quod tantundem capiat potestatis; et ii tamen qui multos esse arbitrantur officia inter se dicunt esse partitos. de quibus omnibus suo loco disputabimus. illud interim quod ad praesentem locum pertinet teneo: si partiti sunt inter se officia, eodem reuoluitur res, ut ex his quilibet sufficere omnibus nequeat. perfectus igitur non erit qui cessantibus ceteris non potest omnia gubernare. ita fit, ut ad regendum mundum unius perfecta uirtute opus sit quam imbecillitate multorum. qui autem putat hanc tantam magnitudinem non posse ab uno regi, fallitur neque quanta sit uis ac potestas diuinae maiestatis intellegit, si existimat singularem deum qui facere mundum potuit, eundem regere non posse quem fecit. at si concipiat animo, quanta sit diuini huius operis immensitas, cum antea nihil esset, tamen uirtute atque consilio dei ex nihilo esse conflatam, quod opus nisi ab uno inchoari perficique non potuit, iam intelleget multo facilius esse ab uno regi quod est ab uno constitutum. dicat fortasse aliquis ne fabricari quidem tam immensum opus mundi nisi a pluribus potuisse. quamlibet mul-

Epit.: 1, 3, 10 ... 11 gubernare] 2, 6   14–15] 3, 1 quem ... comprehendi

6 suo loco] 1, 8–14

1 et ... necesse est *part. euan. s.l. repet. m.3* B   **3** diuidi non possit potestas diuina P   **4** nil P   et] at M W   **5** ii *Br*, hii B R *Mo*, hi *cet.* multi W   dicuntur W   **6** partiti W   disputauimus B^ac D^ac V^ac P^ac   **8** his *codd., Mo*, iis *edd.*   **9** ceteris cessantibus W   **10** *post* fit *s.l. m. rec.* enim V   **13** neque *s.l.* W   uis sit W   **14** mundum facere K S   **16** cum⟨que⟩ St 225, *Mo*; ⟨eamque⟩ cum *Br*; *trad. def. Buen subaudiendo* magnam ... immensitatem *pro* quanta ... immensitas   antea] cuncta K S   **17** conflata M W K S   **18** inchoare R   **19** intellegit B, -gat R   esse ab uno *periit in* B   **21** opus] hoc o. B   multos] plurimos W

tos, quamlibet magnos faciat, quidquid in multis magnitudinis
potestatis uirtutis maiestatisque posuerit, id totum in unum con-
fero et in uno esse dico, ut tantum in eo sit istarum rerum,
quantum nec cogitari nec dici potest.   qua in re quoniam et   15
sensu deficimur et uerbis, quia neque tantam intellegentiae lucem pectus humanum neque explanationem tantarum rerum capit lingua mortalis, id ipsum intellegere nos oportet ac dicere.
uideo rursus quid e contrario dici possit, tales esse illos plures   16
qualem nos uolumus unum. at hoc fieri nullo pacto potest, quod
singulorum potestas progredi longius non ualebit occurrentibus
sibi potestatibus ceterorum. necesse est enim ut suos quisque
limites aut transgredi nequeat aut, si transgressus fuerit, suis
alterum finibus pellat. non uident qui deos multos esse credunt   17
fieri posse, ut aliquid diuersum uelint, ex qua re disceptatio inter
eos et certamen oriatur, sicut Homerus bellantes inter se deos
finxit, cum alii Troiam capi uellent, alii repugnarent.   unius   18
igitur arbitrio mundum regi necesse est. nisi enim singularum
partium potestas ad unam prouidentiam referatur, non poterit
summa ipsa constare, uno quoque nihil curante amplius quam
quod ad eum proprie pertinet, sicut ne res quidem militaris nisi
unum habeat ducem atque rectorem. quodsi in uno exercitu tot   19
fuerint imperatores quot legiones, quot cohortes, quot cunei,

Epit.: 1, 3, 18 ... constare] 2, 3 ... referantur; *cf.* 2, 6   19] 2, 4 si multi in exercitu ... 5 potuisset

Codd.: 21 tot ... *1, 4, 8* principes aut *om.* W; *suppl. m. rec. folio inserto; hinc extant* B DV P M^p KS R

2 potuerit R   5 deficimus MWKS   tantae MW   lucet MW
6 explanationum P^1, *corr.* P^2 rerum *om.* M   8 e] de DVP
posset B   *post* esse *eras.* se V   9 at] ac P^{ac} 11 sibi] tibi V^{ac}
12 aut *post* limites *om.* M   15 oritur W   bellantis V *(D deest)*
16 capit B^{ar} 17 singularem P^1, *corr.* P^2 20 ad *om.* DVP^1 *(s.l.* P$^2)$
nec MK *(c s.l.)*   *post* militaris *30 fere litt. eras.* P   21 in *s.l.* M
22 fuerit K^{ac} 22–p. 12, 1 quot legiones ... alae] quod *ubique* B, *pr. loco* VR^{ac}, *alt.* V^{ac} *(hic D periit)*

quot alae, primum nec instrui poterit acies uno quoque periculum recusante nec regi facile aut temperari, quod suis propriis consiliis utantur omnes, quorum diuersitate plus noceant quam prosint. sic in hoc rerum naturae imperio nisi unus fuerit ad quem totius summae cura referatur, uniuersa soluentur et corruent. dicere autem multorum arbitrio regi mundum tale est, quale si quis adfirmet in uno corpore multas esse mentes, quoniam multa et uaria sint ministeria membrorum, ut singulos corporis sensus singulae mentes regere credantur, item multi adfectus, quibus commoueri solemus uel ad iram uel ad cupiditatem uel ad laetitiam uel ad metum uel ad miserationem, ut in his omnibus totidem mentes putentur operari. quod si quis profecto dicat, ne ipsam quidem quae una est habere uideatur. quodsi in uno corpore tantarum rerum gubernationem mens una possidet et uniuersis semel intenta est, cur aliquis existimet mundum non posse ab uno regi, a pluribus posse? quod quia intellegunt isti adsertores deorum, ita eos praeesse singulis rebus ac partibus dicunt, ut tamen unus sit rector eximius. iam ergo ceteri non dii erunt, sed satellites ac ministri, quos ille unus maximus ac potens omnium iis officiis praefecerit, et ipsi eius imperio ac nutibus seruient. si uniuersi pares non sunt, non igi-

Epit.: 1, 3, 19 sic ... corruent] 2, 5   20 ... 21 pluribus posse] 2, 3 regatque ... una

2 aut] ac B   temperare P^{ac}; obtemperari K *(ob s.l.)*; imperari M
3 diuersitates B P^2 M S *(s s.l.)* R *(s s.l.), Mo*   **4** possint D^{ac}
5–7 soluentur ... mentes] B *detrimenta cepit*   **5** corruant K S^1
6 arbitriorum M   **7** adfirment D^{ac} in *om.* M   **8** sunt M
10 effectus M   **11** admirationem B^1, *corr.* B^3; administrationem D V P in *eras.* D   **12** omnibus] om *tantum* D^{ac} V P^{ac} putarentur *ex* uterentur P; utarentur *sic* D V   **13** ipsa D V P^{ac} uidebitur B
14 tantum M   gubernatione M   **15** possideat M   semel] simul *recc., edd.; trad. def. Mo; cf.* 5, 4, 1 *et opif.* 11, 3   est *om.* R
16 rege K   **16–17** quod ... isti ad *conglutinatione fissurae periit in* B
19 dii non P   **20** iis *Br*, hiis B R, his *cet., Mo*   et] ut *edd., Br*
21 seruient B, -iant D V P M R *Br,* -iunt K S

tur dii omnes sunt; nec enim potest hoc idem esse quod seruit et
quod dominatur. nam si deus nomen est summae potestatis, 23
incorruptibilis esse debet, perfectus impassibilis nulli rei subiectus. ergo dii non sunt quos parere uni maximo deo necessitas
cogit. sed quia non frustra falluntur qui hoc ita putant, causam 24
huius erroris paulo post aperiemus. nunc unitatem diuinae potestatis testimoniis comprobemus.

    4. Prophetae, qui fuerunt admodum multi, unum deum prae- 1
dicant, unum loquuntur, quippe qui unius dei spiritu pleni quae
futura essent pari et consona uoce praedixerint. at enim ueri- 2
tatis expertes non putant his esse credendum; illas enim non
diuinas, sed humanas fuisse uoces aiunt. uidelicet quia de uno
deo praeconium faciunt, aut insani aut fallaces fuerunt. atquin 3
impleta esse implerique cottidie illorum uaticinia uidemus et in
unam sententiam congruens diuinatio docet non fuisse furiosos.
quis enim mentis emotae non modo futura praecinere, sed etiam
cohaerentia loqui possit? num ergo fallaces erant qui talia 4
loquebantur? quid ab his tam longe alienum quam ratio fallendi,
cum ceteros ab omni fraude cohiberent? idcirco enim a deo
mittebantur, ut et praecones essent maiestatis eius et correctores
prauitatis humanae. praeterea uoluntas fingendi ac mentiendi 5

Epit.: 1, 3, 23 ... subiectus] 3, 1 ... subiectus   1, 4, 1 – 6, 16] *fere*
3, 2 – 5, 4   1, 4, 1 – 5, 1] *cf.* 3, 2 ut taceam ... praedicatoribus

6 paulo post] 1, 8, 8 – 15, 33

1 nec] sed D V P   **2** deus] dominus M   **5** qui] quia M
reputant M   **6** aperimus B[1], *corr.* B[3]   **8** qui] quia B
10 praedixerunt B S   **12** uoces fuisse M K S   **13** atquin B *(adq-)*
D *(n exp.)* V W R (n *exp.*), autquin P[ac], atqui M K S; *u. ind. form.*
14 esse *s.l.* M   in plerisque B M   cottidie B *(pr.* t *eras.)* R, cotid-
cet.; u. ind. form.   **15** congruens *om.* K S   furiosos fuisse R
16 semotae M K S R[2]   **17** posset R[2]   erunt V[ac] M   **17–18** qui ...
loquebantur *om.* B M K S R *Mo; cf. Heck, 1972, 199; 1992, 596*
18 his] is R[1]   **19** ceteros] os *in ras.* S[2]; -is V[ac] K[ac] R[ac] *(D deest)*
21 humanam D *(corr. m. rec.)* V[ac] P[ac]

eorum est qui opes appetunt, qui lucra desiderant; quae res procul ab illis sanctis uiris afuit. ita enim delegato sibi officio functi sunt, ut derelictis omnibus ad tutelam uitae necessariis non modo in futurum, sed ne in diem quidem laborarent contenti extemporali cibo, quem deus subministrasset. et hi non modo quaestum nullum habuerunt, sed etiam cruciatus atque mortem. amara sunt enim uitiosis ac male uiuentibus praecepta iustitiae. itaque ii, quorum peccata et arguebantur et prohibebantur, excruciatos eos acerbissime necauerunt. ergo a quibus afuit studium lucri, afuit etiam uoluntas et causa fallendi. quid quod aliqui eorum principes aut etiam reges fuerunt, in quos cadere non potest suspicio cupiditatis ac fraudis, et tamen praeconium dei singularis eadem qua ceteri diuinatione fecerunt?

5. Sed omittamus sane testimonia prophetarum, ne minus idonea probatio uideatur esse de his quibus omnino non creditur. ueniamus ad auctores et eos ipsos ad ueri probationem testes citemus, quibus contra nos uti solent, poetas dico ac philosophos. ex his unum deum probemus necesse est, non quod illi habuerint cognitam ueritatem, sed quod ueritatis ipsius tanta uis

---

Epit.: 1, 5, 2–28] 3, 2 – 4, 3   1, 5, 2–3] 3, 2

Codd.: **11** *ab* etiam *redit* W; *hinc extant* B DV P M^{p}W KS R

1 petunt M   **2** ab] ad D^{ac} V   fuit DVP   sibi *s.l.* P^2
5 temporali M   et *om.* DVP   hii R; hi qui MKS
6 nullum] non *(deinde* n *eras.)* ullum (ll *euan. rest. m.3*) B; ullum M   mortem amaram, *deinde dist.*, M   **8** ii *edd.*, hii MR *Mo*, hi *cet.* (B *inc.*, D *deest*)   et *post* peccata *om.* M   **9** negauerunt D^{ac} VP^{ac} afuit *post* quibus] fuit VP (D *deest*); aff- S^1 R *(ex* adf-*);* abf- S^2 W
10 lucri abfuit WS *(ab in ras. m.2)*; l. aff- R   **12** posset MW   ac] aut W   tamen] t. ad M   **13** eadem qua] eademque DVP^1 *(corr.* P^2); eodem modo quo M   diuinationem M   **14** omittemus M   minus] mus B^{ac} **15** de quibus his B *(ante* his *in mg.* ab *m.2)* DVP
16 auctorem M   probationem ueri D *(ueri periit)* VP   **18** quod] quo DVP, *sed cf. 4, 7, 8*   **19** habuerunt B D^{ar} PM

est, ut nemo possit esse tam caecus, quin uideat ingerentem se
oculis diuinam claritatem. poetae igitur quamuis deos carminibus ornauerint et eorum res gestas amplificauerint summis
laudibus, saepissime tamen confitentur spiritu uel mente una
contineri regique omnia. Orpheus, qui est uetustissimus poetarum et aequalis ipsorum deorum, siquidem traditur inter Ar-
gonautas cum Tyndaridis et Hercule nauigasse, deum uerum et
magnum πρωτόγονον appellat, quod ante ipsum nihil sit genitum, sed ab ipso sint cuncta generata. eundem etiam Φάνητα
nominat, quod cum adhuc nihil esset, primus ex infinito appa-
ruerit et extiterit. cuius originem atque naturam quia concipere
animo non poterat, ex aere immenso natum esse dixit:

πρωτόγονος φαέθων περιμήκεος ἠέρος υἱός.

aliud enim amplius quod diceret non habebat. hunc ait esse
omnium deorum parentem, quorum causa caelum condiderit
liberisque prospexerit, ut haberent habitaculum sedemque communem:

ἔκτισεν ἀθανάτοις δόμον ἄφθιτον.

natura igitur et ratione ducente intellexit esse praestantissimam
potestatem, caeli ac terrae conditricem. non poterat enim dicere

---

Epit.: 1, 5, 4–7] 3, 3

Auct.: **5–14** Orph. frg. 73 *(cf.* 167*)* Kern   **14–20** Orph. frg. 89 K.

Test.: **8–18** *interpretamenta lat. his ceterisque graec. locis in parte codd. addita in appendice adferentur; u. p. XLIX*

1 quiin, *pr.* i *exp.*, D; qui non BMWS   **2** diuinitatem KS¹, -tis S²
3 ornauerunt KS   re V¹   amplificauerunt S   **5** est] et M
7 tyndaris DVP   nauigasset *(et in eras.* em*?)* R   **8** appellat *om.* KS
10 quod] quoniam M   ex infinito] ex *(euan.)* fin- B¹, *corr.* B³; nihil
fin- DVP   **11** et *om.* MKS   conspicere B *(sp in ras. m.3)* WKS
12 dixit esse natum P   **13** θεροϲ υοϲ MW, ιεροϲ ϲιοϲ R; αἰθέρος
υἱός *Lobeck, alii edd. Orph.*   **14** omnium esse W   **18** θανατοιϲ KS
19 et] ex MW   deducente B; docente M   **20** potentiam M;
potentem W

Iouem esse principem rerum, qui erat Saturno genitus, neque ipsum Saturnum, qui Caelo natus ferebatur; caelum autem tamquam deum primum constituere non audebat, quod uidebat elementum esse mundi, quod ipsum eguerit auctore. haec eum ratio perduxit ad deum illum primogenitum, cui adsignat et tribuit principatum. Homerus nihil nobis dare potuit quod pertineat ad ueritatem, qui humana potius quam diuina conscripsit. potuit Hesiodus, qui deorum generationem unius libri opere complexus est. sed tamen nihil dedit non a deo conditore sumens exordium, sed a chao, quod est rudis inordinataeque materiae confusa congeries, cum explanare ante debuerit chaos ipsum unde quando quomodo esse aut constare coepisset. nimirum sicut ab aliquo artifice disposita ordinata effecta sunt omnia, sic ipsam materiam fictam esse ab aliquo necesse est. quis igitur hanc nisi deus fecit, cuius potestati subiacent omnia? sed refugit hoc ille, dum horret incognitam ueritatem. non enim Musarum instinctu sicut uideri uolebat in Helicone carmen illud effudit, sed meditatus uenerat ac paratus. nostrorum primus Maro non longe afuit a ueritate, cuius de summo deo, quem mentem ac spiritum

Epit.: 1, 5, 11–13] 3, 4–5

Auct.: **10** Hes. theog. 116   **17** Hes. ibid. 22–35   **18** Maro] *cf.* Min. Fel. 19, 2

Test.: **19** Isid. orig. 8, 6, 19

Codd.: **3** *a* tuere non *incipit* B *fol. 4 primum integrum; hinc extant* B DV P M^p W KS R

1 neque] denique DVP   **4** egeret auctorem B¹, *corr.* B³; genuerit auctorem MWKS   **5** adsignans tribuit M   **7** potuit *om.* M; Hesiodus p. W   **10** a chao] achaos W *(s corr.?)* R   **11** ante *om.* M cahos P, achaos R   **12** esset, t *euan.*, B; esse c *(sic)* M   cepisset MW, cęp- KS   **13** effecta] facta B   sicut R^ar   materiem R   **14** factam BKS   **15** ille hoc P   **17** carmen] nec c. M   effundit MW   **18** ac] et MW   non longe *eras.* S   **18–19** afuit a ueritate] fuit a u. DVP; afuit ueritati MW   **19** spiritum ac mentem M

nominauit, haec uerba sunt:
   'principio caelum ac terras camposque liquentis
   lucentemque globum lunae Titaniaque astra
   spiritus intus alit totamque infusa per artus
5 mens agitat molem et magno se corpore miscet.'
ac ne quis forte ignoraret, quisnam esset ille spiritus qui tantum   12
haberet potestatis, declarauit alio loco dicens:
   'deum namque ire per omnis
   terrasque tractusque maris caelumque profundum;
10 hinc pecudes armenta uiros genus omne ferarum,
   quemque sibi tenuis nascentem accersere uitas.'
Ouidius quoque in principio praeclari operis sine ulla nominis   13
dissimulatione a deo, quem 'fabricatorem mundi', quem 'rerum
opificem' uocat, mundum fatetur instructum.   quodsi uel Or-   14
15 pheus uel hi nostri quae natura ducente senserunt in perpetuum   *16*
defendissent, eandem quam nos sequimur doctrinam compre-
hensa ueritate tenuissent.

Auct.: **2–5** Verg. Aen. 6, 724–727   **8–11** Verg. georg. 4, 221–224
13–14 Ou. met. 1, 57. 79

Test.: **8** deum ... profundum] Salu. gub. 1, 1, 4

2 a principio D^{ac} V^{ac} P^{ac}   terram R *ut pars codd. Verg.*
liquentis B¹ PMKSR¹, -tes B² D *(ex* -tus*)* VWR²; *de his formis u.
ind. form.*   **4** effusa MW   per artus] partus V¹   **6** ne] nec R
ignoret P   quinam DVPKS   **7** potestatibus B^{ar}   loco *om.* M
8 deum *om.* R   omnis BDV¹ PR, -nes V², omͨs MWKS
9 terrasque] que *exp.* R²   tactusque V^{ac}; tractat- M   *post* maris
eras. et exp. que B   **10** hic M   **11** tenus *(sic)* sibi M; tenues, *alt.* e *ex*
i, B² R²   nascente P   accersere MKSR, access- BPW *ut plurimi
codd. Verg.,* ac arcers- D, arcers- V; *cf. 2, 16, 11*   **12** operis] carminis
R, *item in mg. ad* operis K *(m.1 ut uid.)* S *(al. m.),* Mo; *cf. Heck, 1972,
177*   **14** uocet B   quod uel si R   **15** quae] qui B
ducente] u *ex* o B *(m.3?)* V   **16** eadem K S^{ac}

15 Sed hactenus de poetis. ad philosophos ueniamus, quorum grauior est auctoritas certiusque iudicium, quia non rebus com-
16 menticiis, sed inuestigandae ueritati studuisse creduntur. Thales Milesius qui unus e septem sapientium numero fuit quique primus omnium quaesisse de causis naturalibus traditur, aquam esse dixit ex qua nata sint omnia, deum autem esse mentem quae ex aqua cuncta formauerit. ita materiam rerum posuit in
17 umore, principium causamque nascendi constituit in deo. Pythagoras ita definiuit quid esset deus: animus per uniuersas mundi partes omnemque naturam commeans atque diffusus, ex
18 quo omnia quae nascuntur animalia uitam capiunt. Anaxagoras deum esse dicit infinitam mentem quae per se ipsa moueatur. Antisthenes multos quidem esse populares deos, unum tamen

Epit.: 1, 5, 15–28] 4, 1–3 *mutato ordine;* 15] 4, 1 ... poetarum 16–17] *cf.* 4, 3 Thales uel Pythagoras   18 Antisthenes ... artificem] 4, 2 Antisthenes ... gubernatorem

Auct.: 1 §§ 15–23] *cf.* Cic. nat. deor. 1, 25–42; Min. Fel. 19, 3–14
3 Thales] Cic. ibid. 1, 25 = VS 11 A 23; Min. Fel. 19, 4; *ad* qui ... fuit *cf.* Diog. Laert. 1, 28–35   8 Pythagoras] Cic. ibid. 1, 27; Min. Fel. 19, 6   11 Anaxagoras] Cic. ibid. 1, 26 = VS 59 A 48; Min. Fel. 19, 6
13 Antisthenes] frg. 39 Decleva-Caizzi; Cic. ibid. 1, 32; Min. Fel. 19, 7

Test.: 8 Pythagoras] *cf.* Salu. gub. 1, 1, 2; Isid. orig. 8, 6, 19

2 grauior est] grauiorem S[1]; est *om.* K   certusque B[1], *corr.* B[2] qui non MW   3 ueritatis DV[ac] P[ac] M; -tis naturis W   credentur KS
4 unus ... numero] u. e n. sept- sap- R   unus e septem *in ras.* V
e] ex MWS   quoque R; quia M   6 esse ... qua *om.* W
sunt KS   deum] dm̄ *ex* dī *uel* dō B[2] *uel* B[3]   7 quae] qui MKS
8 umore MKR[1], hu- DVPWSR[2]; humorem, h *s.l. m.3,* B; *u. ind. form.*   in deo] ideo *ut uid.* B[1], in deum B[3]   9 diffinit P
quis B   deus esset W   *post* animus *2 litt. eras.* B; animus qui MWKS   9–10 uniuersas mõdi *(sic;* s mõ *in ras. m.2)* partes (s *s.l. m.3)* B   11 quo] quae KS[1]   12 ipsa B *(sup.* a *add. et eras.* ~)
VP[1] (D *deest)* R Mo, -am P[2] MWKS Br *contra numerum*

naturalem id est summae totius artificem. Cleanthes et Anaximenes aethera esse dicunt summum deum, cui opinioni poeta noster adsensit:
> 'tum pater omnipotens fecundis imbribus aether
> coniugis in gremium laetae descendit et omnis
> magnus alit magno permixtus corpore fetus.'

Chrysippus naturalem uim diuina ratione praeditam, interdum diuinam necessitatem deum nuncupat, item Zenon naturalem diuinamque legem. horum omnium sententia quamuis sit incerta, eodem tamen spectat, ut prouidentiam unam esse consentiant. siue enim natura siue aether siue ratio siue mens siue fatalis necessitas siue diuina lex siue quid aliud dixeris, idem est quod a nobis dicitur deus. nec obstat appellationum diuersitas, cum ipsa significatione ad unum omnia reuoluantur. Aristoteles quamuis secum ipse dissideat ac repugnantia sibi et dicat et sentiat, in summum tamen unam mentem mundo praeesse

Epit.: 1, 5, 19–20] *cf.* 4, 3 Anaximenes ... Zeno   22] 4, 2 ... confitetur

Auct.: 1 Cleanthes] Cic. nat. deor. 1, 37 = SVF I 530. 534; Min. Fel. 19, 10   Anaximenes] Cic. ibid. 1, 26 = VS 13 A 10; Min. Fel. 19, 5   4–6 Verg. georg. 2, 325–327   7 Chrysippus] Cic. ibid. 1, 39 = SVF II 1077; Min. Fel. 19, 10–11   8 Zenon] Cic. ibid. 1, 36 = SVF I 162; Min. Fel. 19, 10   14 Cic. ibid. 1, 33 = Arist. frg. 26 Rose; Min. Fel. 19, 9

1 id est *om.* M W   **2** dicit *ut uid.* B^1, *corr.* B^2 **3** adsentit B   **4** tunc P *ut Verg. cod.* R   **5** coniugis B   laete K S R, lethe W   omnes B *(e ex* i*?)*, oms M; *cf.* § *12*   **6** magnos B   abit *aut* agit B^1, *corr.* B^3 permixtos B^1, *corr.* B^3, permixius R^{ac}; commixtus *Verg.*   **7** diuini B   ratione *(sup.* e *eras.* ~) praedictam K; praedictam racionem S   **8** diuinam *om.* M W   zenon B D V M W; -no *cet.*; *cf. epit.*   naturam B^1, *corr.* B^3 **9** omnium] o. enim M, enim o. W   sententiam R   **10** *post* eodem *add. et exp.* modo M   expectat B M W   **12** quid] quidquid M *(-cq-)* W   dixerint B   **14** ipse K S^1 omnia] diuersitas R   reuoluantur] n *eras.* R   **15** et *ante* dicat *om.* B R   **16** summo B

testatur. Plato, qui omnium sapientissimus iudicatur, monarchian plane aperteque defendit nec aethera aut rationem aut naturam, sed ut est deum nominat; ab eo mundum hunc perfectum atque mirabilem esse fabricatum. quem Cicero secutus atque imitatus in plurimis frequenter deum confitetur ac 'supremum' uocat in his libris quos de legibus scripsit, ab eoque regi mundum argumentatur, cum disputat de natura deorum hoc modo: 'nihil est praestantius deo. ab eo igitur mundum regi necesse est. nulli igitur est naturae oboediens aut subiectus deus. omnem ergo regit ipse naturam.' quid autem sit deus, in Consolatione definit: 'nec uero deus ipse, qui intellegitur a nobis, alio modo intellegi potest nisi mens soluta quaedam et libera, segregata ab omni concretione mortali, omnia sentiens et mouens.' Annaeus quoque Seneca, qui ex Romanis uel acerrimus Stoicus fuit, quam saepe summum deum merita laude prosequitur! nam cum de immatura morte dissereret, 'non intellegis' inquit 'auctoritatem ac maiestatem iudicis tui, rectorem orbis terrarum caelique

Epit.: 5, 1, 23] 4, 1 ⟨Plato⟩ ... perfectus   24–28 ... locutus est] *cf.* 4, 3 Seneca ... Tullius

Auct.: **1** Plato] *sc.* Tim. 28 c; *cf. 1, 8, 1 et ira 11, 11*   **6** Cic. leg. 1, 22   **8–10** Cic. nat. deor. 2, 77   **11–13** Cic. consol. frg. 21 Vitelli (Tusc. 1, 66) = phil. frg. IX 10 Müller   **16–p. 21, 2** Sen. frg. 26 Haase; *cf. Lausberg, 1970, 155–158*

Test.: **1** Plato] *cf.* Salu. gub. 1, 1, 3   **8** nihil ... deo] Salu. gub. 1, 1, 4   **11–13** nec ... mouens] Salu. ibid.

Codd.: **2** *post* naturam *(fol. 4ᵛ) duo folia exciderunt in* B *usque ad 1, 6, 15* in; *hinc extant* D V P MᵖW K S R

1 monarchian D V P R *et epit.*, -am B M, -ā W K S   **6** uocat *om.* W his *codd., Mo,* iis *edd.*   **8** necesse est regi *Cic.*   **10** in] in de M   **11** definiuit R   **13** concretione mortali] cretione mortali *in ras. m.2* V; congregatione m. M W   omnia *om.* R   **14** uel *om.* M W; uelut, deinde eras. s, R   **15** summe M   **17** rectorem W K R *Mo,* -or M, -oris S *edd.,* -or is *(antea* tui?*) Lausberg;* r. orbis] rectoribus D V P

et deorum omnium deum, a quo ista numina quae singula adoramus et colimus suspensa sunt?' item in Exhortationibus: 'hic cum prima fundamenta molis pulcherrimae iaceret et hoc ordiretur quo neque maius quidquam nouit natura nec melius, ut
5 omnia sub ducibus suis irent, quamuis ipse per totum se corpus intenderat, tamen ministros regni sui deus genuit.' et quam multa alia de deo nostris similia locutus est! quae nunc differo, quod aliis locis opportuniora sunt. nunc satis est demonstrare summo ingenio uiros attigisse ueritatem ac paene tenuisse, nisi
10 eos retrorsus infucata prauis opinionibus consuetudo rapuisset, qua et deos esse alios opinabantur et ea quae in usum hominis deus fecit, tamquam sensu praedita essent, pro diis habenda et colenda credebant.

    6. Nunc ad diuina testimonia transeamus. sed prius unum
15 proferam, quod est simile diuino et ob nimiam uetustatem et quod is quem nominabo ex hominibus in deos relatus est. apud Ciceronem Gaius Cotta pontifex disputans contra Stoicos de religionibus et uarietate opinionum quae solent esse de diis, ut more Academicorum omnia faceret incerta, 'quinque fuisse

Epit.: 1, 6, 2–5] 4, 4 ... solus sit

Auct.: 2–6 Sen. frg. 16 Haase; *cf. Lausberg 95–102*   17 §§ 2–3] Cic. nat. deor. 3, 56; *cf. Pease ad l.*

1 deum DVPWKSR *Mo*, deus M *Lausberg*, dei *edd.* ista ... quae] is tantum in aqua R[ac], ista tum in qua, *pr* n *et alt.* a *eras.*, R[pc] nomina W adoremus P[ac] M[ac]   **2** suspensa] idem s. R
3 pulcherrime KS ordiretur] *pro* retur *s.l.* nauit D[2]   **4** quod necque R quisquam MW naturam K[ar] S[ar]   **6** deos M; *cf. 1, 7, 5*
7 nostri DMWKS   **8** quod] quo M   **10** infugata DVP[ac]; fuscata M
11 et *ante* deos *om.* MW alios esse P usu homini M
12 praedicta DV esse KS   **15** est *s.l.* P[2]; et KS simili KS
16 is] his DVPKS ex] ab MW in] inter MW relatos R[ac]; relaxatus KS   **17** gaius W, g. DVP, c. MKSR *edd.*; u. *ind. form* cocta KS   **18** et] et de MW opinione K[1]
19 facere K[ac] S; sciret P[1], *corr.* P[2]

Mercurios' ait et enumeratis per ordinem quattuor 'quintum fuisse eum, a quo sit Argus occisus, ob eamque causam in Aegyptum profugisse atque Aegyptiis leges ac litteras tradidisse. hunc Aegyptii Thoyth appellant, a quo apud eos primus anni sui mensis' id est September 'nomen accepit'. idem oppidum condidit, quod etiamnunc Graece uocatur Mercurii ciuitas, et Pheneatae colunt eum religiose. qui tametsi homo fuit, antiquissimus tamen et instructissimus omni genere doctrinae adeo, ut ei multarum rerum et artium scientia Trismegisto cognomen imponeret. hic scripsit libros et quidem multos ad cognitionem diuinarum rerum pertinentes, in quibus maiestatem summi ac singularis dei adserit isdemque nominibus appellat quibus nos 'dominum et patrem'. ac ne quis nomen eius requireret, ἀνώνυμον esse dixit, eo quod nominis proprietate non egeat, ob ipsam scilicet unitatem. ipsius haec uerba sunt: ὁ δὲ θεὸς εἷς, ὁ δὲ εἷς ὀνόματος οὐ προσδέεται· ἔστιν γὰρ ὁ ὢν ἀνώνυμος. deo igitur nomen ⟨non⟩ est, quia solus est, nec opus est proprio

Auct.: 10–16 CH IV 105 (frg. 3 a); *ad* dominum et patrem *cf.* II 320, 11–12. 321, 4 (Ascl. 20) *et inst.* 7, 18, 4   17 § 5] *cf.* Min. Fel. 18, 10

2 in *om. codd. Cic.*   **4** thoyth *litt. minusc. lat.* R *alias (praeter 1, 21, 31) litt. graec. usus; Lact. sic scripsisse uid., non* Θούθ *uel* Θωύθ *(cf. Euseb. praep. eu. 1, 9, 24); litt. maiusc. graec.* τηουτν KS¹, τηουτυν S², πηουτη DV, πηουτοη factorem P, θεουcεν MW; theyn *uel sim. codd. Cic.*   eos] illos P   **7** Pheneatae *edd. cl. Cic.*; faeniatae DVPR, fen- WKS, fenitae M   tamet P¹, *corr.* P² antiquissimis P¹, *corr.* P²   **8** tamen et instructissimus *om.* M **9** ei] ei ob W   scientiam MW   trimegisto MR   nomen M **10** inponerent MW   his, h *del.*, R   **12** asseruit MWKS hisdemque DVP   **13** *ad* dominum *s.l.* deum R²   et *bis* K; ac MW requiret Pᵃᶜ VM *(in* D *extat* ret *tantum)*   Anonymen M *(sic)* W *(litt. maiusc.)*   **14–15** ob ... unitatem] ab ipsa s. unitate WM **16** δὲ *ante* εἷς *om.* MW   εcτιν *codd. (in* D *extat* ε *tantum; in* W η *pro* ν), Nock; ἔστι *edd. Lact.*   **17** non *add. recc., edd.,* Br *probabiliter; trad. def.* Mo, *sed restat dubium subsidio* Min. Fel. *incerto* opus] corpus, r *in ras.*, S

uocabulo, nisi cum discrimen exigit multitudo, ut unam quamque personam sua nota et appellatione designes. deo autem, quia semper unus est, proprium nomen est deus.

Superest de responsis sacrisque carminibus testimonia quae sunt multo certiora proferre. nam fortasse ii contra quos agimus nec poetis putent esse credendum tamquam uana fingentibus nec philosophis, quod errare potuerint, quia et ipsi homines fuerint. Marcus Varro, quo nemo umquam doctior ne apud Graecos quidem uixit, in libris rerum diuinarum quos ad Gaium Caesarem pontificem maximum scripsit, cum de quindecimuiris loqueretur, 'Sibyllinos libros' ait 'non fuisse unius Sibyllae, sed appellari uno nomine Sibyllinos, quod omnes feminae uates Sibyllae sint a ueteribus nuncupatae uel ab unius Delphidis nomine uel a consiliis deorum enuntiandis. σιούς enim deos, non θεούς, et

Epit.: 1, 6, 6–13] 5, 1–2

Auct.: 8 §§ 7–12] Varro ant. rer. diu. frg. 56 a Cardauns

Test.: 8 §§ 7–13] Theosoph. Sib. 1–3 l. 1–84 Erbse *passim*; Isid. orig. 8, 8; *cf.* Hier. adu. Iouin. 1, 41; Aug. ciu. 18, 23; *al. u. ap. Cardauns*

Codd.: 2 *a* deo autem *incipit* H; *hinc extant* D V P HM^{p}W K S R

1 ut *om.* M   2 designet M, -nat W   deo] deus R   quia] *a exp.* H
4 de] ut de D V P^1; et de P^2 sacrique H^1 5 multa K S; multitudo V
(D deest)   ii R, hii HM *Mo*, hi *cet.*   quod P^1, *corr.* P^2
8 marcus M W, m̅. DPH, m. V K S R; *u. ind. form.*   quod V^{ar}
nec R *(c del.?), hic uix recte (cf. bis* nec *§ 6), sed* nec *pro* ne *ap. Lact.
ante uocalem opif. 1, 11, ante consonantem* c *inst. 2, 5, 25. 26; cf. epit.
2, 5 et Heck-Wlosok, 1996, 147 sq. cum n. 14; non huc pertinet Hofmann-Szantyr 450*   9 dixit R   Gaium *scripsimus (cf. infra ad § 14
Publium);* g. D V P, c. R, *om. cet.*   11 sibyllinos H *(-byli-)* K R,
sibull- S^1, sybill- D V P W, sibill- M S^2; *scriptura uariat; abhinc nonnisi formam* sibull- *adnotamus*   libros *om.* M   sed] et HM
appellare W   12–13 Sibyllinos ... nomine *om.* W   12 feminae *om.* P
sibullae HM; sibyllinae P   14 σιους K S R, συους V P *(D inc.),* sic
H M W   θεους V P R *(D inc.),* theus H W^{ac} K S, theos M W^{pc}

consilium non βουλήν, sed βουλίαν appellabant Aeolico genere sermonis. itaque Sibyllam dictam esse quasi θεοβούλην. ceterum Sibyllas decem numero fuisse', easque omnes enumerauit sub auctoribus qui de singulis scriptitauerint. 'primam fuisse de Persis, cuius mentionem fecerit Nicanor, qui res gestas Alexandri Macedonis scripsit; secundam Libyssam, cuius meminerit Euripides in Lamiae prologo; tertiam Delphida, de qua Chrysippus loquatur in eo libro quem de diuinatione composuit; quartam Cimmeriam in Italia, quam Naeuius in libris belli Punici, Piso in annalibus nominet; quintam Erythraeam, quam Apollodorus Erythraeus adfirmet suam fuisse ciuem eamque Grais Ilium petentibus uaticinatam et perituram esse Troiam et Homerum mendacia scripturum; sextam Samiam, de qua scribat Eratosthenes in antiquis annalibus Samiorum repperisse se scriptum; septimam Cumanam nomine Amaltheam, quae ab

---

Auct.: 5 Nicanor] FGrHist 146 F 1 7 Euripides] TrGF F 472 m *(olim* frg. 922 Nauck²*)* 8 Chrysippus] SVF II 1216 9 Naeuius] carm. frg. 18 Morel 10 Piso] Calp. hist. frg. 41 Peter 11 Apollodorus] FGrHist 422 F 1 14 Eratosthenes] FGrHist 241 F 26

Test.: 3 §§ 8–12] Theosoph. Sib. 1 l. 15–40 Erbse

1 βουλην D V P *(post* λ *eras.* ι*),* βουαην *(sic,* b *lat. minusc.)* R, bulen H M W K S βουλιαν D *(extat* λιαν*)* V P R *(*βουαιαν*,* b *lat. minusc.), quod Lact. scripsisse uid. per errorem, cum* βούλλαν *Varroni probabiliter uindicet Wachsmuth ap. Br*; bulean H M W, buletin K S **2** ita R θεοβουαην R, theobulen *cet.* (-bol- M); *cf. Br ad l.* **3** omnis P enumerauerit P, -auerint H M, -ari W **4** sub ... scriptitauerint *om.* H¹, *in mg. inf. suppl.* H² qui de] quidem Pᵃʳ scribtitauerant, *alt. a ex* i, R² **6** Libyssam] sybillam lybis- W **6–7** cuius ... Delphida *om.* M **7** Delphida *Br cl. epit.*, -dam *codd., Mo, ft. error Lactanti in epit. sublatus?* **8** loquitur H M W K² R² **10** nominat H M W R² **11** affirmat H W K S; *in* R *s.l. eras.* at **12** troiam esse M **13** scribit H M W K S R *Mo* **14** se *om.* H M W R **15** amalthaeam D V P R; amolathe- H M

aliis Herophile uel Demophile nominetur, eamque nouem libros
attulisse ad regem Tarquinium Priscum ac pro iis trecentos Phi-
lippeos postulasse regemque aspernatum pretii magnitudinem
derisisse mulieris insaniam; illam in conspectu regis tres com-
bussisse ac pro reliquis idem pretium poposcisse; Tarquinium
multo magis insanire mulierem putauisse;   quae denuo tribus
aliis exustis cum in eodem pretio perseueraret, motum esse regem ac residuos trecentis aureis emisse; quorum postea numerus
sit auctus, Capitolio refecto, quod ex omnibus ciuitatibus et Ita-
licis et Graecis praecipueque Erythris coacti adlatique sunt Romam cuiuscumque Sibyllae nomine fuerunt;   octauam Helles-
pontiam in agro Troiano natam, uico Marmesso circa oppidum
Gergithium, quam scribat Heraclides Ponticus Solonis et Cyri
fuisse temporibus; nonam Phrygiam, quae uaticinata sit Ancy-
rae; decimam Tiburtem nomine Albuneam, quae Tiburi colatur
ut dea iuxta ripas amnis Anienis, cuius in gurgite simulacrum
eius inuentum esse dicitur tenens in manu librum', *cuius sortes*

Auct.: **13** Heraclides] frg. 131 Wehrli

Test.: **1–11** Theosoph. Sib. 2 l. 41–70 Erbse

2 iis R, his *cet., Mo*   **3** magnitudine HM, -nis DVP   **4** mulieris]
sibyllae R   tris D *(s.l. eras. e)* V^{ac} PR^1 **5** ac *om.* HM
6 putasse HM   **7** alii P^1, *corr.* P^2 **8** ac] esse, *sed exp. m.2*, R
9 restituto HMW *ex § 14*   **10** erythris H *(-ytr-)* W *(-itr-) Cardauns;*
-thriis DVPR *Mo*, -triis K, eritriis S, eritreis M; Erythraeis *edd., Br,
sed agitur de una ciuitate, non de pluribus*   **11** fuerint KS
12 marmesso *(*marmerse M*) codd.; sic Lact. uel fons eius pro* Marpesso
(cf. Paus. 10, 12, 4 et codd. Tib. 2, 5, 67)   **13** scriba, ba *in ras.,* KS;
-bit H^2 WR^2 eraclidus KS   solonicus K^1 S   cyrii DVP
14 temporis DVP   amcyrae H *(et s.l.* anchise*)* M   **15** tiburtam M
tiburti, t *s.l.,* R^2 colitur WR^2 **16** antenis R; arieni H *(alt. i in
ras.)* M *(*r *ex* n*)*   **17** eius *om.* HM   **17–p. 26, 1** cuius . . . abstulerit
WKSR *tantum, ex retractatione? (cuius uestigia* W *contra* HM *non-
nisi hic exhiberet); u. Heck, 1972, 177 sq.*

13 *senatus in Capitolium abstulerit.* harum omnium Sibyllarum carmina et feruntur et habentur, praeterquam Cymaeae, cuius libri a Romanis occultantur nec eos ab ullo nisi a quindecimuiris inspici fas habent. et sunt singularum singuli libri; quos, quia Sibyllae nomine inscribuntur, unius esse credunt[ur], suntque confusi nec discerni ac suum cuique adsignari potest nisi Erythraeae, quae et nomen suum uerum carmini inseruit et Erythraeam se nominatuiri praelocuta est, cum esset orta Babylone.
14 sed et nos confuse Sibyllam dicemus, sicubi testimoniis earum fuerit abutendum. omnes igitur hae Sibyllae unum deum praedicant, maxime tamen Erythraea, quae celebrior inter ceteras ac nobilior habetur, siquidem Fenestella diligentissimus scriptor de quindecimuiris dicens ait 'restituto Capitolio rettulisse ad senatum Gaium Curionem consulem, ut legati Erythras mitterentur, qui carmina Sibyllae conquisita Romam deportarent; itaque missos esse Publium Gabinium, Marcum Otacilium, Lucium

Epit.: 1, 6, 14 omnes ... praedicant] *cf.* 5, 3

Auct.: **6–8** *cf.* Orac. Sib. 3, 808–813   **12–p. 27, 2** Fenest. frg. 18 Peter

Test.: **1–3** harum ... nisi *laudat* Theosoph. Sib. 4 l. 81–83 Erbse *litt. lat. deformibus; u.* Erbse ad *l.*

1 capitolio R *Mo*   **2** cymaeae R, -meae *cet. (s.l. add.* cumane H*),* cumeae *Theosoph.*   **3** occultentur R¹; -luntur DVP; abscondantur *et s.l. m.1* uel occultantur M   eos a nullo R   a *om.* W
4 quos] qui HM *edd.*   **5** sybillino M   scribuntur HM   unius] ueluti *u.* HMWKS   creduntur *codd., edd., corr. Br*
7 et *post* inseruit *om.* HMW   **8** nominatuiri *Br (cf. ALL 2, 1885, 349–354. 3, 1886, 457),* -at uiri DVPR, -atum iri KS; -aturi H, -atam iri M; -ari W   babylonie K   **13** rettulisse R, retu- *cet.; u. ind. form.*
14 Gaium *scripsimus (cf. infra ad* Publium*);* g. DVP, c. HMWKS, *om.* R   erytransmitterentur MK   **16** Publium ... Lucium *plene scripsimus (cf. e. g.* B *1, 2, 3. 10, 14,* G *1, 15, 30; u. et* 2, 4, 31. 7, 17); p. ... m. ... l. *codd., nisi quod* p̃. *et* m̃. DV *et* l. *pro* p. W   otacilium DP, oeta- V, octa- HMKS, octacilicium W, oetablium, b *ex* ci?, R

Valerium, qui descriptos a priuatis uersus circa mille Romam deportarunt'. idem dixisse Varronem supra ostendimus. in his ergo uersibus quos Romam legati attulerunt de uno deo haec sunt testimonia:

  εἷς θεός, ὃς μόνος ἄρχει, ὑπερμεγέθης ἀγένητος.

hunc esse solum summum deum, qui caelum fecerit luminibusque distinxerit:

  ἀλλὰ θεὸς μόνος εἷς πανυπέρτατος, ὃς πεποίηκεν
  οὐρανὸν ἡέλιόν τε καὶ ἀστέρας ἠδὲ σελήνην
  καρποφόρον γαῖάν τε καὶ ὕδατος οἴδματα πόντου.

qui quoniam solus sit aedificator mundi et artifex rerum uel quibus constat uel quae in eo sunt, solum coli oportere testatur:

  αὐτὸν τὸν μόνον ὄντα σέβεσθ' ἡγήτορα κόσμου,
  ὃς μόνος εἰς αἰῶνα καὶ ἐξ αἰῶνος ἐτύχθη.

Epit.: 1, 6, 15–16] 5, 3 ... 4 est

2 supra] § 11

Auct.: 5 Orac. Sib. frg. 1, 7 Geffcken = Theophil. Autol. 2, 36, 2 8–10 Orac. Sib. frg. 3, 3–5 G. = Theophil. ibid. 7 13–14 Orac. Sib. frg. 1, 15–16 G. = Theophil. ibid. 3 *(deinde uers. 17 laudatum, sed excidisse putat Br cl. 1, 7, 13)*

Test.: 3–10 de ... πόντου] Theosoph. Sib. 4 l. 101–110 Erbse 5 §§ 15–16] *interpretamenta lat. his ceterisque Sibyllinis in parte codd. addita in appendice adferentur; u. p. XLIX*

Codd.: 2 ab his redit B *fol. 5 (cf. supra 1, 5, 23); hinc extant* B D V P H M^P W K S R

1 uarlerium D V P   qui *om.* D   5 ὅς] ο D V P R; ὃς ... ἄρχει] ἐστιν ἄναρχος *Theosoph.*   αρχη P, αρχρι R, αχρι D V υπερμεινοες HMW, περμερεθc (θc = θεός) KS   7 distrinxerit KS   8 πεοποιμκην HMW   9 ἡέλιόν *edd. cl. Theophil.*, ηεαιον R, ηλιον BVPH (D inc.), αιον M, ηαιον W, νεαιονεαιον KS   10 γεαν BDV, γηαν P; ταια W   οιδηματα DV   11 sit] s. ita DVP   13 ὄντα] τε οντα K   σεβεσενχετογρα B, σεβεσοντηεορα H (-τηορα) MW   14 ευτυχθη B, ευχον HMW, ειυθη KS

item alia Sibylla quaecumque est cum perferre se ad homines
uocem dei diceret, sic ait:

μοῦνος γὰρ θεός εἰμι καὶ οὐκ ἔστιν θεὸς ἄλλος.

Exsequerer nunc testimonia ceterarum, nisi et haec sufficerent et
illa opportunioribus locis reseruarem. sed cum defendamus
causam ueritatis apud eos qui aberrantes a ueritate falsis religionibus seruiunt, quod genus probationis aduersus eos magis
adhibere debemus quam ut eos deorum suorum testimoniis
reuincamus?

7. Apollo enim, quem praeter ceteros diuinum maximeque
fatidicum existimant, Colophone respondens, quo Delphis credo
migrauerat amoenitate Asiae ductus, quaerenti cuidam, quis aut
quid esset omnino deus, respondit uiginti et uno uersibus, quorum hoc principium est:

αὐτοφυὴς ἀδίδακτος ἀμήτωρ ἀστυφέλικτος,
οὔνομα μηδὲ λόγῳ χωρούμενος, ἐν πυρὶ ναίων,
τοῦτο θεός, μικρὰ δὲ θεοῦ μερὶς ἄγγελοι ἡμεῖς.

num quis potest suspicari de Ioue esse dictum, qui et matrem
habuit et nomen? quid quod Mercurius ille Termaximus, cuius

Auct.: 3 Orac. Sib. 8, 377   15–17 hi uersus etiam alibi extant (u.
L. Robert, CRAI 1971, 597–619); Theosoph. Tub. 13 l. 106–108 Erbse
eos inter XVI ultimos adfert ex alio fonte ac Lact.; principium i. q.
'exordium' ut 4, 6, 5; de notione 'summa' haud recte cogitant post alios
Robert 607 n. 5. 609 et Mo ad l.   19–p. 29, 4 CH IV 106 (frg. 4 a)

1 alia] ilia D¹   cum om. HW   ferre B   3 μουνος BR, μονος cet.
εἰμι ... θεὸς om. HMW   8 quam om. HM   9 reuincamus] a in
ras. (ex i?) B³   10 quem] e in ras. m.2 B; quam V   maximumque
P¹, corr. P²; maxime HMW   11 fatidicum] deum HMW
colophonem KS   respondens] residens Br contra numerum
quo] quod DVᵃʳ   12 migrauerit B   13 quid om. DVP
15–17 lat. litt. in HMW   15 μητορ D   αστυαηκτος B¹, corr. B³;
ασιρετουφcακτος KS   16 τουνομα, τ add. m.2, V   μητε BR (D
deest); de HW, do M   πυρος DVP   ναιων R, νεον B¹, νεων B³,
ναων KS; αιων DV, αιον P   17 δη P   angelos HMW
ἡμεῖς] ηως B¹, corr. B³   18 quis] quid DVPM   19 quid] qui D

supra feci mentionem, non modo ἀμήτορα ut Apollo, sed ἀπά-
τορα quoque appellat deum, quod origo illi non sit aliunde?
nec enim potest ab ullo esse generatus qui ipse uniuersa gene-
rauit.
   Satis ut opinor et argumentis docui et testibus confirmaui
quod per se satis clarum est, unum esse regem mundi, unum
patrem, unum dominum. sed fortasse quaerat aliquis a nobis
idem illud, quod apud Ciceronem quaerit Hortensius: 'si deus
unus est, quae esse beata solitudo queat'. tamquam nos quia
unum dicimus, desertum ac solitarium esse dicamus. habet enim
ministros, quos uocamus nuntios. et est illud uerum quod dixisse in Exhortationibus Senecam supra rettuli, 'genuisse regni
sui ministros deum'. uerum hi neque dii sunt neque deos se
uocari aut coli uolunt, quippe qui nihil faciant praeter iussum ac
uoluntatem dei. nec tamen illi sunt qui uulgo coluntur, quorum
et exiguus et certus est numerus. quodsi cultores deorum eos
ipsos colere se putant, quos summi dei ministros appellamus,
nihil est quod nobis faciant inuidiam, qui unum deum dicamus,
multos negemus. si eos multitudo delectat, non duodecim
dicimus aut 'trecentos sexaginta quinque' ut Orpheus, sed

1 supra] 1, 6, 2–5   **12** supra] 1, 5, 27

Auct.: **8–9** Cic. Hortens. frg. 62 Straume-Zimmermann = 47 Grilli = phil. frg. V 40 Müller *(potius interrogatio recta quam obliqua)* **20** Orpheus] Theophil. Autol. 3, 2, 2 *(cf. Orph. ed. Kern p. 255 sq.)*

1 fecimus B   apator HMW   **2** quoque] quo P[1], *corr.* P[2]   illi *s.l.* K   **3** generauerit HMWKS   **5** et *post* opinor *om.* B   et testibus confirmaui *in mg.* H[2]   **6** unum patrem *om.* KS   **7** dominum] deum BP   sed] et HMW   a *s.l.* P   **9** solituq;|eat *sic* R[1]   queat. tamquam] quaeat t. DVM; quae actam q- H[1]; quae aliam q- W   quia] qui HMW   **12** exortationibus MK[1] S, exorat- H   rettuli B[3] V[pc] HKSR, retu- B[1] PD[pc] MW, rectu- D[ac] V[ac]; *u. ind. form.*   **13** hii HMWR   **14** ac] aut V[ac]; et HMW   **18** quod] in q. HMKS; in quo W   dicamus deum P   **19** multos] si m. HMW   negamus D   **20** trecentis aut sexaginta M innumerabiles esse. arguimus errores eorum in diuersum, qui tam paucos putant. sciant tamen quo nomine appellari debeant, ne uiolent uerum deum, cuius nomen exponunt, dum pluribus tribuunt. credant Apollini suo, qui eodem illo responso ut Ioui principatum, sic etiam ceteris diis abstulit nomen. tertius enim uersus ostendit ministros dei non deos, uerum angelos appellari oportere. de se quidem ille mentitus est, qui cum sit e numero daemonum, angelis se dei adgregauit. denique in aliis responsis daemonem se esse confessus est. nam cum interrogaretur quomodo sibi supplicari uellet, ita respondit:

πάνσοφε παντοδίδακτε πολύστροφε κέκλυθι δαῖμον.

item rursus cum precem in Apollinem Sminthium rogatus expromeret, ab hoc uersu exorsus est:

ἁρμονίη κόσμοιο, φαεσφόρε, πάνσοφε δαῖμον.

quid ergo superest nisi ut sua confessione uerberibus dei ueri ac poenae subiaceat sempiternae? nam et in alio responso ita dixit:

δαίμονες οἳ φοιτῶσι περὶ χθόνα καὶ περὶ πόντον
ἀκαμάτου δάμνονται ὑπαὶ μάστιγι θεοῖο.

Auct.: **5–7** cf. § 1   **11–18** hi uersus alibi non extant; similia adfert Mo ad l.

2 sciant om. HMW   **4** apolloni B¹ (corr. B³) DV (-pp-) Pᵃᶜ M   **7** oportere] o. debere BR ex § 7 debeant   ad ille s.l. apollo V   **8** dei om. W   denique] de quibusdam HMW   **10** supplicare M; supputari KS   **11** πολύστροφε ... δαῖμον in B euan. κλυθι V, καυθι D, καιτι P   δαῖμον] αχιον H, αων M, ναων W   **12** sminthiuum DVP   exprimeret KS   **14** κοσμους (υ inc.) B, -μου P, -μοι DV; κοcωειν HMW   φαεcφαεορε DV, φαεcοαεφρη P   δαῖμον] αεων HMW   **16** subiaceant BKSR (n exp.) sempiternam DV   et s.l. P, om. DV Br (in addendis)   **17** δαιμοναις DVP   οἳ om. KS   χθονει DV¹ χθόνα ... περὶ om. HMW   **18** ακαματοι DV; -τῳ coni. Br cl. interpr. intolerabilibus ... flagellis in KS   δαμνῶνται Br dubitanter; cf. Schwyzer, Griech. Gramm. I 693   υπαι DV¹ R, υπο BV² KS, υπη P, υπα HMW   μαcτιγιc DVᵃʳ P   θεου P; θεοι HMWKS

de utrisque generibus in secundo libro disseremus. nunc interim 11
nobis satis est quod, dum honorare se uult et in caelo collocare,
confessus est, id quod res habet, quomodo sint appellandi qui
deo semper adsistunt. retrahant ergo se homines ab erroribus et 12
abiectis religionibus prauis parentem suum dominumque co-
gnoscant, cuius nec uirtus aestimari potest nec magnitudo per-
spici nec principium comprehendi. cum ad illum mentis humanae intentio et acumen et memoria peruenerit, quasi subductis et
consumptis omnibus uiis subsistit haeret deficit nec est aliquid
ulterius quo progredi possit. uerum quia fieri non potest, quin 13
id quod sit aliquando esse coeperit, consequens est ut, quoniam
nihil ante illum fuit, ipse ante omnia ex se ipso sit procreatus,
ideoque ab Apolline αὐτοφυής, a Sibylla αὐτογενής et ἀγένητος et ἀποίητος nominatur. quod Seneca homo acutus in Exhortationibus uidit. 'nos' inquit 'aliunde pendemus. itaque ad

1 in secundo libro] 2, 14–16

Auct.: **13** Apolline] *supra § 1 uers. 1*   Sibylla] *supra 1, 6, 15–16,
ubi* ἀγένητος *tantum extat; unde Br coni. 1, 6, 16 excidisse Orac. Sib.
frg. 1, 17, ubi pro* ἀγένητος *legendum putat* ἀποίητος*; cf. et Mo ad l.*
15–p. 32, 2 Sen. frg. 15 Haase*; cf. Lausberg, 1970, 93–95*

Test.: **12** ipse ... se ipso] *cf.* Zeno 1, 7, 3

1 de ... disseremus *om.* BHMWKSR *Mo; cf. Heck, 1972, 199*
nunc *om.* DVP   **2** sat B *(ex* satis *m.1 uel 2)* VP *(D deest)*
quod] quo P¹*, corr.* P²   dum ... uult *in ras.* V²   et] atque R
3 habeat *ut uid.* V¹   quomodo] et q. B   qui] hi qui KS
4 retrahent B¹*, corr.* B³   se ergo M   se *s.l.* P   **6** extimari B^{ac}
8 quasi] quae si DVP   **9** consummatis DVP, -sumtis R
uiis] suis HMW   subsistit *om.* M*;* substitit R¹   aliquid] aliud
B *(-ut)* R *Mo*   **10** quo] quod R   quin] qui in DV   **11** sit] fit M
est] et B¹*, corr.* B²   quoniam] quo P¹*, corr.* P²   **12** illum] ipsum B
ante] autem a. M   se *s.l.* P   **13** ideoque] deoque R¹, deo qui R²
(sup. o *eras.* us)   autosphoes HMW   a Sibylla *om.* P, a sibulla
HMW*;* et a sib- KS   **13–14** *primum et om.* PHMWR*; pro altero*
καὶ PKS   **15** ad] ab V¹

aliquem respicimus, cui quod est optimum in nobis debeamus. alius nos edidit, alius instruxit; deus ipse se fecit.'

8. His igitur tot ac tantis testibus comprobatur unius dei potestate ac prouidentia mundum gubernari. 'cuius uim maiestatemque tantam esse' dicit in Timaeo Plato, 'ut eam neque mente concipere neque uerbis enarrare quisquam possit ob nimiam et inaestimabilem potestatem'. dubitet uero aliquis an quidquam difficile aut impossibile sit deo, qui tanta tamque mirifica opera prouidentia excogitauit, uirtute constituit, ratione perfecit, nunc autem spiritu sustentet, potestate moderetur, inexcogitabilis ineffabilis et nulli alii satis notus quam sibi? unde mihi de tanta maiestate saepius cogitanti qui deos colunt interdum uideri solent tam caeci, tam incogitabiles, tam excordes, tam non multum a mutis animalibus differentes, qui credant eos qui geniti sint maris ac feminae coitu aliquid maiestatis diuinaeque uirtutis habere potuisse, cum Sibylla Erythraea dicat:

οὐ δύνατ' ἀνδρὸς
ἐκ μηρῶν μήτρας τε θεὸς τετυπωμένος εἶναι.

Epit.: 1, 8, 1–8] 6, 1 – 7, 1   1, 8, 1] 6, 1   3 ... potuisse] *cf.* 6, 2 ... deos esse

Auct.: 4–7 Plato Tim. 28 c; *cf.* Min. Fel. 19, 14 *(aliter Cic. nat. deor. 1, 30) et supra 1, 5, 23; u. et Wlosok, 1960, 253–256*   **17–18** Orac. Sib. frg. 3, 1 sq. Geffcken = Theophil. Autol. 2, 36, 7

1 in] id HMW   nobis] n. animam B   debemus HMW
2 se *om.* HMWKS   **3** ac tantis] tantisque B   **4** mundum *om.* KS
5 tantam] tam V^{ac} ea HM   **6** mentem DVPK^{ac} **7** uero] ergo W
an] a H^{ac}; ac M^{ac} **8** tanta tamque] tantamque D^{ac} VP^{ac}; tanta tam M
9 opera *om.* W   **10** spiritus DVP^{ac} sustentet] s. et HMWKS
11 ineffabilis *om.* HMW   **12** maiestate] potest- V   cogitaui KS
13 tam *post* caeci] quam V^1 **14** a *om.* VP (D *inc.*)   mutis *om.* M
15 sunt HMWK   diuinae HMW   **16** dicit B   **17–18** *lat. litt. in* HMW, *e. g.* οὐ ... ἐκ] udyneandynae HM (-ηę), udineandi W; *abhinc Graeca ex* HM *noniam notabimus; u. p. XLIX n. 157*   **17** ἀνδρὸς *om.* R   **18** μερων BP   μήτρας *om.* R   τε θεὸς *om.* B; ο θεοc R

quod si est uerum, sicuti est, apparet Herculem Apollinem Liberum Mercurium Iouemque ipsum cum ceteris homines fuisse, quoniam sunt ex duobus sexibus nati. quid est autem a deo tam remotum quam id opus, quod ipse ad propagandam subolem
5 mortalibus tribuit et quod sine substantia corporali nullum potest esse? dii ergo si sunt immortales et aeterni, quid opus est altero sexu? nimirum ut generent. ipsa progenie quid opus est, cum successione non egeant qui semper sunt futuri? nam profecto in hominibus ceterisque animantibus diuersitas sexus et coitio et
10 generatio nullam habet aliam rationem nisi ut omnia genera uiuentium, quoniam sunt condicione mortalitatis obitura, mutua possint successione seruari, deo autem, qui est sempiternus, neque alter sexus neque successio necessaria est. dicet aliquis: ut habeat uel ministros uel in quos possit ipse dominari. quid igitur
15 sexu opus est feminino, cum deus, qui est omnipotens ut uocatur, sine usu et opera feminae possit filios procreare? nam si quibusdam minutis animalibus id praestitit, ut sibi 'e foliis natos, e suauibus herbis ore legant', cur existimet aliquis ipsum

Epit.: 1, 8, 4 homines ... nati] *cf.* 6, 4 ... fuerunt   5–6] 6, 2–3

Auct.: **17–18** Verg. georg. 4, 200 sq.

1 liberium B^{ac} **2** ipsumque iouem HMW; ipsum quoque io- KS ipsum] sum B^{ac} **3** ex *om.* B   autem a deo *s.l.* M   **4** remotam B^{ac} id opus] ad o. D; corpus HMW   propagandum P   sobolem DVPMWS; *u. ind. form.*   **5** sino P^1, *corr. m. rec.*   **6** diis DV *(ex deis)* PKS *(ex dii)*   sunt] s. dii DVP   et *om.* DVP quod V^{ac} **6–7** altero ... opus est *om.* B^1, sexu *(hoc iam m.1 ut uid.)* altero hs· *s.l.*, hd nimirum ... opus est *in mg. sup.* B^3 **6** sexu altero KS   **7** ipse K   quod V^{ac} **9** in omnibus KS   animalibus R **10** habeat R   aliam habet W   rationem] genera- KS   **11** condicioni R^{ac}; -em *coni. Br, sed cf. St 226*   **12** concessione D   seruare M **13** dicit HMWKS   **14** habeant KS   donari M   quid igitur] quidicitur R   **15** femineo WKS   qui] si quis HMW omnia potens B   ut uocatur *om.* B   **16** feminina *ut uid.* P^1, *corr.* P^2; femininae M   **18** e *post* natos] et R^2 *solus (ut codd. Verg. inde a saec. IX), edd., Br ex errore, inde Mo*

deum nisi ex permixtione sexus alterius non posse generare?
illos igitur quos imperiti et insipientes tamquam deos et nun-
cupant et adorant, nemo est tam inconsideratus, quin intellegat
fuisse mortales. – quomodo ergo, inquiet aliquis, dii crediti
sunt? – nimirum quia reges maximi ac potentissimi fuerunt, ob
merita uirtutum suarum aut munerum aut artium repertarum,
cum cari fuissent his quibus imperitauerant, in memoriam sunt
consecrati. quod si quis dubitat, res eorum gestas et facta consideret, quae uniuersa tam poetae quam historici ueteres prodiderunt.

9. Hercules, qui ob uirtutem clarissimus et quasi Africanus
inter deos habetur, nonne orbem terrae, quem peragrasse ac purgasse narratur, stupris adulteriis libidinibus inquinauit? nec mirum, cum esset adulterio genitus Alcimenae. quid tandem potuit
in eo esse diuini, qui suis ipse uitiis mancipatus et mares et
feminas contra omnes leges infamia flagitio dedecore adfecit?
sed ne illa quidem quae magna et mirabilia gessit talia iudicanda

Epit.: 1, 8, 8 illos ... prodiderunt] 6, 6 – 7, 1   1, 9, 1 – 10, 9] 7, 2
– 8, 5 *(de Hercule nonnulla aliter)*   1, 9, 1 nonne ... adfecit] 7, 3
inuerso ordine   2] *cf.* 7, 5 sic ... credatur

Auct.: 11 Africanus] *cf. 1, 18, 11–13*

2 igitur] ergo W   **3** quin] qui V[1]; qui non DHMW   intellegant
B *(alt. n in ras. m.3)* H   **4** ergo] igitur W   inquiei *(sic)* R[1],
inquit R[2]   creati R   **5** ob] *in ras. m.3* B   **6** numerum V W[ac]
7 kari R; *u. ind. form.*   hi H[1] M, iis *edd.*   imperauerant R
sunt consecrati sunt R[1], *pr.* sunt *exp.* R[2]   **8** quod *om.* R   res dubitet
(sic) P   **9** quae *om.* R   uniuersi B R   tam] tamquam M
quam] tam H M   **11** herculis, i *ex* e? *m.3*, B   **12** ac purgasse *in
mg.* K   spurcasse, *pr.* s *s.l.*, c *ex* g, D[2]   **13** stupris et adulteriis
HMW   libidinibus] et l. W   **14** Alcimenae *Br cl. epit. 7, 3*,
algmenae B *(g uncialis ex* ci *orta uid.)*, alcmenae DV *(c et alt.* a *exp.)*
PK *(post* c *s.l. eras.* i*)* S *Mo*, alcimene. ne HW, alcime, *deinde fere 3
litt. eras.*, M, almenae R   quid] d *s.l.* V   **16** omnis DV
flagitioso M   **17** magna] et m. KS   et *om.* P   talia] ut uultis t.
HMW

sunt, ut uirtutibus diuinis tribuenda uideantur. quid enim tam magnificum, si leonem aprumque superauit, si aues deiecit sagittis, si regium stabulum egessit, si uiraginem uicit cingulumque detraxit, si equos feroces cum domino interemit? opera sunt ista fortis uiri, hominis tamen. illa enim quae uicit fragilia et mortalia fuerunt. 'nulla est enim' quod ait orator 'tanta uis, quae non ferro ac uiribus debilitari frangique possit. animum uincere, iracundiam cohibere' fortissimi est – quae ille nec fecit umquam nec potuit –; 'haec qui faciat, non ego eum cum summis uiris comparo, sed simillimum deo iudico'. uellem adiecisset de libidine luxuria cupiditate insolentia, ut uirtutem eius impleret, quem deo similem iudicabat. non enim fortior putandus est qui leonem quam qui uiolentam et in se ipso inclusam feram superat, iracundiam, aut qui rapacissimas uolucres deicit quam qui cupiditates auidissimas coercet, aut qui amazonem bellatricem quam qui libidinem uincit pudoris ac famae debellatricem, aut qui fimum stabulo quam qui uitia de corde suo egerit, quae magis sunt perniciosa, quia domestica et propria mala sunt,

Auct.: **6–10** Cic. Marcell. 8

Test.: **12–15** *cf.* Ps. Sen. mor. 81. mon. 65

1 uideantur *om.* KS   **2** disiecit B   **3** uirginem DVP; uorag- W cingulamque B^{ac}; -lum W   **4** interemiret *ut uid.* D^1, -emerit D^2 **5** hominum HMW   et *ex* ac*?* W   **7** non *om., sed ante* possit *s.l.* B ac] et *codd. Cic.*   frangitque R^{ac} **8** prohibere DVM **9** faciat] a *s.l.* P   non] n. modo DVP   **10** iudico] o *in ras. ex* abo*?* P; iudicabo V (D *inc.*)   uelle H^1 M   **11** uirtutes HMW **12** non] num *ex* non R^2 **13** uiolentam B P^{pc} R, uolentiam D^{ac} V P^{ac}, uiolentiam D^{pc} HMWKS   et . . . se] in semet B   ferat K **14** deiecit BD *(inc.)* VPHMW *Br*; *cf. Heck, 1972, 175 n. 26* **15** coercet] -ohe- B P^{ar} VW (D *inc.*); -eat HMW   amazonam V^{ac} HMW   **15–16** bellatricem . . . uincit] b. u. q. q. l. R **16** uicit HMW   ac *s.l.* B^3; aut VP (D *inc.*)   **17** stabulo] de s. P *(de s.l. m.3?), recc., edd., Br; trad. def. St 226, Mo;* stabulum HM *post* qui *eras.* a*?* B

6 quam illa quae et uitari poterant et caueri. ex quo fit, ut ille solus uir fortis debeat iudicari, qui temperans et moderatus et iustus est. quodsi cogitet aliquis quae sint dei opera, iam haec omnia quae mirantur homines ineptissimi ridicula iudicabit. illa enim non diuinis uirtutibus, quas ignorant, sed infirmitate su- 5
7 arum uirium metiuntur. nam illud quidem nemo negauit, Herculem non Eurystheo tantum seruisse regi, quod aliquatenus honestum uideri potest, sed etiam impudicae mulieri Omphalae, quae illum uestibus suis indutum sedere ad pedes suos iubebat pensa facientem. detestabilis turpitudo! sed tanti erat uoluptas. 10
8 Quid tu? inquiet aliquis, poetisne credendum putas? – quidni putem? non enim Lucilius ista narrat aut Lucianus, qui diis et hominibus non pepercit, sed ii potissimum, qui deorum laudes
9 canebant. quibus igitur credemus, si fidem laudantibus non habemus? qui hos mentiri putat, proferat alios quibus credamus 15 auctores, qui nos doceant qui sint isti dii, quomodo, unde orti, quae sit uis eorum, qui numerus, quae potestas, quid in his admirabile, quid cultu dignum, quod denique certius ueriusque

Epit.: 1, 9, 7] 7, 4 . . . accepit

Codd.: 11 *in* quinni putem *desinit* M^p *pagina non expleta; ab eodem* quinni putem *fol. 9^r incipit* M; *hinc extant* B DV P HMW KS R

1 poterit H^1 M, poter̃t H^2, poterint KS; possunt W   ex] et D
2–3 et ... est] est et i. DV *(in ras. m.2)* PW *contra numerum*
3 quodsi cogitet] quodsi co *in ras. m.2* V   4 hominis M iudicauit B^1, *corr.* B^2 illi M   5 sed *om.* R^1 6 mentiuntur B^{ar} HW nemo *in mg.* P^2 negabit HWS   8 mulieris B^{ar} omphalam V *(D deest)*   9 iubeat K^{ac} S   10 faciebat R   detestabili K^1 S^1
11–12 quinni putem HM; quid inpu- KS   12 lucius B M^{ac} narrauit HMWKS   lucilianus, li *s.l. m.2*, P   13 ii *Br*, hii BHMWR *Mo*, hi VPKS *(D deest)*   potissimum] t *in ras. post 3 litt. eras.* B   qui deorum] qui eo-, i *in ras.*, H; quod eo- M   deorum laude D^1, laudes (s *s.l.*) d. P   15 habentur *ut uid.* W   putant HMW proferant H (~ *m.2*) W   16 *post* quomodo *s.l. m.2?* uel R
17 his *codd., Mo,* iis *edd.*   18 quid *ex* qua *aut* qui *m.1 ut uid.* V

mysterium. nullos dabit. credamus igitur istis, qui non ut reprehenderent sunt locuti, sed ut praedicarent. nauigauit ergo cum Argonautis expugnauitque Troiam iratus Laomedonti ob negatam sibi pro filiae salute mercedem. unde quo tempore fuerit apparet. idem furore atque insania percitus uxorem suam cum liberis interemit. hunc homines deum putant! sed Philocteta heres eius non putauit, qui facem supposuit arsuro, qui artus eius ac neruos cremari ac diffluere uidit, qui ossa eius et cineres in Oetaeo monte sepeliuit, pro quo munere sagittas eius accepit.

10. Aesculapius et ipse non sine flagitio Apollinis natus quid fecit aliud diuinis honoribus dignum nisi quod sanauit Hippolytum? mortem sane habuit clariorem, quod a deo meruit fulminari. hunc Tarquitius de inlustribus uiris disserens ait 'incertis parentibus natum, expositum et a uenatoribus inuentum, canino lacte nutritum, Chironi traditum didicisse medicinam; fuisse autem Messenium, sed Epidauri moratum'. Tullius etiam 'Cynosuris' ait 'sepultum'. quid Apollo pater eius? nonne ob amorem, quo flagrabat, turpissime gregem pauit alienum – et

Epit.: 1, 9, 10 nauigauit ... apparet] 7, 2   10 idem ... interemit] 7, 4 idem ... trucidauit   11] *aliter* 7, 5   1, 10, 1–3] 8, 1–2

Auct.: 13 Tarquitius] *cf. Kroll, RE IV A 2392*   16 Cic. nat. deor. 3, 57 17–p. 38, 3 *cf.* Tert. apol. 14, 4. Min. Fel. 23, 5 *et Heck, 1993, 401*

Codd.: 10 *abhinc noniam adfertur* W; *extant* B D V P HM K S R

3 argonatis D V P^{ac} 4 sibi pro filiae] filiam s. uel *(s.l. m.2)* p. filiae R fuit W   5 idem] ille HMW   furorem H^{ar} M^{ar} 6 putent deum P philoctecta H *(-taec-)* M, filotecta R   7 heres eius] heresius DP^1 *(corr. P^2)*, heresuis V   putabit R^{ac} qui] i *sup. eras.* a? B faciem V *(D inc.)* M   9 sepelliuit B^{ac} H^{ac} R^{ac}; *u. ind. form.* sagittis K^1 S   10 sine *om.* M   13 tarquinius, n *ex* t *uel* c, B^3 14 natum *s.l.* B^3 16 autem *om.* K S   mortuum HM 17 quid] quod B^{ac} 18 fraglabat B^1 *(corr. m.3)* HM; flagrauit K S; fradabat R^1; fraudabatur R^2 *ante* gregem *in ras. add. (m.1 ut uid.)* admeti B

muros Laomedonti extruxit Neptunus mercede conductus, quae
illi negari potuit impune, ab eoque primo rex perfidus quidquid
cum diis pepigisset didicit abnegare –? idem formosum puerum
et dum amat, uiolauit et dum ludit, occidit.   homicida Mars et
per gratiam caedis crimine ab Atheniensibus liberatus, ne uideretur nimis ferus et immanis, adulterium cum Venere com-
misit.   Castor et Pollux dum alienas sponsas rapiunt, esse
gemini desierunt. nam dolore iniuriae concitatus Idas alterum
gladio transuerberauit. et eosdem poetae alternis uiuere, alternis
mori narrant, ut iam sint non deorum tantum, sed omnium mortalium miserrimi, quibus semel mori non licet.   hos tamen Homerus ambos simpliciter, non ut poetae solent, mortuos esse
testatur. nam cum faceret in muris adsidentem Priamo Helenam
cunctos Graeciae principes recognoscere, solos autem se fratres
suos requirere, subiecit orationi eius huiusmodi uersum:
    'haec ait, ast illos retinebat terra sepultos.'
fur ac nebulo Mercurius quid ad famam sui reliquit nisi memoriam fraudum suarum? caelo scilicet dignus, quia palaestram

Epit.: 1, 10, 4–6] 8, 3   7] 8, 4

Auct.: 16 Hom. Il. 3, 243; cf. Cic. nat. deor. 3, 11

1 instruxit HM   neptunus *om.* DVP¹ Br, Mo, *def. Heck, 1993,*
397–409 neglegentiam auctoris ratus; cum neptuno P² *recc., edd.*
quam B   **2** negare V   negari potuit] negauit *ex* negarit B
3 dicit M   idem *sc.* Apollo; *cf. Heck l. c. 408 sq. et 2, 4, 31* idem *sc.*
Tullius *§ 27 sq.*   formonsum BDᵃᶜ Vᵃᶜ Hᵃᶜ Mᵃᶜ Br; *u. ind. form.*
4 mars *in ras. fere 8 litt.* B   **6** minis H   **7** kastor B; *u. ind. form.*
8 dolore] labore DVP   iniuriae *om.* HM   **9** uerberauit D
10 tantum] nati R   sed] sed et HMKS   **11** miserrime Kᵃᶜ
quiis, *alt.* i *s.l.,* B¹, *corr.* B³   licuit M   **13** in *om.* HM
adsidente HM   **14** cunctos] nc *in ras. fere 3 litt.* (mis?) B³
recognosceret BM²   solus B¹ *(corr. m.2)* KS   se *om.* KS
15 suos] ter s., ter *exp. m.2,* D   huiusmodi] modi HMKS
uersu HM   **16** haec] sic HM   **17** quid] qui H¹   memoria M
18 fraudium, i *ex* u, R   scilicet] licet, *antea 1 litt. eras.,* M

docuit et lyram primus inuenit. Liberum patrem necesse est in 8
senatu deorum summae auctoritatis primaeque esse sententiae,
quia praeter Iouem solus omnium triumphauit, exercitum duxit,
Indos debellauit. sed inuictus ille imperator Indicus maximus ab
amore ac libidine turpissime uictus est. delatus enim Cretam 9
'cum semiuiro comitatu' nactus est impudicam mulierem in litore ac fiducia uictoriae Indicae uir esse uoluit, ne nimium mollis uideretur, atque illam patris proditricem, fratris interemptricem ab alio relictam et repudiatam in coniugium sibi uindicauit
ac Liberam fecit et cum ea pariter ascendit in caelum. quid 10
horum omnium pater Iuppiter, qui in sollemni precatione Optimus Maximus nominatur? nonne a prima sua pueritia impius ac
paene parricida deprehenditur, cum patrem regno expulit ac fugauit nec expectauit mortem decrepiti senis cupiditate regnandi?
et cum paternum solium per uim, per arma cepisset, bello est a
Titanibus lacessitus, quod humano generi principium fuit malorum. quibus uictis et pace in perpetuum comparata reliquam
suam uitam in stupris adulteriisque consumpsit. omitto uirgines 11

Epit.: 1, 10, 8–9] 8, 5   1, 10, 10 – 11, 16 *passim*] 10, 1–4   1, 10, 10–12] 10, 1–2

Auct.: 6 Verg. Aen. 4, 215

2 senatum B   sententia H^{ac} M   **3** quia praeter] qui aperte, *deinde 1 litt. eras.*, D   exercitus B^1, *corr.* B^2 **4** uictus B^1, *corr.* B^2 ab] ob H M   **5** amorem H M   ac] *deinde 2 litt. eras.* B; atque H *(*ad-*)* M K S   libidinem H M   **6** comitatus H^{ar} M   nanctus D^{ar} V P^{ar} H^{ac} M, *Br; u. ind. form.*   est *om.* B   **6–7** litori adrianen ac fiduciae B^1, litore ariadnen hac fiducia B^2 **7** fidutiae M   **9** repudiatam] at *in ras. m.3* B   coniugio K S   **10** ac] et H M   liberam] be *exp.* D   eam B   ęscendit K, esc- R^{ac}, *St 226; u. ind. form.*   in] ad H M K S   caelos K S   **11** pater omnium K S   pater *om.* H M   **12** prima *om.* B   **13** paene] prope B   **15** coepisset D V P M, cęp- K S   **16** humani H M *(*i *ex* o*)*   malorum fuit R   **17** et] ac R   pacem H^{ac} M   comparata *in mg.* V^2 **18** in stupris *om.* K S   adulteriisque] que *eras.* S   consumsit B; -mtis R^1

quas imminuit; id enim tolerabile iudicari solet. Amphitryonem
ac Tyndarum praeterire non possum, quorum domos dedecore
atque infamia plenissimas reddidit. illud uero summae impietatis ac sceleris, quod regium puerum rapuit ad stuprum. parum
enim uidebatur, si in expugnanda feminarum pudicitia maculo-
sus esset ac turpis, nisi etiam sexui suo faceret iniuriam. hoc est
uerum adulterium, quod fit contra naturam. haec qui facit,
uiderimus an Maximus, certe Optimus non est; quod nomen a
corruptoribus, ab adulteris, ab incestis abest, nisi forte nos er-
ramus homines, qui talia facientes sceleratos uocamus ac per-
ditos omnibusque poenis dignissimos iudicamus. stultus autem
Marcus Tullius, qui Gaio Verri adulteria obiecit – eadem enim
Iuppiter quem colebat admisit –, qui Publio Clodio sororis incestum – at illi Optimo Maximo eadem fuit 'et soror et coniunx'.

11. Quis est igitur tam excors qui hunc regnare in caelo
putet, qui ne in terra quidem debuit? non insulse quidam poeta
triumphum Cupidinis scripsit, quo in libro non modo potentissimum deorum Cupidinem, sed etiam uictorem facit. enumeratis enim amoribus singulorum, quibus in potestatem Cupidinis

Epit.: 1, 10, 13] 10, 4

Auct.: **12** Cic. Verr. II 1, 62–69. *al.*   **13–14** Cic. dom. 92. *al.*
14 Verg. Aen. 1, 47. Ou. met. 3, 266   **17–p. 41, 2** Carm. inc. 82
Blänsdorf (p. 159 Morel)

2 tyndarum] t *s.l.* V; pind- H *(py-)* M   domus B K S   **3** atque] et B
infamiam K   plenissima D^1 **5** uidebatur] ur *s.l.* M
6 est B^1, *corr.* B^3 nisi *in mg.* V^2 (D *deest*)   **8** an] n *s.l.* D H *(m.2);*
post certe *s.l. repet.* M^2 certe optimus *om.* K S   non est] sit H M
9 ab *ante* adulteris] ad P^{ac} adulteriis B^{ar} D^{ac} V   incestibus B^{ar}
nisi] si *s.l. m.2* H   **10** qui *eras., ante* homines *s.l. m.2,* M
11 dignos B   **12** marcus B, m̃. V P (D *deest*), m. H M K S R
gaio B, g. D V P R, c. H M K S   **13** publio B, p̃. D V P, p. H M K S R
post incaestum *s.l.* intulit R^2 **14** at] ad B^{ac} coniux D V P^{ac}
H M K S; *u. ind. form.*   **16** putent H^{ar} M^{ar} non *s.l.* B^3
post poeta *s.l.* post B^3 **18** numeratis R   **19** amoribus] a *exp.* D^2
in *s.l.* H^2

dicionemque uenissent, instruit pompam, in qua Iuppiter cum
ceteris diis ante currum triumphantis ducitur catenatus. eleganter
id quidem a poeta figuratum, sed tamen non multum distat a
uero. qui enim uirtutis est expers, qui cupiditate ac libidinibus
malis uincitur, non Cupidini ut ille finxit, sed morti subiectus est
sempiternae. sed omittamus de moribus dicere, rem consideremus, ut intellegant homines, in quibus miseri uersentur erroribus. regnare in caelo Iouem uulgus existimat; id et doctis
pariter et indoctis persuasum est, quod et religio ipsa et preca-
tiones et hymni et delubra et simulacra demonstrant. eundem
tamen Saturno et Rhea genitum confitentur. quomodo potest
deus uideri aut, ut ait poeta, 'hominum rerumque repertor', ante
cuius ortum infinita hominum milia fuerunt? eorum scilicet, qui
Saturno regnante uixerunt et priores luce quam Iuppiter sunt
potiti. uideo alium deum regem fuisse primis temporibus,
alium consequentibus. potest ergo fieri, ut alius postea sit futurus. si enim prius regnum mutatum est, cur desperemus etiam
posterius posse mutari? nisi forte Saturnus generare potuit for-
tiorem, Iuppiter non potest. atquin diuinum imperium aut semper immutabile est aut si est mutabile, quod fieri non potest,
semper utique mutabile est. potest ergo Iuppiter regnum amit-

Auct.: **8–9** regnare ... est] *cf.* Cic. rep. 1, 56. Hor. carm. 3, 5, 1 sq.
12 Verg. Aen. 12, 829

1 instruxit HM   **2** dicitur R   **3** destat, e *ex* i *m.2*, B
5 cupidiniutile, *tert.* i *s.l. m.1*, K; -dine u. i. R^{ac} est *om.* H
6 amoribus HM   rem *om.* DP^1, *s.l.* P^2; re V^1, *corr. m. rec.*
7 uersantur V^1 *(D inc.)*   **11** Rhea genitum] ope natum HMKS *ex*
§ 27   **12** *post* aut *s.l. add.* credi B^2 ut *s.l.* H; *post* ut *fere 2 litt.*
eras. B   **13** ortum] m *in ras. m.3* B   ortum ... scilicet] ortum
inlicet *(*n *exp.) tantum* R   hominum infinita B   **14** lucem M
16 sit postea DVP   **17** prius *s.l.* P   **19** potest] potuit HMKS
atqui D^2 *(*n *exp.)* H *(*n *eras.)* KS   **20** est aut] est sicuti est aut B *post*
immutabile est *ft. eadem, sed spatio fere 2 litt. ampliore eras.*, aut si est
mutabile *om.* P

9 tere, sicut pater eius amisit? ita plane. nam cum idem neque uirginibus neque maritatis umquam pepercisset, abstinuit se tamen una Thetide, quod responsum fuit maiorem patre suo fu-
10 turum quisquis ex illa natus esset. primum imprudentia in eo non dei, cui nisi Themis futura dixisset, ipse nesciret; si autem diuinus non sit, ne deus quidem sit, unde ipsa diuinitas nomi-
11 natur, ut ab homine humanitas; deinde conscientia imbecillitatis, qui timuit utique maiorem. quod qui facit, scit profecto non esse se maximum, quandoquidem potest aliquid maius exis-
12 tere. idem per Stygiam paludem sanctissime iurat,
  'una superstitio superis quae reddita diuis'.
quae ista superstitio est aut a quo reddita? est ergo aliqua potestas maxima quae peierantes deos puniat? quae tanta formido est paludis infernae, si sunt immortales? quid metuant eam,
13 quam uisuri non sunt nisi quos mori necesse est? quid igitur homines oculos suos in caelum tollant? quid per superos deie-

Epit.: 1, 11, 9] 10, 2 quid ... 3 futurus esset   11] *cf.* 10, 3 sciebat ... 4 minoris   13] *cf.* 10, 4 maiorem ... minoris

Auct.: 11 Verg. Aen. 12, 817

2 se] sed DVK^{ar} S   3 una] ut a HM   thetida DV, -dae R morem P^1, *corr.* P^2; maiore M   patrem H^{ar} suo *om.* HM
4 esset] e. et P *(s.l. m.1?)* HM *edd., Br,* esseet K; et *om. Mo recte, quia* et primum *ap. Lact.* nonnisi hic; *cf.* 1, 12, 2. 2, 11, 4–5. *al.* prudentia B *(antea eras.* in?*)* P^2 (in *exp.*)   5 nisi cui, *ord. lineolis rest.,* B; cui *om.* H   nisi] nihil DVP   Themis] m *in ras.* B^2; themnes HM, -mnis S   aut S   6 ipsa *om.* B   8 profecto scit HMKS
9 non *s.l.* B^2 se *om.* P   *post* existere *add.* ideo *(add. m.2)* nec optimus nec maximus B   11 una] uana, *pr.* a *s.l.,* H; *cf.* 4, 28, 15 superisque B^1 *(corr.* B^3) H *(post* qu *eras.* a)   diuinis, *antea s.l. m.2* est, R   13 peierantes D^{pc} V^{ac} P^2 HMR^2, -tis D^{ac} V^{pc} P^1 KSR^1, *ft. recte;* perierantes B; *cf. Heck-Wlosok ad epit.* 59, 1   14 plaudis P^{ac} qui HM   metuunt DVPHMKS, *prob. Hartel*   15 sint *ut uid.* B est] sit HMKS   16 tollunt HM^2 KS   qui K^{ac} per *om.* MKS deierent] -iur- D^2, *post alt.* e *2 litt. eras.* P; -rant HMKS

rent, cum ipsi superi ad inferos reuoluantur ibique habeant quod uenerentur et adorent? illud uero quale est, esse fata quibus dii omnes et ipse Iuppiter pareat? si Parcarum tanta uis est, ut plus possint quam caelestes uniuersi quamque ipse rector ac dominus, cur non illae potius regnare dicantur, quarum legibus et statutis parere omnes deos necessitas cogit? num cui dubium est, quin is qui alicui rei obsequitur Maximus non sit? nam si sit, non accipiat fata, sed faciat. − nunc ad illud quod omiseram redeo. in una itaque sola fuit continentior, cum eam deperiret, non uirtute aliqua, sed metu successoris. quae formido utique eius est qui sit et mortalis et imbecillus et nihili, quippe qui potuit et tunc cum nasceretur extingui, sicut frater eius ante genitus extinctus est, qui si uiuere potuisset, numquam minori concessisset imperium. ipse autem furto seruatus furtimque nutritus Ζεύς siue Ζήν appellatus est, non ut isti putant a feruore caelestis ignis uel quod uitae sit dator et animantibus inspiret animas, quae uirtus solius dei est − quam enim possit inspirare

Epit.: 1, 11, 15–16] *aliter* 10, 3

Auct.: 3 *cf. uers. inc. ap.* Tert. apol. 25, 8 fato ... ipse   **14** furtimque nutritus] *siue casu siue ex fonte communi congruit* Comm. instr. 1, 5, 7
15 isti] *cf.* Etym. Magn. p. 409, 4–5 Gaisford

1 deuoluantur HMKS   **2** facta P^{ar} K^{ar} S¹   **3** pereat D¹ MS
4 ipsi B¹, *corr.* B²   **5** illa *uel* ille B^{ac}, ille MKS, illa R
dicatur B¹, *corr.* B²   quorum R   **6** omnis D^{ac} V^{ac} R^{ac}   num ...
est] n. d. est cui est KS   **7** is] his K^{ar} S   nam si sit] cum alius sit
qui HMKS; *om.* R¹, cum *tantum in mg.* R²   **8** facta DVKS
amiseram M   **9** in] quod in B   unam V¹   eam] m *exp.* R, ea KS
deperiret] amaret d. B   **10** utiquae|utiquae, *pr.* utiquae *et alt. a eras.*,
B; itaque V^{ac}   **11** sit et] si et K¹; *hoc* et *s.l.* S   imbecillus] -becc-
B, -llis KSR *(i ex* u*); u. ind. form.*   nihil HMR   **12** tunc] nunc
B¹ *(corr.* B³*)* HM; tum R   extingueret, ret *s.l.*, B², *corr.* B³
13 si uere K   numquam minori *in ras.* V²   **15** zeus HM, zeys K,
zeis S   zen HMKS   ut *s.l.* H² S   **16** sit] est B
inspirat KS   **17** posset HMKS   inspirare possit B

animam qui ipse accepit aliunde? –, sed quod primus ex liberis
Saturni maribus uixerit. potuerunt igitur homines alium deum
habere rectorem, si Saturnus non fuisset ab uxore delusus.

At enim poetae ista finxerunt. – errat quisquis hoc putat. illi
enim de hominibus loquebantur, sed ut eos ornarent quorum
memoriam laudibus celebrabant, deos esse dixerunt. itaque illa
potius ficta sunt quae tamquam de diis, non illa quae tamquam
de hominibus sunt locuti. quod clarum fiet exemplo quod inferemus.
Danaen uiolaturus aureos nummos largiter in sinum
eius infudit, haec stupri merces fuit. at poetae, qui quasi de deo
loquebantur, ne auctoritatem creditae maiestatis infringerent,
finxerunt ipsum in aureo imbre delapsum eadem figura qua
'imbres ferreos' dicunt, cum multitudinem telorum sagittarumque
describunt. rapuisse dicitur in aquila Catamitum; poeticus
color est. sed aut per legionem rapuit cuius insigne aquila est aut
nauis in quam est impositus tutelam habuit in aquila figuratam,

Epit.: 1, 11, 17–32] 11, 1 – 12, 3   1, 11, 17 at ... finxerunt] 11, 1 ... poetis   18] 11, 2   19] 11, 3

Auct.: **1–2** quod ... uixerit] *cf.* Etym. Magn. p. 408, 56–57 Gaisford
13 Verg. Aen. 12, 284 *uel* Enn. ann. 284 Vahlen (266 Skutsch)

Test.: **9** § 18 sq.] *cf.* Aug ciu. 18, 13 p. 272, 31 – 273, 4. Isid. orig. 8, 11, 35

1 ex *om.* HM   libris V[1]   **3** rectorem] regem HMKS detusus R   **4** fixerunt V[1] *(D deest)*   errant H[ac]*;* erat M[ac]
5 *post* loquebantur *5 fere litt., ultimae* odio?*, eras.* K   **6** memoria K illa] a *s.l. m.1?* B, *in mg.* P   **8** de hominibus] quae de h. B sint B   fit *ex* sit, *ut uid.* B[3]   exemplum K[ac]   **9** danaem HM, -naan P *(D deest)*   **10** infundit R   haec ... fuit *om., in mg. inf. add.,* D   ad B[ac]*; cf. 1, 3, 6*   qui *om.* KS   **12** frinxerunt D[ac] V in *om.* BHM   quam H[ac]   **14** in aliqua lacatamitum V *(D inc.)* aquila *in ras.* P   **15** per religionem B   aliqua V *(in D eras.* qua, *cet. antea desunt)*   **16** quam VPR *(D deest),* qua *cet., edd.; cf. 6, 24, 29* aquilam BH

sicut taurum, cum rapuit et transuexit Europam. eodem modo 20
conuertisse in bouem traditur Io Inachi filiam, quae ut iram
Iunonis effugeret, ut erat 'iam saetis obsita, iam bos', tranasse
dicitur mare in Aegyptumque uenisse atque ibi recepta pristina
5 specie dea facta quae nunc Isis uocatur. quo igitur argumento 21
probari potest nec Europam in tauro sedisse nec Io bouem factam? quod certus dies habetur in fastis quo Isidis nauigium ce-
lebratur; quae res docet non transnatasse illam, sed nauigasse.
igitur qui sapere sibi uidentur, quia intellegunt uiuum terrenum- 22
10 que corpus in caelo esse non posse, totam Ganymedeam fabulam pro falso repudiant nec sentiunt in terra id esse factum, quia
res ac libido ipsa terrena est. non ergo res ipsas gestas finxe- 23
runt poetae, quod si facerent, essent uanissimi, sed rebus gestis
addiderunt quendam colorem. non enim obtrectantes illa dice-
15 bant, sed ornare cupientes. hinc homines decipiuntur, maxime 24
quod dum haec omnia ficta esse a poetis arbitrantur, colunt quod
ignorant. nesciunt enim qui sit poeticae licentiae modus, quous-

Epit.: 1, 11, 20–21] 11, 4   23 ... colorem] 11, 1 sed ... praetexas
24 nesciunt ... 25 poetam] 11, 1 hunc ... commutet

Auct.: 3 Verg. Aen. 7, 790

1 taurus HM   **2** in bouem conuertisse P   io *om.* B[1], *in reliquo
lineae spatio (fere 8 litt.) add.* B[2]; ino HM; yo S   ut *ante* iram *s.l.* H
3 obsidet *(sequentia euan.)* D   iam *ante* bos *om.* HM
tranasse B[1] *(s.l.* ns *m.2 eras.)* R, *in* D *extat* nasse, trasnasse V, trans-
nasse P; transnatasse HMKS; *u. § 21*   **5** Isis] ipsis, ip *in ras.*, V, ysis
K[2] S   **6** io *om.* B[1] *(post* factum *s.l.* B[2]*)* HMR; yo S   **7** certos *ex*
certis K   habeatur HMK[2] S   festis *ex* fastis *m.1* K
quod D   Isidis] si diis DV   **8** tranasse BVP *(in* D *extat* se*), edd.;*
transnatasse *et* nauigasse *consulto aequisona*   nauigisse B[1], *corr.* B[2]
9 quia] qui B[1], *corr.* B[3]   terrenum, *deinde fere 3 litt. eras.,* R
10 esse] es H   ganimedeam DVSR, canym- HM   **11** nec] et S[2]
12 gestas *om.* P   **14** dicebat P[ac]   **15** hinc] n *eras.* K
16 dum *om.* R   omnia *s.l.* S   **17** qui] quid P   licentiae
poeticae P[ac]   usque H[ac]

que progredi fingendo liceat, cum officium poetae in eo sit, ut
ea quae uere gesta sunt in alias species obliquis figurationibus
cum decore aliquo conuersa traducat. totum autem quod referas fingere, id est ineptum esse et mendacem potius quam
poetam. sed finxerint ista quae fabulosa creduntur; num etiam
illa quae de diis feminis deorumque conubiis dicta sunt? cur
igitur sic figurantur, sic coluntur? nisi forte non tantum poetae,
sed pictores etiam fictoresque imaginum mentiuntur. si enim
hic est Iuppiter qui a uobis dicitur deus, si non is est qui ex
Saturno et Ope natus est, non oportuit nisi solius simulacrum in
templis omnibus collocari. quid sibi mulierum effigies uolunt?
quid sexus infirmus? in quem si cecidit hic Iuppiter, eum uero
ipsi lapides hominem fatebuntur. mentitos esse poetas aiunt et
his tamen credunt. immo uero non esse mentitos re ipsa probant.
ita enim deorum simulacra confingunt, ut ex ipsa diuersitate
sexus appareat uera esse quae dicunt poetae. nam quod aliud
argumentum habet imago Catamiti et effigies aquilae, cum ante
pedes Iouis ponuntur in templis et cum ipso pariter adorantur,
nisi ut nefandi sceleris ac stupri memoria maneat in aeternum?
nihil igitur a poetis in totum fictum est, aliquid fortasse traduc-

Epit.: 1, 11, 26–29] *cf.* 12, 3   1, 11, 30–32] 12, 1–2

Test.: **1–3** officium ... traducat] Isid. orig. 8, 7, 10

2 uere *in mg.* R   alia specie H M   **3** traducant D V P^{ar} H M
referunt *ex* referas B^3 **5** poetam *om.* B^1, *in mg. add.* poeta *(sic)* B^3
finxerunt D P^{ac} K S   num] nam K S   **6** de *om.* H M
feminis] nis *in ras.* 4–5 *litt.* P, femininis D V   **8** sed] si et *(ex* si ut?)
K S   piscatores K, *corr. m. rec.*   etiam fictoresque *om.* B^1, *s.l.*
etiamque B^2 **9** nobis D V P R   is] his K S   **9–10** qui ... est *in
mg.* V^2 **10** solus H^{ac} M K S   **12** quia sexus, *deinde s.l.* est *m.2,* R
si] sic P^2 hic *om.* D V P^1 *(s.l.* P^2)   **13** *post* aiunt *s.l. m.2?* multi D
14 his] iis R^1, *ft. recte*   probatur K^{ac} **16** appareant B
17 catamiti et] i et *in ras. m.3?* P; -tis in D V   **18** adoramus K S
20 nihil *exp. et in mg.* non P   in *om.* D V P R   est fictum P

tum et obliqua figuratione obscuratum, quo ueritas inuoluta tegeretur, sicut illud de sortitione regnorum. aiunt enim Ioui caelum obtigisse, Neptuno mare, inferna Plutoni. cur non terra potius in sortem tertiam uenit? nisi quod in terra gesta res est. ergo illud in uero est, quod regnum orbis ita partiti sortitique sunt, ut orientis imperium Ioui cederet, Plutoni, cui cognomen Agesilao fuit, pars occidentis obtingeret, eo quod plaga orientis, ex qua lux mortalibus datur, superior, occidentis autem inferior esse uideatur. sic ueritatem mendacio uelarunt, ut ueritas ipsa persuasioni publicae nihil derogaret.   de Neptuni sorte manifestum est. cuius regnum tale fuisse dicimus, quale 'Marci Antonii' fuit 'infinitum illud imperium', cui totius orae maritimae potestatem senatus decreuerat, ut praedones persequeretur ac mare omne pacaret. sic Neptuno maritima omnia cum insulis obuenerunt.

Quomodo id probari potest? nimirum ueteres historiae docent. antiquus auctor Euhemerus, qui fuit ex ciuitate Messena, res gestas Iouis et ceterorum qui dii putantur collegit histori-

Epit.: 1, 11, 33 – 14, 6 *passim*] 13, 1 – 14, 4   1, 11, 33 ... docent] *cf.* 13, 1   33 auctor ... 34 uerba sunt] 13, 2 ... 3 uerba sunt

Auct.: **11–12** Cic. Verr. II 2, 8; *cf.* Euhem. test. 70 Winiarczyk **17–p. 48, 6** Euhem. test. 65 W.; § 34 ... secutus] Cic. nat. deor. 1, 119

1–2 in uoluntate geretur HM¹ *(gereretur m. rec.)*   **2** sic S **3** *ante* terra *eras.* ex? B   potius terra P   **4** tertia H   gesta *om.* DVP¹ *(in mg.* P²*)*   **5** *ante* orbis *del.* et R   partitis ortique S **6** caederet B^ar V   **7** agesilao B, hag- *cet.*   **8** qua] quo B¹, *corr.* B² *post* superior *s.l.* sit B³   **9** ipsa *s.l.* P   **10** persuasione P nihil *om.* B¹, *in fine lin. add.* B³   deroget M^ac   manifactum H **11** fuit P   qualem D *(m exp.)* V *(-ē ut uid.)*   marci BR, m̃. HM, m. KS, *om.* DVP   antonii B³ DVPKS, -ni B¹ HM, -nini R **12** *post* illud *in mg.* scilicet D²   **14** placaret HM *(ex* placeret*) ante* sic *s.l.* si D²   omnia maritima HMKS   **16** id] hic M **17** messena BR *Mo*, -nae P; -nę DVHK, -ne MS *edd., Br; cf. e. g. Liu. 32, 21, 23*   **18** historiaque B amque contexuit ex titulis et inscriptionibus sacris quae in antiquissimis templis habebantur maximeque in fano Iouis Triphylii, ubi auream columnam positam esse ab ipso Ioue titulus indicabat, in qua columna sua gesta perscripsit, ut monumentum posteris esset rerum suarum. hanc historiam et interpretatus est Ennius et secutus. cuius haec uerba sunt: 'ibi Iuppiter Neptuno imperium dat maris et insulis omnibus et quae secundum mare loca essent omnibus regnaret.' uera sunt ergo quae loquuntur poetae, sed obtentu aliquo specieque uelata. potest et mons Olympus figuram poetis dedisse, ut Iouem dicerent caeli regnum esse sortitum, quod Olympus ambiguum nomen est et montis et caeli. in Olympo autem Iouem habitasse docet eadem historia, quae dicit: 'ea tempestate Iuppiter in monte Olympo maximam partem uitae colebat et eo ad eum in ius ueniebant, si quae res in controuersia erant. item si quis quid noui inuenerat quod ad uitam humanam utile esset, eo ueniebant atque Ioui ostendebant.' multa in hunc modum poetae transferunt, non ut

Epit.: 1, 11, 34 uera . . . 35 historia] *cf.* 12, 1 . . . 2 produnt   36] *cf.* 12, 3

Auct.: **6–8** Enn. uar. frg. 107–108 Vahlen; Euhem. test. 70 Winiarczyk **13–17** ibid. frg. 109–112 V.; test. 67 W.

1 ex] et P   scriptionibus H   in *om.* K S   **2** habeantur P¹, *corr.* P² tripyli, *deinde eras.* i, B, -fylii D V Pᵃʳ *(tert.* i *eras., in mg.* phy P²*)* R, -phili H M, -philii K S   **3** aream P¹, *corr.* P²   titulis K S   **4** momentum B¹, *corr.* B²; monim- *ex* monum- H M R²   **6** cui M K S   uerba haec H M K S   ibi] ubi B² P *Br, Mo*   **7** mare *ex* -is *ut uid.* B² **7–8** et insulis . . . essent] hoc est ut *(s.l.* H*)* insulis et locis quae s. m. essent H M K S; *u. Br ad l.*   **8** regnarent V *(alt.* n *exp. et s.l. repet.)* K S; regnare *Hartel*   **9** obtentu] optent ut H M¹   et *om.* D V P¹ *(s.l.* P²*)*   **11** exiguum D V   **14** et *om.* K S   eo *s.l.* B³ in ius] unius Bᵃᶜ H M   ueniebant B   **15** res *s.l.* B³   quis *s.l.* B³ inuenerant B Mᵃʳ   **16** eo ueniebat D¹ Mᵖʳ; conueniebant R **17** ostendebat H M

in deos mentiantur, quos colunt, sed ut figuris uersicoloribus
uenustatem ac leporem carminibus suis addant. qui autem non
intellegunt quomodo aut quare quidque fingatur, poetas uelut
mendaces et sacrilegos insequuntur. hoc errore decepti etiam 37
philosophi, quod ea quae de Ioue feruntur minime conuenire in
deum uidebantur, duos Ioues fecerunt, unum naturalem alterum
fabulosum. uiderunt ex parte quod erat uerum, eum scilicet de 38
quo poetae loquantur hominem fuisse, in illo autem naturali
Ioue uulgari consuetudine religionis inducti errauerunt, quod in
deum nomen hominis transtulerunt, qui ut supra diximus quia
solus est, non indiget nomine. Iouem autem illum esse, qui sit ex
Ope Saturnoque natus, negari non potest. uana igitur persuasio 39
est eorum qui nomen Iouis summo deo tribuunt. solent enim
quidam errores suos hac excusatione defendere: qui conuicti de
uno deo cum id negare non possunt, ipsum se colere adfirmant,
uerum hoc sibi placere ut Iuppiter nominetur. quo quid absur-
dius? Iuppiter enim sine contubernio coniugis filiaeque coli non
solet. unde qui sit apparet, nec fas est id nomen eo transferri ubi
nec Minerua est ulla nec Iuno. quid quod huius nominis pro- 40
prietas non diuinam uim exprimit, sed humanam? 'Iouem' enim
'Iunonemque a iuuando' esse dictos Cicero interpretatur et

10 supra] 1, 6, 5

Auct.: **20–p. 50, 1** Cic. nat. deor. 2, 64. 66

1 metiantur V   uersi *(deinde 3–4 litt. eras.)* coloribus P; uariisque col- H M K S   **2** uetustatem ac decorem R *ex § 24*   **3** figuretur D V P Br, Mo *contra numerum*   **4** hoc errore] hac *(ex* hoc*)* ergo re V *(in* D *extat* rore*)*   **5** quod] qui H M   **6** uidebant H M   fecerunt] fuerunt B¹, finerunt *(sic)* B²; ferunt Pᵖʳ   naturale K S   alterum] et a. P²
7 *post* quod *exp. et eras.* cum *uel* eum B   uersum K *(et s.l. m.1 ut uid.* uerum*)* S   **10** nominis B¹, *corr.* B²   qui] quid H Mᵃʳ
11 est *s.l.* P²   **14** de] cum, *s.l.* uel de, M   **16** qui quod V P *(*D *deest)* absurdus Pᵃᶜ   **18** nec fas] id nefas M   **19** ulla est B quid] qui R   **20** humana S   **21** adiuuando Bᵃʳ Hᵃʳ Mᵃʳ Kᵃʳ S Rᵃʳ

'Iuppiter' quasi 'iuuans pater' dicitur. quod nomen in deum minime congruit, quia iuuare hominis est opis aliquid conferentis in eum, qui sit alienus, et exigui beneficii. nemo sic deum precatur, ut se adiuuet, sed ut seruet, ut uitam salutemque tribuat, quod multo plus ac maius est quam iuuare. et quoniam de patre loquimur, nullus pater dicitur filios iuuare, cum eos generat aut educat. illud enim leuius est quam ut eo uerbo magnitudo paterni beneficii exprimatur. quanto id magis inconueniens est deo, qui uerus pater est, per quem sumus et cuius toti sumus, a quo fingimur animamur inluminamur, qui nobis uitam impertit, salutem tribuit, uictum multiplicem subministrat. non intellegit beneficia diuina qui se tantummodo iuuari a deo putat. ergo non imperitus modo, sed etiam impius est qui nomine Iouis uirtutem summae potestatis imminuit. quare si Iouem et ex rebus gestis et ex moribus hominem fuisse in terraque regnasse deprehendimus, superest ut mortem quoque eius inuestigemus. Ennius in Sacra Historia descriptis omnibus quae in uita sua gessit ad ultimum sic ait: 'deinde Iuppiter postquam quinquies terras circuiuit omnibusque amicis atque cognatis suis imperia diuisit

Epit.: 1, 11, 44 ... deprehendimus] 13, 5   45–46] 13, 4

Auct.: **18–p. 51, 8** Enn. uar. frg. 132–141 Vahlen; Euhem. test. 69 Winiarczyk

1 quasi] qua B[1], *corr.* B[3]   **2** quia iuuare] qui adi- HM[ar]   **3** et *in mg.* B[3]   exiguo K[ac] S   deum sic P   **4** deprecatur B (-praec-, *sed* a *del. m.3)* HM   adiubet B[ac]   ut *ante* seruet *s.l.* P[2]   ut *ante* uitam *om.* KS   **6** genera K[1]   **8** beneficii] bene *s.l.* P[2]   conueniens HM   est inconueniens R   **10** impertitur K[2]   **11** multiplicet S   **12** iuuari ... putat D V *(a s.l. m.2)* R; i. p. a deo P; a deo i. p. HMKS, *ft. recte numeri causa;* a deo adiuuari p. B   **13** nomen R[ac]   **14** et *post* Iouem *om.* B V[1] KS   **15** deprendimus R *numero meliore*   **16** quodque H[ar] M[ar]   inuestiemus D[1] V   **17** *post* historia *add.* loquitur HM   **18** postquam *post* quinquies *repet., sed del.* D; potestquam B[ar]   terram BKS; eterras R[ac] circumibit KS   **19** omnibus amicis HMKS   atque] et B diuidit HMKS[ac] R[ac]

reliquitque hominibus leges mores frumentaque parauit multaque alia bona fecit, immortali gloria memoriaque adfectus sempiterna monumenta suis reliquit. aetate pessum acta in Creta uitam commutauit et ad deos abiit eumque Curetes filii sui curauerunt decoraueruntque eum; et sepulcrum eius est in Creta in oppido Gnosso et dicitur Vesta hanc urbem creauisse; inque sepulcro eius est inscriptum antiquis litteris Graecis ZAN KPONOY id est Latine Iuppiter Saturni.' hoc certe non poetae tradunt, sed antiquarum rerum scriptores. quae adeo uera sunt, ut ea Sibyllinis uersibus confirmentur, qui sunt tales:

δαίμονας ἀψύχους, νεκύων εἴδωλα καμόντων,
ὧν Κρήτη καύχημα τάφους ἡ δύσμορος ἕξει.

Cicero de deorum natura cum 'tres Ioues a theologis enumerari' diceret, ait 'tertium' fuisse 'Cretensem Saturni filium, cuius in illa insula sepulcrum ostenditur'. quomodo igitur potest alibi deus esse uiuus alibi mortuus, alibi habere templum alibi sepulcrum? sciant ergo Romani Capitolium suum id est summum caput religionum publicarum nihil esse aliud quam inane monumentum.

Auct.: **11–12** Orac. Sib. 8, 47 sq.   **13–15** Cic. nat. deor. 3, 53

1 reliquidque DVKS; reliquit H, reliquid M   **2** gloriosaque (os s.l. m.2) memoria affectus R   adiectus DV   **3** monimenta PM² R² sui *L. Müller (ed. Enn. 1884), Br, alii*   aetatem D   pessume B²; fessam, a *pro* u m.2, R   actam R   **5** decoraueruntque] que s.l. V; -runt qui R   eum] tum *ex* cum R   **6** gnosso R *et epit.*, cno- B (n s.l. m.2) DVP, no- KS, gnoso HM   urbe V   creuisse P^{ac} inque BDVPK *Br, Mo;* in quae S; in qua HM; in quo R *recc., Buen cl. epit.* in eo, *ft. recte*   **7** sepulchrum HM   scribtum B¹, *corr.* B² *ut uid.*   ZAN ... saturni *in ras.* H²   ζευcκιονου R   **8** Latine *om.* HM   **9** uersa R   **10** ea] a KS   confirmantur S; continentur R   **11** νεκύων *om.* PHM; νεκρῶν *codd. Sib.*   ιδωλα DVP   **12** τάφους ἡ] φυςη P   εξι KS   **14** terrentium V¹   **15** insula illa B   potest *om.* B¹, *post* deus s.l. *add.* B³   **16** habeo templum, o *et* t s.l. *pro eras. et exp.* ret, D²   **18** regionum V¹ inanem B^{ar}

50 Veniamus nunc ad eius patrem, qui ante regnauit et qui fortasse plus habeat in se, quod ex coitu tantorum elementorum genitus esse dicatur. uideamus quid in eo fuerit deo dignum, in primis illud, quod aureum saeculum narratur habuisse, quod
51 iustitia sub eo fuerit in terra. teneo aliquid in hoc, quod in eius filio non fuit. quid enim tam conueniens deo quam iustum re-
52 gimen ac pium saeculum? sed cum eadem ratione natum esse cogito, non possum putare deum summum quo uideam esse aliquid antiquius, caelum scilicet atque terram. at ego deum quaero ultra quem nihil sit omnino, qui fons et origo sit rerum; hic sit necesse est qui caelum ipsum condidit terramque fundauit.
53 Saturnus autem si ex his natus est ut putatur, quemadmodum potest deus esse principalis, qui aliis ortum suum debet, aut quis
54 praefuit mundo, priusquam Saturnus gigneretur? sed hoc poeticum est ut dicebam paulo ante figmentum. nec enim fieri poterat, ut elementa insensibilia tantoque interuallo separata in unum coirent ac filium procrearent aut is qui natus esset non potissimum genitoribus similis existeret, sed eam formam ge-
55 reret quam parentes sui non habebant. quaeramus ergo quid ueritatis sub hac figura lateat. Minucius Felix in eo libro qui Octauius inscribitur sic argumentatus est: 'Saturnum, cum fu-

Epit.: 1, 11, 52–64 *passim*] *cf.* 14, 1 Saturnus ... 2 docet

15 paulo ante] §§ 17–25. 36

Auct.: **21–p. 53, 4** Min. Fel. 23, 10–12

2 habebat P *Br (in addendis) contra numerum*   ex] in S[1]
4 illud *om.* KS   **5** quod] quo HM   **6** regnum B   **7** hac KS
pius DV   seclum KS   **8** cogito] g *ex* c?, *antea 1 litt. eras.*, P;
concito D[1] V; conicio D[2]; cognito M   quod B[ar] P[ar] R   **9** terra K[1] S
10 ultra] ultro u. HMKS   sit *om.* P[1], *in fine lin. est* P[2]
ante hic *in mg.* quia D[2]   **12** putetur V[1] (D *deest*)   **13** esse deus P
debeat B[1], *corr.* B[2]   aut] ut B[1], *corr.* B[3]   **14** gignere KS
16 tantoque] que *s.l.* B[3]   **17** hac K   is] his HKSR   **20** ueritas H[1]
sub *s.l. pro 2 eras. litt.* P; ut V (D *deest*)   **21** octauus P; hocfauius R
si P[ac]   est *om.* DVP *(s.l. ÷, i. e. est, m.2?)*   saturnus R[2]

gatus esset a filio in Italiamque uenisset, Caeli filium dictum, quod soleamus eos quorum uirtutem miremur aut eos qui repentino aduenerint de caelo cecidisse dicere, Terrae autem, quod ignotis parentibus natos terrae filios nominemus.' sunt haec 56
quidem similia ueri, non tamen uera, quia constat etiam tum cum regnaret ita esse habitum. potuit sic argumentari: Satur- 57
num, cum potentissimus rex esset, ad retinendam parentum suorum memoriam nomina eorum caelo terraeque indidisse, cum haec prius aliis uocabulis appellarentur; qua ratione et montibus et fluminibus nomina scimus imposita. neque enim cum dicunt 58
poetae de progenie Atlantis aut Inachi fluminis, id potissimum dicunt, homines ex rebus sensu carentibus potuisse generari, sed eos utique significant qui nati sunt ex his hominibus, qui uel uiui uel mortui nomina montibus aut fluminibus indiderunt. nam id 59
apud ueteres maximeque Graecos fuit usitatum. sic maria eorum traxisse nomen accipimus qui deciderant in ea, ut Aegaeum Icarium Hellespontum, et in Latio Auentinus uocabulum monti dedit in quo sepultus est, Tiberinus uel Thybris amni quo mersus est. non ergo mirandum, si nomina eorum caelo terraeque 60
attributa essent, qui reges genuerant potentissimos. apparet 61
ergo non ex caelo esse natum, quod fieri non potest, sed ex eo

Auct.: **17** Auentinus] *cf.* Ou. met. 14, 620 sq.   **18** Tiberinus] *cf.* Ou. ibid. 614–616   Thybris] *cf.* Verg. Aen. 8, 330–332

Codd.: **2** *post* quod so *(fol. 12ᵛ) octo folia exciderunt in* B *usque ad 1, 18, 2* rebus os; *hinc extant* D V P HM KS R

1 a *s.l.* R²   dictum *s.l.* B³   **2** miremur] mi *s.l.* P, mer- D¹, myr- V aut] ad V P *(in* D *extat* a, *perisse uid.* d)   **4** *post* natos *in ras.* credunt ut uid. *(cetera ante* sunt *desunt)* D   **5** consistat R   tunc P
6–7 ita ... saturnum *del.* R   **6** potius si R   saturnus HMKS
10 cum *om.* M   **11** athlantis DVPHMR (h *s.l. m.*2, at *exp.*)
12 generare Pᵃᶜ   **13** sint R   his *codd., Mo,* iis *edd.*   **16** accepimus HMK², accepimis K¹ S   qui *om.* HM   deciderunt KS
aegaeum R, -geum *cet.*   Icarium] micharium et HM   **18** in quo] nouo R¹   tybris PHMKS   **19** ergo] enim HMKS
20 genuerunt KS   **21** natum esse P

homine cui nomen Vrano fuit. quod esse uerum Trismegistus auctor est, qui cum diceret 'admodum paucos extitisse in quibus esset perfecta doctrina', in his 'Vranum Saturnum Mercurium' nominauit 'cognatos suos'.   haec ille quia ignorauit, alio traduxit historiam; qui quomodo argumentari potuerit, ostendi. nunc dicam quomodo, ubi, a quo sit hoc factum; non enim Saturnus hoc, sed Iuppiter fecit.   in Sacra Historia sic Ennius tradit: 'deinde Pan eum deducit in montem, qui uocatur Caeli sella. postquam eo ascendit, contemplatus est late terras ibique in eo monte aram creat Caelo primusque in ea ara Iuppiter sacrificauit. in eo loco suspexit in caelum quod nunc nos nominamus, idque quod supra mundum erat, quod aether uocabatur, de sui aui nomine caelum nomen indidit, idque Iuppiter quod aether uocatur precans primus caelum nominauit eamque hostiam, quam ibi sacrificauit, totam adoleuit.' nec hic tantum sacrificasse Iuppiter inuenitur.   Caesar quoque in Arato refert

Epit.: 1, 11, 61 Trismegistus ... suos] 14, 3

Auct.: **1–4** CH IV 107 (frg. 5 a); *cf.* I 115, 5–8 (serm. 10, 5) **8–15** Enn. uar. frg. 99–106 Vahlen; Euhem. test. 62 Winiarczyk **16–p. 55, 4** Schol. Germ. Bas. p. 91, 19–23 Breysig

1 urano fuit *in ras.* V² (D *deest*)   **3** iis R¹   **4** quia] quam Dᵃᶜ traxit HM   **5** qui] quia HM   ostendit D² Hᵃᶜ KS **6** dicamus KS   hoc *post* sit *om.* R   **8** tradidit HM Pan eum] pauenium R   uocabitur R¹, -batur R²   **9** sella *cl. Diod. 5, 44, 5* Οὐρανοῦ δίφρος *L. Krahner, Progr. Lat. Hauptschule Halle 1837, 39 n. 2, alii, Winiarczyk*; stella *codd., Mo*; stela *P. Ciacconius ap. Isaeum (1646, repet. Migne, PL 6, 899), alii, Br*; dubitat Vahlen escendit D¹ VR¹, desc- D² ; *cf. 1, 10, 9*   late terras] latera D¹ terram sibique HMKS   **10** aram] arat K¹   **11** in *ante* eo *om.* HM *ante* nos *eras.* nos D   **12** idque] eique *Br; cf. Vahlen ad l. et Hofmann-Szantyr 567 sq.*   uocatur R   **13** *ante* de *del.* precans S caelo DVP   **14** uocabatur, ba *exp.*, P   precans *codd. (in ras.* P); placans *recc., edd., Br ex errore ut uid., Mo*   primus *in ras.* P, -mum HM   eamque *in ras.* P; terraque DV   **15** tota HM his V¹   **16** quodque Hᵃʳ M

'Aglaosthenen dicere Iouem, cum ex insula Naxo aduersus Titanas proficisceretur et sacrificium faceret in litore, aquilam ei in auspicium aduolasse, quam uictor bono omine acceptam tutelae suae subiugarit'. Sacra uero Historia etiam 'ante consedisse illi 65
aquilam in capite atque ei regnum portendisse' testatur. cui ergo sacrificare Iuppiter potuit nisi Caelo auo, quem dicit Euhemerus 'in Oceania mortuum et in oppido Aulacia sepultum'?

12. Quoniam reuelauimus mysteria poetarum ac Saturni 1
parentes inuenimus, ad uirtutes eius et facta redeamus. – iustus
in regno fuit. – primum ex hoc ipso iam deus non est, quod 2
fuit; deinde, quod ne iustus quidem fuit, sed impius non modo in
filios, quos necauit, uerum etiam in patrem, cuius dicitur abscidisse genitalia, quod forsitan uere acciderit. sed homines 3
respectu elementi quod dicitur caelum totam fabulam explodunt
tamquam ineptissime fictam, quam tamen Stoici ut solent ad
rationem physicam conantur traducere. quorum sententiam Cicero de natura deorum disserens posuit. 'caelestem' inquit 4 *49*
'altissimam aetheriamque naturam id est igneam, quae per sese
omnia gigneret, uacare uoluerunt ea parte corporis, quae con-

Auct.: **1** Aglaosthenen] FGrHist 499 F **2** **4–5** Enn. uar. frg. 98 Vahlen; Euhem. test. 57 Winiarczyk **6–7** ibid. frg. 62–63 V.; test. 52 W. **17–p. 56, 1** Cic. nat. deor. 2, 64

Test.: **12–16** *cf.* Isid. orig. 8, 11, 32. 29

1 aglaosthęenen P, -lasth- HM, -ennen KS, -enem R   ex] et R¹, in R² **3** homine Dᵃʳ VPᵃʳ *(deinde 1 litt. eras.)* Hᵃʳ MKSRᵃʳ accepta S **4** subiugaret R   etiam *s.l.* P² **5** aquila HM   ei *om.* HM **6** auo] euo KS **7** oceani HM   autlacia R **8** *post* quoniam *s.l.* uero D²   ac] a Dᵃᶜ VPᵃᶜ **9** parentes] *alt.* e *ex* i? P **10** *post* deus *spatium 8–10 litt. in* P **11** denique DVPᵃᶜ **12** negauit Hᵃᶜ Mᵃᶜ   abstulisse HM **14** totum D   *sup.* explodunt *add.* inuertunt D² **15** factam D   uolent HM **16** ratione V   conatur H   sententia M **17** caelestae D¹, -tes D², -te VS **18** altissimiam Dᵃʳ VPᵃʳ   igneamque KR¹ **19** uocare H, cac- P¹, *corr.* P²

iunctione alterius egeret ad procreandum.' quae ratio in Vestam
potuit conuenire, si mas diceretur. idcirco enim uirginem putant Vestam, quia ignis inuiolabile sit elementum nihilque nasci
possit ex eo, quippe qui omnia quae arripuerit absumat. Ouidius in Fastis:

> 'nec tu aliud Vestam quam uiuam intellege flammam,
> nataque de flamma corpora nulla uides.
> iure igitur uirgo est, quae semina nulla remittit
> nec capit, et comites uirginitatis amat.'

Vulcano quoque id potuit adscribi, ⟨qui⟩ quidem putatur ignis, et
tamen eum poetae non absciderunt. potuit et Soli, in quo est
natura et causa gignentium. nam sine solis igneo calore neque
nasci quidquam neque augeri potest, ut nulli alii elemento magis
opus sit genitalibus quam calori, cuius fotu concipiuntur nascuntur sustentantur omnia. postremo etiamsi ita sit ut uolunt,
qui magis abscisum esse Caelum putemus quam omnino sine
genitalibus natum? nam si per se gignit, non indigebat utique
genitalibus, cum Saturnum ipsum procrearet; si uero habuit et a
filio abscisa sunt, ortus rerum et natura omnis interisset. quid
quod ipsi Saturno non diuinum modo sensum, sed humanum
quoque adimunt, cum adfirmant 'eum esse Saturnum, qui cursum et conuersionem spatiorum ac temporum continet eumque

---

Auct.: **6–9** Ou. fast. 6, 291–294   **21–p. 57, 3** Cic. nat. deor. 2, 64

Test.: **2–7** Isid. orig. 8, 11, 67 sq.   **21–p. 57, 3** *cf.* ibid. 8, 11, 30 sq.

1 egeat H M   **2** posuit P¹, *corr.* P²   masculus H M
diceret K S   **7** corpore H M   nulla *om.* K¹ S   **8** iura H
10 ⟨qui⟩ quidem *recc., edd., Br;* equidem, e *s.l. m.2*, R, quidem *cet.;* qui
deus *Mo*   **12** colore H M   **13** augere K^{ac}   magis *codd., def. Mo;*
minus *Volkmann, Br*   **14** colori P H M   foetu K S   **15** sustentatur
H, sustentur M¹   **16** abscissum R   **17–18** natum ... genitalibus *in
mg. inf. m.1 ut uid.* K   **17** indiget K S, -dicebat R^{ac}   **18** genitalibus]
g. cum saturnalibus R   **19** abscissa R   **20** modum H
21 quodque H M   *post* adimunt *ins., postea om.* saturnum R
22 temporis R

Graece id ipsum nomen habere? Κρόνος enim dicitur, qui est
idem χρόνος id est spatium temporis, Saturnus autem est appellatus, quod saturetur annis'. haec Ciceronis uerba sunt ex-
ponentis sententiam Stoicorum; quae quam uana sit, cuiuis intellegere promptissimum est. si enim Saturnus Caeli est filius,
quomodo potuit aut tempus e caelo gigni aut caelum a tempore
abscidi aut postea tempus imperio spoliari a filio Ioue? aut quomodo Iuppiter natus ex tempore est? aut quibus annis saturari
possit aeternitas, cui nullus est finis?

13. Si ergo uanae sunt istae rationes philosophorum, quid
superest nisi ut uere factum esse credamus, id est hominem ab
homine abscisum? nisi forte aliquis existimat deum fuisse qui
timuit coheredem, cum si quid diuinitatis habuisset, non patris
genitalia debuerit amputare, sed propria, ne Iuppiter nasceretur,
qui eum regni possessione priuauit. idem sororem suam Rheam
quam Latine Opem dicimus cum haberet uxorem, responso uetit-
tus esse dicitur mares liberos educare, quod futurum esset ut a
filio pelleretur. quam rem metuens natos sibi filios non utique
deuorabat ut ferunt fabulae, sed necabat, quamquam scriptum sit
in Historia Sacra 'Saturnum et Opem ceterosque tunc homines
humanam carnem solitos esitare; uerum primum Iouem leges
hominibus moresque condentem edicto prohibuisse, ne liceret

Auct.: **20–p. 58, 1** Enn. uar. frg. 113–115 Vahlen; Euhem. test. 66
Winiarczyk

1 nomen *s.l.* V² *(D deest)*   chronos HMKS   qui est *in mg.* D²;
quid est V   **2** κρονοc DVP, chronos HMKS   **3** *post* saturetur *1–2
litt. eras.* P; saturaretur *codd. Cic., sed cf. nat. deor. 3, 62* se saturat
4 sententia V   cuius D¹ VP¹ HMR¹   **7** abscindi R^ar
8 aut *post* est] at K^ac   **9** *ad* possit *in mg.* potest P²   cuius D¹
11 homine ab HM^ac   **15** priuabit DVP^ac   idem] id est R; item dum
HM   **16** opim, i *ex* e, D²   **17** dicatur HM   **18** apelleretur P
19 referunt R   negabat R^ac   **20** opim *ut supra* D²   **21** humana
carne KS   esitare] *antea 1–2 litt. eras.* PV *(D deest);* uescit- HM;
esse essit- KS; essit- *et s.l. m.2?* uel esse, *in mg. m. post.* id est com-
edere R; *cf. Heck, 1972, 176 sq.*   **22** contendentem H^ar M

eo cibo uesci'. quod si uerum est, quae potest in eo fuisse iustitia? sed fictum sane putemus Saturnum filios deuorasse, modo cum aliqua ratione; num idcirco, quod ait uulgus comedisse
filios suos eum, qui extulerit sepulturaeque mandauerit? Ops
autem cum Iouem peperisset, subtraxit infantem eumque nutri-
endum furtim misit in Cretam. rursus imprudentiam reprehen-
dam necesse est. cur enim responsum ab alio potius accepit? cur
in caelo constitutus in terra non uidebat? cur eum Corybantes
cymbalis fefellerunt? postremo cur extitit uis aliqua maior quae
illius uinceret potestatem? nimirum senex a iuuene facile uictus
est ac spoliatus imperio. fugit igitur expulsus et in Italiam
nauigio uenit, cum errasset diu, sicut Ouidius in Fastorum libris
refert:
  'causa ratis superest. Tuscum rate uenit ad amnem
    ante pererrato falcifer orbe deus.'
hunc errantem atque inopem Ianus excepit. cuius rei argumenta
sunt nummi ueteres, in quibus est cum duplici fronte Ianus et in
altera parte nauis, sicut idem poeta subiecit:
  'at bona posteritas puppem formauit in aere
    hospitis aduentum testificata dei.'
omnes ergo non tantum poetae, sed historiarum quoque ac rerum antiquarum scriptores hominem fuisse consentiunt, qui res

---

Auct.: **14–15** Ou. fast. 1, 233 sq.   **19–20** ibid. 1, 239 sq.
21–p. 59, 2 *cf.* Min. Fel. 23, 9

2 sane *s.l.* P   **4** qui] quo *ut uid.* K   opes D¹ Vᴾᵃᶜ, opis Pᴾᶜ HM
6 rursum DVP, rusus R¹   imprudentiam *om.* P   reprehenda K¹,
-hendenda est, est *del.*, S   **7** responsum ... potius] p. reponsum *(sic)*
ab alio P   **8** terram R   **9** cur *ante* extitit] cum P   **10** senex] x *in
ras.* D, senes Pᵃᶜ   iuuene] *alt.* e *in ras. 3 litt.* P; iuuentute DV
11 et *in ras.* H; exit M; sed KS   **12** nauigi D¹ Vᴾᵃᶜ   fatorum HM
14 causas Dᵃʳ Pᵃʳ   super aestus cum KS   **14–15** ad ... pererrato *in
mg.* H²   **16** inope HM   cui rei argumento HMKS   **17** dupli Pᵃᶜ
frontes Hᵃʳ M   **18** subuexit KS   **19** ac Pᵃᶜ   **21** omnis P¹
quodque Hᵃʳ M   **22** hominem *om.* KS

eius in Italia gestas memoriae prodiderunt, Graeci Diodorus et
Thallus, Latini Nepos et Cassius et Varro. nam cum agresti 9
quodam more in Italia uiueretur,

'is genus indocile ac dispersum montibus altis
composuit legesque dedit Latiumque uocari
maluit, his quoniam latuisset tutus in oris'.

censetne aliquis deum esse qui pulsus est, qui fugit, qui latuit? 10
nemo tam stultus est. qui enim fugit aut latet, et uim et mortem
timeat necesse est. Orpheus, qui a temporibus eius fuit recen- 11
tior, aperte Saturnum in terra et apud homines regnasse com-
memorat:

πρώτιστος μὲν ἄναξεν ἐπιχθονίων Κρόνος ἀνδρῶν·
ἐκ δὲ Κρόνου γένετ' αὐτὸς ἄναξ μέγας εὐρυόπα Ζεύς.

item noster Maro: 12

'aureus hanc uitam in terris Saturnus agebat.'

et alio loco:

'aurea quae perhibent illo sub rege fuere
saecula; sic placida populos in pace regebat.'

neque superius dixit in caelo egisse uitam neque inferius 13

Auct.: **1** Diodorus] 5, 66, 4–6   **2** Thallus] FGrHist 256 F 4
Nepos] frg. 3 Marshall   Cassius] Hemina hist. frg. 1 Peter
Varro] frg. inc. 48 Salvadore *(1999), sed cf.* ant. rer. diu. frg. 239–247
Cardauns   **4–6** Verg. Aen. 8, 321–323   **12–13** Orph. frg. 139 Kern
15 Verg. georg. 2, 538   **17–18** Verg. Aen. 8, 324 sq.

1 gesta V   tradiderunt HM   *ante* Graeci *in fine lin.* sunt hi, *post s.l.*
scilicet *add.* D²   **2** et *ante* Cassius *exp.* D   **4** is] his H^ac MKS
ac] c *s.l. m.1* K   **5** cum posuit HM   **6** his] is HM
horis HM   **7** censeat aliquis HM   fugit] g *s.l.* P; fugiit HM
8 aut] ut KS   latet] *sup. et add.* at K²   latet et *om.* HM   uim aut
mortem HM   **10** aperte] ea parte HM   **12** προτος τις P; protiston
HM   επιχθονιον DVP *(επικτο-)*   **13** ἐκ δὲ] ε P; και KS
κρονοι DVP   ευριοπα P, -ροπα KS   ζεις DV
17 aurea quae] aureaque H *ut Verg. cod.* P *m.1*, -reque M; aureaque ut
KS *(ut aliqui codd. Verg. saec. IX), edd. ante* Br

superos in pace rexisse. unde apparet illum regem fuisse terrenum, quod alibi apertius declarat:
>'aurea condet
>saecula qui rursus Latio regnata per arua
>Saturno quondam.'

14 Ennius quidem in Euhemero non primum dicit regnasse Saturnum, sed Vranum patrem. 'initio' inquit 'primus in terris imperium summum Caelus habuit. is id regnum una cum fratribus 15 suis sibi instituit atque parauit.' non magna dissensio, siquidem maximorum auctorum de filio ac patre dubitatio est. sed tamen utrumque fieri potest, ut primus Vranus eminere inter ceteros potentia coeperit et principatum habere, non regnum, postea Saturnus maiores sibi opes comparauerit ac regium nomen adsciuerit.

14. Nunc quoniam ab iis quae rettuli aliquantum Sacra Historia dissentit, aperiamus ea quae ueris litteris continentur, ne poetarum ineptias in accusandis religionibus sequi ac probare uideamur. haec Ennii uerba sunt: 'exim Saturnus uxorem duxit

Epit.: 1, 13, 14] 14, 4; *inde usque ad finem c. 19 deficit epit. duobus foliis cod. T amissis; cf. Heck-Wlosok, ed. epit. XXV n. 76*

Auct.: 3–5 Verg. Aen. 6, 792–794   7–9 Enn. uar. frg. 60 sq. Vahlen; Euhem. test. 51 a Winiarczyk   18–p. 62, 3 ibid. frg. 64–86 V.; test. 54 W. *(§ 5 Pluto Latine . . . uocant ft. uerba Lact., non Enn.)*

1 rexisse] regebat, *deinde* neque superius . . . pace rexisse *repet.* KS; *pr.* neque sup- . . . regebat *del.* K² illum *om.* KS rege M **4** latia K **6** euemero DVP^{ac}, eumero HM **8** caelos D, -lius HM is] his KS id] in H *(n s.l.)* MKS **10** ac] aut HM **11** Vranus] ura *in ras.* P, euran- DV **12** potentiae M cęperit R, cępit KS **13** nomen] sibi n. KSR *ex antecd.* sibi **15** iis R¹ *Br*, his R² *cet., Mo* retuli PM *(D inc.);* r&tulimus, & *exp.,* R aliquantulum R; *cf. Heck, 1972, 185 n. 90* **16** aperiam P, -rimus HM ueris] sacris P¹, *corr.* P² **18** ennii P², enni DVP¹ R; enim HMKS uera HM exim DVP, exin HMKS; eximius, *alt.* i *s.l. m.2,* R

Opem. Titan, qui maior natu erat, postulat ut ipse regnaret. ibi
Vesta mater eorum et sorores Ceres atque Ops suadent Saturno,
uti de regno ne concedat fratri. ibi Titan, qui facie deterior 3
esset quam Saturnus, idcirco et quod uidebat matrem atque sorores suas operam dare uti Saturnus regnaret, concessit ei ut is
regnaret. itaque pactus est cum Saturno, uti si quid liberum uiri-
le secus ei natum esset, ne quid educaret. id eius rei causa fecit,
uti ad suos gnatos regnum rediret. tum Saturno filius qui pri- 4
mus natus est, eum necauerunt. deinde posterius nati sunt gemini, Iuppiter atque Iuno. tum Iunonem Saturno in conspectum
dedere atque Iouem clam abscondunt dantque eum Vestae edu-
candum celantes Saturnum. item Neptunum clam Saturno Ops 5
parit eumque clanculum abscondit. ad eundem modum tertio
partu Ops parit geminos Plutonem et Glaucam. Pluto Latine est
Dis pater, alii Orcum uocant. ibi filiam Glaucam Saturno ostendunt, at filium Plutonem celant atque abscondunt. deinde Glauca
parua emoritur. haec, ut scripta sunt, Iouis fratrumque eius 6
stirps atque cognatio; in hunc modum nobis ex sacra scriptione
traditum est.' item paulo post haec infert: 'deinde Titan post- 7
quam resciuit Saturno filios procreatos atque educatos esse clam

54

Test.: **14–15** *cf.* Isid. orig. 8, 11, 42

1 opim, i *ex* e, D²   Titan] *pr.* T *in ras.* K; Litan S   postulauit R   ut ipse] uti per se P; et i. R¹   ubi DVP *(in ras.)*   **2** eorum *s.l.* P²   opis HMKS   **3** ne] non PR   **5** ut eis P^ar, uti is R   **6** pactum H¹   ut si HM   **7** sexus P *(x ex* c*)* KS, secum, c *ex* x, R   quid *om.* HMKS   **8** natos H^ac S   tum *in ras.* V; tunc P   saturnum V^ac, -ni P^ac   filios H¹   **9** negauerunt H¹   **10** tunc P^ac   saturnum M^ac   conspectu HM   **11** cedere P^ac   **12** caelantes PMK   saturno HMKS   item ... Saturno *om.* R   opis HM   **13** parat M^ac   **14** opis HM   plautonem *et* plauto P^ar   est latine R   **15** Dis pater *edd. (cf. Thes. Onom. III 189, 26–33);* diispater D¹ VP¹; diespiter D² P² HKSR *Mo;* pariter M   **16** plautonem, a *exp.,* P   caelant PMKS   **17** paruo P^ac   uti VP *(D deest)*   **18** stirpis R^ar   ex *om.* HMKS   **19** traditam HM   inferet HM   **20** esse *s.l.* P

se, seducit secum filios suos qui Titani uocantur, fratremque
suum Saturnum atque Opem comprehendit eosque muro cir-
cumegit et custodiam iis apponit.' haec historia quam uera sit,
docet Sibylla Erythraea eadem fere dicens, nisi quod in paucis
quae ad rem non attinent discrepat. liberatur ergo Iuppiter
summi sceleris crimine, quod patrem uinxisse compedibus perhibetur. id enim Titan patruus fecit, quod ille contra pactionem
iusque iurandum mares liberos sustulisset. reliqua historia sic
contexitur: 'Iouem adultum, cum audisset patrem atque matrem
custodiis circumsaeptos atque in uincla coniectos, uenisse cum
magna Cretensium multitudine Titanumque ac filios eius pugna
uicisse, parentes uinculis exemisse, patri regnum reddidisse atque ita in Cretam remeasse. post haec deinde Saturno sortem
datam, ut caueret ne filius eum regno expelleret; illum eleuan-
dae sortis atque effugiendi periculi gratia insidiatum Ioui, ut
eum necaret; Iouem cognitis insidiis regnum sibi denuo uindicasse ac fugasse Saturnum. qui cum iactatus esset per omnes
terras persequentibus armatis, quos ad eum comprehendendum
uel necandum Iuppiter miserat, uix in Italia locum in quo lateret
inuenit.'

Auct.: **4** *cf.* Orac. Sib. 3, 110–153. 199–201   **9–20** Enn. uar. frg.
87–97 Vahlen; Euhem. test. 56. 58 Winiarczyk

1 *ante* se **2** *litt. eras.* P; se *om.* H M   uocabantur H M K S
2 summ *s.l.* K   muros K S R   **3** iis R¹ *Br*, his R² *cet.*, *Mo*
storia Vᵃᶜ H M *(D deest),* ist- P   ueram S   sint Hᵃʳ M
4 quod in *om.* R   **5** rem *om.* R¹, *in mg.* id R²   liberator Rᵃᶜ
6 sceleri Dᵃᶜ Vᴾᵃᶜ   cumpedibus Pᵃᶜ   **7** patrus H M   **8** ius iurandum
V Pᵃᶜ *(D deest)*   **10** in *s.l.* P, *om.* K¹ S   uincla R, -cula *cet., edd.,
numero peiore; cf. 5, 22, 14 et epit. 34, 11*   **11** cretensilium Dᵃᶜ Vᴾᵃᶜ
11–12 pugna uicisse] pugnauisse D V; pugnando *tantum* P¹, uicisse *in
mg.* P²   **13** ita *om.* H M K S   deinde *del.* D²   **14** cauerit R
filios D¹   *post* eum *exp.* num D   pelleret R   alendae, *pr. a s.l. pro
exp. e m.1?,* R   **15** fugiendi H M K S   **16** cognatis Pᵃᶜ
17 saturno Kᵃᶜ   iactamus V¹   omnis D V R

15. Quibus ex rebus cum constet illos homines fuisse, non est obscurum qua ratione dii coeperint nominari. si enim nulli reges ante Saturnum uel Vranum fuerunt propter hominum raritatem, qui agrestem uitam sine ullo rectore uiuebant, non est dubium, quin illis temporibus homines regem ipsum totamque gentem mactare summis laudibus ac nouis honoribus coeperint, ut etiam deos appellarent siue ob miraculum uirtutis – hoc uere putabant rudes adhuc et simplices – siue, ut fieri solet, in adulationem praesentis potentiae siue ob beneficia quibus erant ad humanitatem compositi. deinde ipsi reges cum cari fuissent iis quorum uitam composuerant, magnum sui desiderium mortui reliquerunt. itaque homines eorum simulacra finxerunt, ut haberent aliquod ex imaginum contemplatione solacium, progressique longius per amorem memoriam defunctorum colere coeperunt, ut et gratiam referre bene meritis uiderentur et successores eorum adlicerent ad bene imperandi cupiditatem. quod Cicero de natura deorum docet dicens: 'suscepit autem uita hominum consuetudoque communis, ut beneficiis excellentis uiros in caelum fama ac uoluntate tollerent. hinc Hercules, hinc Castor, hinc Pollux, hinc Aesculapius, hinc Liber.' et alio loco: 'atque in plerisque ciuitatibus intellegi potest acuendae uirtutis

Auct.: **17–20** Cic. nat. deor. 2, 62   **21–p. 64, 3** ibid. 3, 50

Test.: **1** §§ 1–13] *cf.* Isid. orig. 8, 11, 1–8 *passim*

2 dii] *alt.* i *in ras.* 2 *litt.* DP; dico V   **3** paruitatem HM   **5** quiin VP^{ar}M   **6** mactari DVP^{ac}; iactare HMKS   ac ... honoribus *om.* HM   **7** ut iam R   **7–8** hoc ... putabant *del.* D^2 **8** adulationes K, -is S   **10** iis HMR^1 *Br*, his R^2 *cet., Mo*   **11** *post* mortui *eras.* s? K; mortuis R   **12** fixerunt D^{ac} VP^{ac} **13** imagine M   **14–15** memoriam ... coeperunt] col- coep- m. d. P   **15** gratia ferre HM   uidentur R^{ac} **16** cupiditatem] m *exp.* R   quo P^1, *corr.* P^2 **17** docet *om.* KS   suscipit R   uitam HM   **18** excellentis DVP^{1}R^1, -tes P^2 HMKSR^2 **20** hinc Pollux] et P. *codd. Cic.*   liberum *ut uid.* K   alico loco DV   **21** *sup. in add.* alio et P^2 augendae *codd. Cic.*   ueritatis P^1, uirtatis *(sic)* P^2

gratia aut quo libentius rei publicae causa periculum adiret optimus quisque, uirorum fortium memoriam honore deorum immortalium consecratam.' hac scilicet ratione Romani Caesares
7 suos consecrauerunt et Mauri suos reges. sic paulatim religiones esse coeperunt, dum illi primi, qui eos nouerant, eo ritu suos liberos ac nepotes, deinde omnes posteros imbuerunt, et hi tamen summi reges ob celebritatem nominis in prouinciis om-
8 nibus colebantur. priuatim uero singuli populi gentis aut urbis suae conditores, seu uiri fortitudine insignes erant seu feminae castitate mirabiles, summa ueneratione coluerunt, ut Aegyptus Isidem, Mauri Iubam, Macedones Cabirum, Poeni Vraniam, La-
9 tini Faunum, Sabini Sancum, Romani Quirinum, eodem utique modo Athenae Mineruam, Samos Iunonem, Paphos Venerem,
10 Vulcanum Lemnos, Liberum Naxos, Apollinem Delos. sic per populos atque regiones uaria sacra suscepta sunt, dum homines grati esse in suos principes cupiunt et quos alios honores uita
11 carentibus deferant, inuenire non possunt. praeterea pietas eorum qui successerant plurimum contulit ad errorem; qui ut diuina stirpe nati uiderentur, diuinos honores parentibus detu-
12 lerunt deferrique iusserunt. an potest aliquis dubitare, quomodo religiones deorum sint institutae, cum apud Maronem legat Aeneae uerba sociis imperantis:

1 aut *om. codd. Cic.*   quod HMKS   **1–2** adirent optimos quosque HM   **2** memoria HMKS   **3** consecretam D¹ P, -setcrat- Vᵃᶜ ac D¹ VPᵃᶜ R¹, hae K¹ S   **4** consecrarunt R   mauro suis M   **6** omnis DVR¹   hii HM   **7** tamen *codd. (i. q.* quidem *ut 2, 11, 13; u. Hofmann-Szantyr 496);* tandem *Hm (qui et ita pro* hi*), Br;* tantum *Wissowa 526*   nominis] nimis M   omnibus *s.l.* P²   **10** mirabile HM   aegypti H, -tiis M   **11** isdem K¹ S   Iubam] iu *2–3 litt. spatio relicto* R   Cabirum] b *ex* p? P, gab- KR *(g ex c m.2)*, gabinum S; scabrium HM   uranum, *alt.* u *in ras.*, P   **12** Sabini] ni *s.l.* P²; -nis K¹ *(alt.* s *del. m.2)* S   sanctum DVP; fãcum H, faccum M; ancum KS   romanis K¹ S   **13** athenie HM   **14** Liberum ... Delos] a. d. l. n. KS   delfos DVP   **16** quos *om.* HM   **18** successerunt KS   **19** honores] errores DVP   *ante* parentibus *1 litt. eras.* M; a p. H   **20** antepost, te *eras.*, S   **21** legat] degat KSᵃᶜ

'nunc pateras libate Ioui precibusque uocate
Anchisen genitorem'?
cui non tantum immortalitatem, uerum etiam uentorum tribuit
potestatem:
'poscamus uentos, atque haec me sacra quotannis
urbe uelit posita templis sibi ferre dicatis.'
idem scilicet de Ioue Liber et Pan et Mercurius et Apollo fe- 13
cerunt ac postea de his ipsis successores eorum. accesserunt
etiam poetae et compositis ad uoluptatem carminibus in caelum
eos sustulerunt, sicut faciunt qui apud reges etiam malos pan-
egyricis mendacibus adulantur. quod malum a Graecis ortum 14
est, quorum leuitas instructa dicendi facultate et copia incredibile est quantas mendaciorum nebulas excitauerit. itaque admirati eos et susceperunt primi sacra illorum et uniuersis gentibus
tradiderunt. ob hanc uanitatem Sibylla sic eos increpat: 15
Ἑλλὰς δή, τί πέποιθας ἐπ' ἀνδράσιν ἡγεμόνεσσιν;
πρὸς τί δὲ δῶρα μάταια καταφθιμένοισι πορίζεις;
θύεις εἰδώλοις; τίς σοι πλάνον ἐν φρεσὶ θῆκεν *58*
ταῦτα τελεῖν προλιπόντα θεοῦ μεγάλοιο πρόσωπον;

Epit.: 1, 15, 13 sicut ... 14 excitauerit] *cf.* 59, 8; *u. supra 1, 13, 14*

Auct.: **1–2** Verg. Aen. 7, 133 sq. **5–6** ibid. 5, 59 sq. **16–19** Orac. Sib. 3, 545. *547–549; de 549 u. Br ad l. et in addendis*

Test.: **10–13** *cf.* Isid. orig. 6, 8, 7. 8, 11, 2 *et Br ad l.*

1 nuncupateras P, num p. K^{ac} **2** anchisem V P *(D inc.),* -sin M **3** *post* cui *s.l.* uero D^2 uenturum R^1, -uram R^2 **5** haec me] hieme S quod annis P^1 H M *ut cod. Verg.* P **6** ueli H M templi D V P^1 **7** libero et pane mercurius H M et *post* Pan *om.* K S **9** etiam ... compositis] poetae c. *tantum* H M; etiam et p. et c. K S uoluptate D V; -unt- H M **10** sic S **12** instricta R **13** excitauerint H M R **14** sacra] s. ferae H M gentilibus D **15** ob ... increpat *om.* D V **16** δε K S ανδρασειν V *(D inc.)* **17** δὲ] τε *codd. Sib., Br, Mo* καταφθιμενοισει D V, -οις P ποριζει K S **18** δωλοις D V coιc K S; τοι *codd. Sib.* θῆκεν] κε K S **19** προλ(ε)ιποντα *codd.* (ποντα *tantum* R), -ποῦσα *uel* -ποῦσι *codd. Sib.* θεοι K S

16 Marcus Tullius, qui non tantum perfectus orator, sed etiam philosophus fuit, siquidem solus extitit Platonis imitator, in eo libro quo se ipse de morte filiae consolatus est, non dubitauit
17 dicere deos qui publice colerentur homines fuisse. quod ipsius testimonium eo debet grauissimum iudicari, quod et augurale habuit sacerdotium et eosdem se colere uenerarique testatur.
18 itaque intra paucos uersiculos duas res nobis dedit. nam dum imaginem filiae eodem se modo consecraturum esse profitetur, quo illi a ueteribus sint consecrati, et illos mortuos esse docuit et
19 originem uanae superstitionis ostendit. 'cum uero' inquit 'et mares et feminas complures ex hominibus in deorum numero esse uideamus et eorum in urbibus atque agris augustissima delubra ueneremur, adsentiamur eorum sapientiae quorum ingeniis et inuentis omnem uitam legibus et institutis excultam constitutamque habemus.
20 quodsi ullum umquam animal consecrandum fuit, illud profecto fuit. si Cadmi progenies aut Amphitryonis aut Tyndari in caelum tollenda fama fuit, huic idem honos certe dicandus est. quod quidem faciam teque omnium optimam doctissimam approbantibus diis immortalibus ipsis in eorum coetu locatam ad opinionem omnium mortalium consecrabo.'
21 fortasse dicat aliquis prae nimio luctu delirasse Ciceronem.

Epit.: 1, 15, 16–17] 17, 4 quae ... sacerdos; u. infra 1, 17, 1

Auct.: **1–2** cf. Quint. inst. 10, 1, 123   **10–20** Cic. consol. frg. 23 Vitelli = phil. frg. IX 11 Müller

1 marcus KS, m̃. DVPHM, m. R *edd.*   **5** auguriale P, -riae R
6 eos HM   **8** se *s.l.* P²   profitetur R, -teretur *cet. contra numerum*
9 quod DVP^ac   **11** conpluris DVR¹; cumplures, e *ex* i *m.2*, P
omnibus P¹, *corr.* P²   **13** adsentiam DVP^ac *(etiam post* n *2–3 litt. eras.)*, -amus KS   **15** consecrandum] n *s.l.* D *(et* d *ex* t?*)* V
16 illud ... fuit *om.* H   si cadmi *del.* D²   amphitryones P *(-fi-)* H^ac M; Amphionis *ex recc. post alios Vitelli; trad. def.* Buen, Mo
17 tyndaridis HMKS   **18** dicandum, m *exp.*, M; dicendus SR
factam DV   **19** doctissimamque DVP   **21** deliberasse DP^ar

atquin illa omnis oratio et doctrina et exemplis et ipso loquendi
genere perfecta non aegri, sed constantis animi ac iudicii fuit et
haec ipsa sententia nullum praefert indicium doloris.   neque   22
enim puto illum tam uarie, tam copiose, tam ornate scribere
potuisse, nisi luctum eius et ratio ipsa et consolatio amicorum et
longitudo temporis mitigasset. quid quod idem dicit in libris de   23
re publica, idem de gloria? nam de legibus, quo in opere Platonem secutus leges uoluit ponere, quibus putaret usuram esse
iustam et sapientem ciuitatem, de religione ita sanxit: 'diuos et
eos qui caelestes semper habiti sunt colunto et ollos quos endo
caelo merita locauerunt, Herculem Liberum Aesculapium Cas-
torem Pollucem Quirinum.'   item in Tusculanis, cum diceret   24
totum paene caelum humano genere completum, 'si uero' inquit
'scrutari uetera et ex illis ea quae scriptores Graeciae prodiderunt eruere coner, ipsi illi maiorum gentium dii qui habentur
hinc a nobis profecti in caelum reperientur.   quare quoniam   25
demonstrantur sepulcra in Graecia, reminiscere, quoniam es

Auct.: 7 de re publica] *cf.* rep. 2, 17–20. 6, 13   de gloria] phil. frg.
VIII 14 Müller = 7 Garbarino; *cf. infra ad § 29*   **9–12** Cic. leg. 2, 19
13–p. 68, 2 Cic. Tusc. 1, 29

1 atqui D¹ K; anqui M; atque S   *ante* ipso *in ras.* iu | *(sic ut uid.)* P
1–2 genere loquendi H M K S   **2** constanti R¹   **3** iudicium
D *(-iti-)* Vac Pac; initium M   **4** uariae D V H K S   *alt.* tam *s.l.* P
4–5 copiose . . . potuisse] copiosae dicere uoluisse H M   **5** luctus H M
luctum eius] luctuque S   **7** de *post* idem *om.* H¹   **8** usuram *om.* M
9 iustitiam H M K S   **10** sunt *om. codd. Cic.*   colunto et] colunt R
illos D² Ppc *(i ex o?)* H M K S R   endo] in H M K S, uiuendo, ui *s.l.*
m.1, R   **11** locauerunt *codd. contra numerum;* uocauerint *codd. Cic.;*
locauerint Feldhügel, *alii edd. Cic.*   **14** iis *codd. Cic.*   gratiae P
tradiderunt H M K S   **15** ipsi *bis* P   malorum K S   di D V Br
qui habentur *om.* K S   **16** a *om. plurimi codd. Cic.; cf. Pohlenz, ed.
Cic. XVI*   repperientur D V P R, reperiuntur H M K S   quare *om.* P;
quaere *codd. Cic.*   quoniam *del. m. rec.* D; quorum *codd. Cic.*
17 demonstrentur *codd. Cic.*   reminiscere *om.* P   es *s.l.* H²

initiatus, quae tradantur mysteriis: tum denique quam hoc late
26 pateat intelleges'. testatus est uidelicet Attici conscientiam, ex
ipsis mysteriis intellegi posse quod omnes illi homines fuerint
qui coluntur, et cum de Hercule Libero Aesculapio Castore Pol-
luce incunctanter fateretur, de Apolline ac Ioue patribus eorum,
item de Neptuno Vulcano Marte Mercurio, quos maiorum gen-
27 tium deos appellauit, timuit aperte confiteri. et idcirco ait 'late
hoc patere', ut idem de Ioue ceterisque antiquioribus diis intellegamus, quorum memoriam si eadem ratione ueteres consecrauerunt, qua se imaginem nomenque filiae consecraturum esse
28 dicit, ignosci maerentibus potest, credentibus non potest. quis
enim tam demens, qui consensu et placito innumerabilium stul-
torum aperiri caelum mortuis arbitretur aut aliquem quod ipse
29 non habeat dare alteri posse? apud Romanos deus Iulius, quia
hoc scelerato homini placuit Antonio, deus Quirinus, quia hoc
pastoribus uisum est, cum alter gemini fratris extiterit, alter pa-
30 triae parricida. quodsi non consul fuisset Antonius, Gaius Caesar pro suis in rem publicam meritis etiam defuncti hominis
honore caruisset, et quidem consilio Pisonis soceri et Lucii Caesaris propinqui, qui uetabant funus ei fieri, et Dolabellae con-
sulis, qui columnam in foro id est tumulum eius euertit ac forum

Auct.: **14** §§ 29–33] *ft. ex Cic. De gloria sumpta; cf. Heck, TU 125 (1981), 305–315*

Codd.: **17** *a* gaius *incipit* G *p. 40 maximam partem lecta; hinc extant* G DV P HM KS R

1 initatus DVP   tradentur V[ac]   tunc P   **3** omnes] homines P[ar] H[ar]   **6** idem HMKS   **8** hunc KS   **9** memoria HM   **10** consecratum M   **12** enim *om.* M   placitum HM   **14** dari V[ac] P[ac] *(D inc.)*   deos P[ac]   **17** quodsi non consul *Schöll, Br, Heck l. c. 309 n. 2;* q. c. *tantum* DVP; q. c. n. HMKS; quod nisi c. R *St 227, Mo*   gaius G; G. VP *(D deest),* c̄. HM, c. KS, *om.* R   **18** homines P   **19** equidem G   pisoni V[ac]   soceris D P[ar]   lucii G, l. *cet.*   **20** qui *om.* R; idemque HM   uetabant P   ei *om.* VP *(D deest);* eius R   **21** tumultum R[ar]

expiauit. nam Romulum desiderio suis fuisse declarat Ennius, 31
apud quem populus amissum regem dolens haec loquitur:
'o Romule, Romule die,
qualem te patriae custodem dii genuerunt!
tu produxisti nos intra luminis oras,
o pater, o genitor, o sanguen diis oriundum.'
ob hoc desiderium facilius creditum est Iulio Proculo mentienti, 32
qui subornatus a patribus, ut nuntiaret plebi uidisse se regem
humano habitu augustiorem eumque mandasse ad populum, ut
sibi delubrum fieret, se deum esse et Quirinum uocari, quo 33
facto et ipsi populo persuasit Romulum ad deos abisse et senatum suspicione caedis regiae liberauit.

16. Poteram his quae rettuli esse contentus, sed supersunt 1
adhuc multa suscepto operi necessaria. nam quamuis ipso re- 2
ligionum capite destructo uniuersa sustulerim, libet tamen per-

---

Auct.: **3–6** Enn. ann. 111–114 Vahlen (106–109 Skutsch), *eadem* Cic. rep. 1, 64 *alio uersuum ordine; cf. Heck l. c. 306–314* **7** §§ 32–33] *cf.* Cic. rep. 2, 20 *et Wissowa 525, sed u. ad § 29*

1 namque G, *ft. recte*   sius DV; *post* suis *s.l.* deum R² **2** docens DV² *(c s.l. pro* l)   **3** *alt.* Romule *om.* K¹ S, *s.l.* romule o K² diem HM; dic KS; dee, *pr.* e *ex* i, R²   **4** dii *codd.;* di *cod.* Cic., Br, *alii*   **5** orans M^ac, horas KS   **6** o genitor *cod. Cic., edd. iam illo nondum reperto;* o genitor patriae HM, o patriae *cet.* (G *inc.); cf. Heck l. c. 313 sq.*   sanguen GP¹ DVKSR¹ *cod. Cic.,* -guis P², -guine HM, -guinem R²   diis GP^pc HMR, dis V (D *inc.*) P^ac KS *cod. Cic., edd.*   **7** facibus KS   Proculo] u *et alt.* o *exp. et s.l.* consuli *m. rec.* P mentiendi KS   **8** a patribus VPR *(G non legitur, D deest);* est a p. HMKS; a p. est *recc., edd.; cf. Heck l. c. 305 n. 2*   nuntiasse G, *quem hic omnino a cet. discrepare spatiis apparet*   se *om.* R **9** angustiorem S   **10** *ante* se *s.l.* et *m. rec.* P   se ... esse *om.* D¹, *s.l.* dicens s. d. e. D²   **13** poteram ... contentus] p. esse his c. q. r. KS his *codd.* (D *deest*), iis *Br*   retuli VPR^pc (e *ex* &; G *legi nequit*); *u. ind. form.*   sed *om.* KS   **14** suscepto multa KS   quamquam HMKS   religionis HMKS   **15** uniuersas R^ac *(alt.* s *exp.;* G *inc.,* D *deest), Br numero peiore*   sustulerimus KS   licet S

sequi cetera et redarguere plenius inueteratam persuasionem, ut
tandem homines suorum pudeat ac paeniteat errorum. magnum
hoc opus et homine dignum,
  'religionum animos nodis exsoluere pergo',
ut ait Lucretius, qui quidem hoc efficere non poterat, qui nihil
ueri adferebat. nostrum est hoc officium, qui et uerum deum
adserimus et falsos refutamus. illi ergo, qui poetas finxisse de
diis fabulas opinantur, deas feminas et esse credunt et colunt;
reuoluuntur imprudentes ad id quod negauerant, coire illos ac
parere. nec enim fieri potest, quin duo sexus generandi causa
sint instituti. recepta uero sexuum diuersitate non intellegunt
consequens esse, ut concipiant; quod in deum cadere non potest,
sed isti putant. nam et Iouis esse filios dicunt et ceterorum deorum. nascuntur ergo et cottidie quidem dii noui. nec enim
uincuntur ab hominibus fecunditate. igitur deorum innumerabilium plena sunt omnia, nullo scilicet moriente. nam cum hominum uis incredibilis, numerus sit inaestimabilis, quos tamen
sicuti nascuntur mori necesse est, quid deorum esse tandem

Auct.: 4 Lucr. 1, 932 = 4, 7

Codd.: 5 *in* pote| *desinit* G *p. 40, seq. p. 39 maximam partem lecta; hinc extant* G DV P HM KS R

2 pudeat suorum P   errorem P^{ac} H^{ac} 3 hominem H
4 animum *codd. Lucr. utroque loco*   5 ut *om.* HM   qui *ante* quidem
om. G   qui *ante* nihil] quia, a *s.l. m.2 uel post.,* P, Br
6 adferebant HM   7 ergo] enim HMKS *(G non legitur)*
8 opinantur] o. ⟨et tamen⟩ Br; *trad. def. St 228*   deas ... coluntur *in mg.* H^2 et *ante* esse] set M   colunt] ol- V; cul- P^1 *(corr.* P^2; *deinde s.l. m. rec.* et); coluntur H *(m.2)* M   9 inpudentes R *(G non legitur)*   illas, a *pro* o, R^2 ac parere] *post* pa 2 *litt. eras.* D; apparere HM   10 quin] qui DVP^1 *(corr.* P^2); ut HM   duos, s *s.l.,* P   10 generandi] gignendi HMKS   11 intellegant *ut uid.* G
13 isti] ut *(s.l.* P$^2)$ i. VP   14 cotidie *codd.* (G *legi nequit), sed cf. 1, 4, 3*   16 *post* moriente *eras.* m? D   17 numerus ... inaestimabilis *om.* R   sit *om.* HM   18 nascantur M

putemus, qui tot saeculis nati sunt immortalesque manserunt?
cur ergo tam pauci coluntur? nisi forte arbitramur non generandi 8
causa, sed tantummodo capiendae uoluptatis duos esse sexus
deorum et ea exercere quae homunculos et facere et pati pudet.
cum uero dicantur aliqui ex aliquibus nati, consequens est, ut 9
semper nascantur, siquidem aliquando sunt nati, uel si nasci
desierunt, scire nos conuenit, cur aut quando desierint. non 10
inlepide Seneca in libris moralis philosophiae 'quid ergo est'
inquit 'quare apud poetas salacissimus Iuppiter desierit liberos
tollere? utrum sexagenarius factus est et illi lex Papia fibulam
imposuit? an impetrauit ius trium liberorum? an tandem illi
uenit in mentem:
    ab alio expectes alteri quod feceris,
et timet, ne quis sibi faciat quod ipse Saturno?' at isti qui deos 11
adserunt, uideant quomodo respondeant huic argumento quod
inferemus: si duo sunt sexus deorum, sequitur concubitus, si
coeunt, et domos habeant necesse est; nec enim carent uirtute ac
pudore, ut hoc promisce aut in propatulo faciant, sicut muta
facere uidemus animalia. si domis habent, consequens est ut et 12
urbes habeant, et quidem auctore Nasone, qui ait:

Auct.: **8–14** Sen. frg. 119 Haase; *cf. Lausberg, 1970, 178–182*
13 Publil. sent. A 2; *cf.* Sen. epist. 94, 43

Codd.: **8** *in* seneca| *desinit* G *p. 39; hinc extant* D V P H M K S R

1 putamus H M   **2** tam] an H M   colantur M   **4** deorum *om.* H M
et ea *omisisse uid.* G   homunculos et] -lo se H M   **5** ut] et ut R
6 nascuntur V^{ac} qui quidem H M   *post* si *infra lin., i. e. in mg. inf.,*
add. aliquando P^2 **7** quando desierunt H M K S   **7–8** non inlepide
del. et exp. D   inlepide] epid *exp. et s.l.* eg *m. post.* P; lepide H (-ae) M
8 moralibus H M; mortalis *ut uid.* K^{ar} **9** aput, p *s.l. m.1*, M
libere R   **10** sexagentrius K *(u ex* i *m.1)* S; -ginar- R   fabulam D P
11 ius trium] *pr.* i *exp. et s.l.* ill, *i.* illustrium *m. rec.* P   librorum
D^1 P^{ac} S   **17** domus V P   **18** promiscuę K S; *cf. 1, 20. 31*
faciunt P^1, *corr.* P^2 **19** uidemus facere H M K S   uideamus
D^{ac} V P^{ac}

'plebs habitat diuersa locis, ac fronte potentes
caelicolae clarique suos posuere penates.'

13 si habent urbes, et agros igitur habebunt. iam quis non uidet quae sequantur? arare illos et colere, quod uictus causa fit; ergo 14 mortales sunt. quod argumentum retrouersus idem ualet. si enim agros non habent, ne urbes quidem, si urbes non, ne domos quidem, si domibus carent, ergo et concubitu, si concubitus ab iis abest, et sexus igitur femininus. in diis autem uidemus et 15 feminas esse; ergo dii non sunt. dissoluat hoc argumentum si quis potest. ita enim res rem sequitur, ut haec ultima necesse sit 16 confiteri. sed ne illud quidem dissoluet aliquis: ex duobus sexibus alter fortior est, alter infirmior; robustiores enim mares sunt, feminae imbecilliores. imbecillitas autem non cadit in 17 deum, ergo nec feminae sexus. huic additur superioris argumenti extrema illa conclusio, ut dii non sint, quoniam in diis et feminae sunt.

1   17. Ob has rationes Stoici aliouersus deos interpretantur, et quia non peruident quid sit in uero, conantur eos cum rerum naturalium ratione coniungere. quos Cicero secutus de diis ac 2 religionibus eorum hanc sententiam tulit: 'uidetisne igitur, ut

Epit.: 1, 17, 1–3] 17, 4; *u. supra 1, 13, 14, infra § 6*

Auct.: **1–2** Ou. met. 1, 173 sq.   **20–p. 73, 6** Cic. nat. deor. 2, 70

1 loca R   hac HMKS; a *plerique codd. Ou., Br* ac fronte] hac parte *unus cod. Ou., Magnus, alii edd. Ou.*   potenter M   **3** habet D[1] uidet HMR; -deat *cet., edd. numero peiore*   **4** secuntur R fuit P; sit KS   **6** enim *om.* KS   **6–7** si urbes ... domos quidem *om.* R   **6** *post* urbes non *ft. excidit uerbum, sed* non habent, *quod add. edd.*   **7** si concubitus] si et c. HMKS   **8** iis R[1], hiis R[2], his *cet., Mo* femininis P[ac]   **8–9** in diis ... esse *om.* KS   **9** feminanas VP **10** ultimam HM; ultim R[1], ad ultimu (*sic*) R[2]   **12** sexubus R[ac] **13** sunt] enim, *lin. del. m. rec.,* K; *om.* S   **14** superiores, *alt.* e *ex* i *m.1?,* K   **15** confusio, f *exp.?,* M   sit K[ac]   **17** aliouersu (*sic*) HM **18** eos] deos R   **19** ac] ac de VP (D *deest*)   **20** eorum *om.* HM uidetis P[1](ne *s.l. m.2?*) V (D *deest*)

a physicis rebus bene atque utiliter inuentis tracta ratio est ad
commenticios ac fictos deos? quae res genuit falsas opiniones
erroresque turbulentos et superstitiones paene aniles. et formae
enim nobis deorum et aetates et uestitus ornatusque noti sunt,
genera praeterea, coniugia cognationes omniaque traducta ad
similitudinem imbecillitatis humanae.'   quid planius, quid   3
uerius dici potest? Romanae philosophiae princeps et amplissi-
mo sacerdotio praeditus commenticios ac fictos deos arguit,
quorum cultus superstitiones paene aniles esse testatur, falsis
opinionibus erroribusque turbulentis implicatos esse homines
queritur. nam totus liber tertius de natura deorum omnes fun-   4
ditus religiones euertit ac delet. quid ergo a nobis expectatur
amplius? num eloquentia superare possumus Ciceronem? minime id quidem, sed fiducia illi defuit ignoranti ueritatem, quod
ipse simpliciter in eodem opere confitetur. ait enim facilius posse se dicere 'quid non sit quam quid sit', hoc est falsa se intellegere, uera nescire. clarum est igitur homines fuisse illos qui   5
dii putantur et eorum memoriam post mortem consecratam. ideo
et aetates diuersae sunt et certae imagines singulorum, quod in

Auct.: **15–17** Cic. nat. deor. 1, 60

Codd.: **13** *a* supe]rare [pos]sumus *legitur* G *p. 125 l. 2 (pag. incipere uid. fere a* quid ergo*); hinc extant* G DV P HM KS R

1 a physicis] a ficis *m.1, s.l.* uel a factis uel a fictis *m. rec.,* P tractata R   ratio est] -tionem K[1] *(corr. m. rec.),* -cionem S *(D deest);* r. sit *codd. Cic.*   **2** ac] et *codd. Cic.*   senuit K[ac] S   falsas *om.* D *(spatio indice)* V P[1] *(in mg.* P[2]*)*   **4** uestitos P[1]*, corr.* P[2]
5 cognationes] c. omnes D *(ut uid. spatio indice)* V P   **7** rome M principes D[1] V *(sup. alt.* i *eras. e?)* P[1] *(corr.* P[2]*)* M   **10** errores-
que R[ac]   esse *om.* P   **11** quaeritur D V   omnis V R[ac] *(D deest)*
12 dolet M   **13** num] num in R   mine P[1]*, corr.* P[2]
15 se posse R   **16** se *s.l.* P[2]   dicere *in mg.* P[2]   quid *ante* non] quod K S   quid *ante* sit] qui V[1] P[1] *(corr.* P[2]*; D deest)*   est falsa] est est sa *sic* R[1]   **18** memoria S   **19** aetas P[1]*, corr.* P[2]   quod] qui P[1], quia P[2]

eo habitu et aetate simulacra eorum configurata sunt, in qua quemque mors deprehendit.

6 Consideremus si placet aerumnas infelicium deorum. Isis filium perdidit, Ceres filiam, expulsa et per orbem terrae iactata 7 Latona uix insulam paruam in qua pareret inuenit. Deum Mater et amauit formosum adulescentem et eundem cum paelice deprehensum exsectis uirilibus semiuirum reddidit et ideo nunc sacra eius a Gallis sacerdotibus celebrantur. Iuno paelices acerrime persecuta est, quia parere ipsa non potuit ex fratre. 'insulam Samum' scribit Varro 'prius Partheniam nominatam, quod ibi Iuno adoleuerit ibique etiam Ioui nupserit'. itaque nobilissimum et antiquissimum templum eius est Sami et simulacrum in habitu nubentis figuratum et sacra eius anniuersaria nuptiarum ritu celebrantur. si ergo adoleuit, si fuit uirgo primo, postea mulier, hominem fuisse qui non intellegit, pecudem se 9 fatetur. quid loquar obscenitatem Veneris omnium libidinibus prostitutae non deorum tantum, sed et hominum? haec enim ex

Epit.: 1, 17, 6–17] 8, 6 – 9, 3 *ordine mutato; u. supra ad 1, 13, 14*
1, 17, 6 Ceres ... inuenit] *cf.* 9, 1 ... crimine   7 ... celebrantur] 8, 6
9 ... 11 partus] 9, 1 Venus ... infamis; *cf.* 8, 4 androgynum

Auct.: 10 Varro frg. inc. *(cf. Schwarz, NJPhP Suppl. 16, 1888, 495)*

Codd.: 3 *ab* aerumnas *usque ad* § 8 postea G *legi non potest*
15 *a* mulier *incipit* G *p. 126 maximam partem lecta; hinc extant* G D V
P HM KS R

2 qua quemque] quacumque V[1], *in mg.* uel quemcumque V[2] *(D deest);* qua quaeque R[1]   compraehendit HMKS   3 aerumnas si placet HMKS   4 ceras H, ceros M   expulsam S   iactatam HMS(~ *del.?)*   5 Deum] dñi *(i. domini) potius quam* diũ S; *s.l. add.* pro deorum R   6 formonsum HM*(u ex* a*); u. ind. form.*   et *ante* eundem *om.* HM   pelice VPH *(D deest),* pelicę KS; police M
7 deprehensum] sum *s.l.* P   semiuiuum, *alt.* u *s.l. pro* r, S
8 pelices DVPKS, pell- M   9 ipsam KS   ex patre HM insulsam V[ar]   11 ita P[1], *corr.* P[2]   12 est eius HM   sani M
16 quid] quod V[1]   17 hominum] omnium M

famoso Martis stupro genuit Harmoniam, ex Mercurio Herma-
phroditum, qui est natus androgynus, ex Ioue Cupidinem, ex
Anchise Aenean, ex Bute Erycem; ex Adonio quidem nullum
potuit, quod etiamtum puer ab apro ictus occisus est. quae 10
prima, ut in Historia Sacra continetur, artem meretriciam instituit auctorque mulieribus in Cypro fuit, uti uulgo corpore quaestum facerent. quod idcirco imperauit, ne sola praeter alias mulieres impudica et uirorum appetens uideretur. etiamne haec 11
habet aliquid numinis, cuius plura numerantur adulteria quam
partus? sed ne illae quidem uirgines inlibatam castitatem seruare
potuerunt. unde enim putemus Ericthonium esse natum? an ex
terra, ut poetae uideri uolunt? at res ipsa clamat. nam cum 12
Vulcanus diis arma fecisset eique Iuppiter optionem dedisset
praemii quod uellet postulandi iurassetque ut solebat per infernam paludem se nihil negaturum, tum faber claudus Mineruae

Epit.: 1, 17, 11 sed ... 13 humo] 9, 2

Auct.: 5 Enn. uar. frg. 142–145 Vahlen; Euhem. test. 75 a Winiarczyk

Codd.: 12 *ab* at *usque ad § 12* palu]dem G *non legitur*

1 armoniam G M S   ex] et P¹, *corr.* P²   hermaforoditum H M
2 androgynus G V H M K *(y in ras. ex* e *uel* i*)* R, -gin- D P, -gen- S
cupidinem] cu V¹, pidinem *in spatio uacuo* V²   ex] et P¹, *corr.* P²
ex Anchise ... erycem *in mg. inf.* V²   3 anchisae G, -sa K S *(ex* -sã*);*
chise R¹   aeneam D V *(m.2)* P R² *(*m *ex* n*)*   buten G S, -tē K
erycen P, ergicen R   adone, e *m.2 in 2 litt. eras.,* P; Adoneo *coni. Br*
4 quod] qui V *(D inc.)*   etiam tunc P; etiam *tantum* G   ab apro
ictus] apro obiectus G   ictu H M; getus K, genitus S
5 in *om.* H M K S   6 ut K S   uulgato *Crenius, Animaduersiones IX
(1701), 63, Br; u. Buen ad l.*   9 habes D   nominis D V Pᵃᶜ
10 illae] ae *in ras.* V², -li P¹, -le P² H M K S   uirginis H M
11 potuerunt] e *s.l.,* R; potuit H M   ericthonium G *(ut uid.)* D V P
epit.; -rycto- H M, -rychto- K, -richto- S R *Mo;* -richtho- *edd., Br, sed
cf. St 228*   12 ut poetae *bis, pr. eras.,* P   potae M   uidere R
at] ad H; aut? Sᵃᶜ   13 dedisse Pᵃᶜ H M   14 quod] quid H M
internam D V Pᵃᶜ   15 tum] tunc P

13 nuptias postulauit. hic Iuppiter Optimus Maximus tanta religione constrictus abnuere non potuit, Mineruam tamen monuit repugnare pudicitiamque defendere. tum in illa colluctatione Vulcanum in terram profudisse aiunt, unde sit Ericthonius natus, idque illi nomen impositum ἀπὸ τῆς ἔριδος καὶ χϑονός, id est
14 ex certamine atque humo. cur igitur uirgo eum puerum cum dracone conclusum et obsignatum tribus uirginibus Cecropidis commendauit? euidens ut opinor incestum, quod nullo modo
15 possit colorari. altera cum paene amatorem suum perdidisset, qui erat 'turbatis distractus equis', praestantissimum medicum Asclepium curando iuueni aduocauit eumque sanatum

'secretis alma recondit
sedibus et nymphae Egeriae nemorique relegat,
solus ubi in siluis Italis ignobilis aeuum
exigeret uersoque ubi nomine Virbius esset'.

16 quid sibi uult haec tam diligens, tam sollicita curatio? quid secretae sedes? quid relegatio uel tam longe uel ad mulierem uel in solitudinem? quid deinde nominis commutatio? postremo

Epit.: 1, 17, 15–17] 9, 3

Auct.: **10** Verg. Aen. 7, 767   **12–15** ibid. 7, 774–777

Test.: **1** § 13] *cf.* Aug. ciu. 18, 12 p. 271, 11–16

Codd.: 3 *in* conlucta | *desinit* G *p. 126; hinc extant* D V P HM KS R
1 optimus *in mg.* P²   **2** admonuit HM   **3** tunc in P   in *om.* HM
4 uulcanus S   terra HM   profundisse DVP; effud- *Br cl. epit. et Aug., trad. def.* St 234   hericthionus D *(eri-)* V *(alt.* h *s.l.)* Pᵃᶜ *(alt.* i *exp., post* n *s.l.* i*)*; -ricto- H, -rycto- M; rychto- KS, -richto- R; *cf.* § 11
5 inpositum est id est, *om. graec.,* HM   ad graec. *in mg. m.2?* a discordia et terra D   **6** ex certamine] exercit- P   puero Dᵃᶜ
7 cecopidis Dᵃᶜ; cicrop-, *pr.* i *pro* e, R²   **9** colocari M
10 turbatus Rᵃᶜ   distinctus KS   aequis DK   **13** nymphiae DVP
14 in] et DVPRᵃᶜ   **15** ubi] ibi, *pr.* i *in ras.,* D   uiruius HM; urbius KS   **16** hoc DVPᵃᶜ   tam *ante* sollicita *s.l.* P²   sollicitat Dᵃᶜ
18 in] ad HMKS   quod deinde Rᵃᶜ

quid equorum tam pertinax abominatio? quid significant haec omnia nisi conscientiam stupri et amorem minime uirginalem? erat plane cur tantum laborem pro tam fideli iuuene susciperet, qui amanti nouercae obsequium pernegarat.

18. Hoc loco refellendi sunt etiam ii qui deos ex hominibus esse factos non tantum fatentur, sed ut eos laudent, etiam gloriantur, aut uirtutis gratia ut Herculem aut munerum ut Cererem ac Liberum aut artium repertarum ut Aesculapium ac Mineruam. haec uero quam inepta sint quamque non digna propter quae homines inexpiabili se scelere contaminent hostesque uero deo fiant, quo contempto mortuorum sacra suscipiunt, ex singulis rebus ostendam uirtutem esse dicunt quae hominem tollat in caelum, non illam de qua philosophi disserunt, quae posita est in bonis animi, sed hanc corporalem quae dicitur fortitudo. quae quoniam praecipua in Hercule fuit, immortalitatem meruisse creditur. quis tam stulte ineptus est, ut corporis uires diuinum uel etiam humanum bonum iudicet, cum sint et maiores pecudibus attributae et uno morbo saepe frangantur uel senectute ipsa minuantur et corruant? itaque idem ille cum deformari

Epit.: 1, 18, 5–6] *cf.* 7, 5. 14, 5 *et supra 1, 13, 14*

Codd.: **12** *ab* tendam *redit* B *fol. 13 (cf. supra 1, 11, 55); hinc extant* B DV P HM KS R

1 abhominatio DVP[ac]; abnegatio HM   *ante* quid *eras.* quae D   haec *om.* KS   **2** conscientia S   **3** tantum] tum *s.l.,* P   **4** qui amanti] quia mandatis, s *s.l. m.2,* R   pernegaret V[1]   **5** loco *in ras.* V[2]   ii R[1] *Br,* hii DVHMR[2] *Mo,* hi *cet.*   **7** gratiam M   **10** inexpiabilis P[ar]   se *om.* HMK[1] *(add. m. rec.)* S   deo uero D *(extat* uero fiant*)* VP   **11** contemptu P[ac] M *(-mt-)*   emortuorum M   sacras D[ac] P[ar]   suspiciunt V[1]   **13** caelo P[ac]   deserunt D[1]; dixerunt KS   **14** animis DVP   **15** herculem P[ar]   **16** stultae B[ar] PKS   est *om.* HM   **18** uno] uiro KS   franguntur B[1], *corr.* B[2]   **18–19** ipsa senectute D *(ante* minuantur *extat* e*)* VP *(*sa *s.l.)* HM; senectutem ipsam KS[ar]   **19** idem *om.* KS   deformare R

ulceribus toros suos cerneret, nec sanari se uoluit nec senem
fieri, ne quando se ipso minor aut deformior uideretur. hunc a
rogo, quo uiuum se ipse combusserat, escendisse in caelum putauerunt eaque ipsa, quae stultissime sunt admirati, simulacris et
imaginibus expressa et consecrata posuerunt, ut in perpetuum
uanitatis illorum monumenta perstarent, qui ob necem bestiarum
deos fieri credidissent. sed haec fortasse Graecorum culpa sit,
qui res leuissimas pro maximis semper habuerunt. quid nostri?
num sapientiores? qui athleticam quidem uirtutem contemnunt,
quia nihil obest, sed regiam, quia late solet nocere, sic admiran-
tur, ut fortes ac bellicosos duces in deorum coetu locari arbitren-
tur; nec esse ullam aliam ad immortalitatem uiam quam exercitus ducere, aliena uastare, delere urbes, oppida excindere, liberos populos aut trucidare aut subicere seruituti. uidelicet quo
plures homines adflixerint spoliarint occiderint, eo se nobiliores
et clariores putant et inanis gloriae specie capti sceleribus suis
nomen uirtutis imponunt. iam mallem ut a ferarum caedibus
deos sibi fingerent quam immortalitatem tam cruentam proba-
rent. si quis unum hominem iugulauerit, pro contaminato ac
nefario habetur nec ad terrenum hoc domicilium deorum admitti
eum fas putant. ille autem qui infinita hominum milia trucidarit,
cruore campos inundauerit, flumina infecerit, non modo in templum, sed etiam in caelum admittitur. apud Ennium sic loquitur
Africanus:

---

1 thoros VP *(D deest)*   sanum B   noluit P[ac]   semen V[1]
2 a] e P   **3** combusserit K[ac]   escendisse B[1] V *(D deest)* R[ac], asc-
B[3] P[pc] *(ex* acc-*)* HMKSR[pc] *ft. recte; cf. 1, 10, 9*   **4** stultissima P
6 monimenta R[2]   praestarent *ut uid.* P[ac]   **8** pro maximis] proximis
B[1] *(corr.* B[2]*)* M   quid] quod P[ac]   **9** athleticam *in mg. post ultimam
lin.* P; athlic- DV   **10** regem KS   noceret K   **11** ut *s.l.* K
hac KS[ar]   **14** populus M   subicere] c *in ras. ex* g*?* B; -iec- VP *(D
deest)*   quod R[ar]   **15** pluris DVP[1] *(corr.* P[2]*)* R   eo se] eos et *(s.l.
m.3)* B; eos H[ac]   **16** captis VP[ar]   **19** iugulauerit] rit *in ras., infra lin.
in mg. inf.* uiderint *(inc. quo pertineat)* D[2]   hac MKS
21 putat KS   milia hominum HM   **22** inundarit HMKS

'si fas endo plagas caelestum ascendere cuiquam est,
mi soli caeli maxima porta patet',

scilicet quia magnam partem generis humani extinxit ac perdidit.
o in quantis tenebris, Africane, uersatus es uel potius o poeta,
qui per caedes et sanguinem patere hominibus ascensum in caelum putaueris! cui uanitati etiam Cicero adsensit. 'est uero'
inquit 'Africane; nam et Herculi eadem ista porta patuit', tamquam ipse plane, cum id fieret, ianitor fuerit in caelo. equidem
statuere non possum dolendumne potius an ridendum putem,
cum uideam graues et doctos et ut sibi uidentur sapientes uiros
in tam miserandis errorum fluctibus uolutari. si haec est uirtus
quae nos immortales facit, mori equidem magis uelim quam
exitio esse quam plurimis. si aliter immortalitas parari non
potest nisi per sanguinem, quid fiet, si omnes in concordiam
consenserint? quod certe fieri potest, si pernicioso et impio furore proiecto innocentes esse ac iusti uelint. num igitur nemo
erit caelo dignus? num peribit uirtus, quia hominibus in homines

Auct.: **1–2** Enn. uar. frg. 23 sq. Vahlen *ex* Cic. rep.; *u. § 13*
6–7 Cic. rep. frg. 6 *(3, 40 inserendum; cf. Heck, WS 83, 1970, 172 sq.)*

1 fas endo P^pc H M, f. est do D V P^ac, faciendo B K S R   caelestium
B¹ P K S; caelum, *lineolis ante* plagas *transpos.*, B²   cuiquam] ne-
fasciquam B¹; nefasquidquam B²   est *ex* ast? B²   **2** mihi P (hi *s.l.
m. rec.)* H M   maxi|ma patet, *om.* porta, K¹, *in mg.* mapor K²
(deinde |ma p *del.?)*   patet *in mg.* S²   **3** quia] quam B^ac
hac K   perdit B¹, *corr.* B³   **4** in *s.l.* B³   o *ante* poeta *eras.* P
6 putaberis H M   cicero *om.* K S   uerum R²   **7** et *om.* H M
potuit H   **8** genitor H   et quidem H M K S; *deinde s.l.* quia D²
9 stat uerum non M   **10** uideas H M   doctores K S   uiderentur R
sapientis D V P¹ *(corr.* P²*)*   **11** mirandis B¹, *corr.* B³; miserans K¹
(corr. m. rec.) S, -ramdis R   errorem D¹ V   uoluntari V^ac R^ar
11–13 si ... plurimis *in mg.* V²   **12** more K S   quidem D V P K S
magis uelim B D²; mauelim D¹ V P² H M K *Mo;*; malim P¹ *edd., Br;*
mauelis S; uelim R; *cf. Heck, 1992, 595*   **14–15** nisi ... potest *om.* M
15 concesserint H K S   potest *codd. (etiam* P), *Mo;* -terit *edd., Br*
16 uoluerunt H M   **17** uirtus] iustus K S   quoniam H M K S

saeuire non dabitur? sed isti qui euersiones urbium populorumque summam gloriam computant, otium publicum non ferent, rapient saeuient et iniuriis insolenter inlatis humanae societatis foedus inrumpent, ut habere hostem possint, quem sceleratius deleant quam lacessierunt

18 Nunc ad reliqua pergamus. nomen deorum Cereri ac Libero traditio munerum fecit. possum diuinis docere litteris uinum atque fruges ante progeniem Caeli atque Saturni fuisse in usu
19 hominum, sed ab his sane inuenta esse fingamus. num potest plus aut maius uideri collegisse fruges iisque fractis panem facere docuisse aut uuas de uitibus lectas expressisse uinumque fecisse quam fruges ipsas aut uites generasse ac protulisse de
20 terra? reliquerit haec sane deus humanis ingeniis eruenda, tamen fieri non potest, quin ipsius sint omnia, qui et sapientiam tribuit homini, ut inueniret, et illa ipsa quae possent inueniri.
21 artes quoque inuentoribus suis immortalitatem peperisse dicuntur, ut Aesculapio medicina, Vulcano fabrica. colamus igitur et illos qui fullonicam sutrinamue docuerunt. cur autem figulinae

Codd.: 13 *a* terra *incipit* G *p. 151; hinc extant* BG DV P HM KS R

1 seruire B¹, *corr.* B³ 2 odium B 4 haberent M^{ac} quem] quam V *(D inc.);* quem ⟨non⟩ *Thilo, Br; cf. Mo ad l.* sceleratus V¹ P
5 quem KS lacessierunt BVP^{ac} R *Mo,* -rint P^{pc} *edd., Br;* -sserunt HM, -sserint K *(pro* int *s.l.* ant*? m.2)* S *(D macula obscuratus)*
6 peragamus P celeri DVP¹ *(corr.* P²) 7 possumus KS litteris docere B 8 Caeli] caereri HM; cereris KS usum BS
9 iis R¹, hiis R² num] non PHM, nam K¹ S potes H
10 autem K¹ iisque *edd.,* isque R, hisque *cet., Mo* fractis] fructibus B¹, *corr.* B³ 11 expresse B¹, *corr.* B² uinumque fecisse *s.l. m.2?* D 12 aut] atque R 13 reliquit B; -linquerit DV^{ar} *(-uaer-),* -linquerint P^{ar} hominum HM erudienda BGHM
15 et *ante* illa *om.* HM possint BG inuenire V¹
16 *ante* artes *in mg. sup. ins.* primus inuenit *m.1?* P artis R^{ac} quodque H^{ar} M reperisse HMR 17 aescolapio G, scol- HM uulcano *codd. (etiam* BG), Volc- *Br* 18 sutrinamque B^{ar} P, strinamque G figulis, s *s.l. pro del.* ne, K²

repertori honos non habetur? an quia isti diuites uasa Samia
contemnunt? sunt et aliae artes, quarum repertores humanae
uitae plurimum profuerunt. cur non et illis attributa sunt templa?
sed nimirum Minerua est quae omnes repperit, ideoque illi opi-
fices supplicant. ergo ab his sordibus Minerua ascendit in caelum. est uero cur quisquam derelinquat eum qui terram cum
animantibus, caelum cum astris et luminibus exorsus est, ut eam
ueneretur quae telam docuit ordiri? quid ille qui uulnera in
corporibus sanare docuit? num potest esse praestantior quam qui
corpora ipsa formauit, sentiendi ac uidendi rationem dedit, her-
bas denique ipsas et cetera quibus medendi ars constat excogitauit ac protulit?

19. At enim dicet aliquis et huic summo, qui fecit omnia, et
illis, qui partim profuerunt, suam uenerationem esse tribuendam.
primum nec factum est umquam, ut qui hos coluit, etiam deum
coluerit, neque fieri potest, quoniam si honos idem tribuitur aliis,
ipse omnino non colitur, cuius religio est illum esse unum ac
solum deum credere. clamat summus poeta eos omnes 'qui
inuentas uitam excoluere per artes' apud inferos esse ipsumque
illum 'repertorem medicinae talis et artis ad Stygias undas

Auct.: **18–19** Verg. Aen. 6, 663   **20–p. 82, 1** ibid. 7, 772 sq.

Codd.: **16** *in* potest| *desinit* G *p. 151, seq. p. 152 maximam partem lecta*

1 repertorum K S   uasa Samia] uasam nimiam, *pr. et tert.* m *exp.*, R
3 et *s.l.* R² **4** nimirum *om.* K S   omnis R^ac   **5** is R¹
escendit D V R¹; *cf. 1, 10, 9*   **6** uero] ergo H M   relinquat R
7 celum ... luminibus *in mg.* S²   cum *om.* B   liminibus V¹
8 ueneraentur P   telam] eam *ut uid.* G   quid] quia B¹ G; quam B³
in] uel K S   **9** corpore B   nare B¹, *corr.* B³   praesentior, *alt.* e *in ras.*, P   *post* quam *in fine col. 2 litt.* (qu?) *eras.* B   **10** ipsa] sua i. K
uidendi] ui *s.l.* P; uiuendi K S R² (d *s.l. pro* u), Br *cl. 2, 11, 6*
11 ipsa ceteraque H M   **12** ac] atque V P *(D deest)*   **14** esse *om.* V
15 quis P   **16** idem] inde H M   *ante* aliis *s.l.* ab B³
18 omnis D V P¹ *(corr.* P²)   **19** inuentam B *(G inc.)*; -tes H
inferas V¹   **20** talis et *om.* B G   artis] a *s.l. pro eras.* e? B

fulmine esse detrusum', ut intellegamus quantum ualeat 'pater omnipotens', qui etiam deos fulminibus extinguat. sed homines ingeniosi hanc secum habebant fortasse rationem: quia deus fulminari non potest, apparet non esse factum. immo uero quia factum est, apparet hominem fuisse, non deum. mendacium poetarum non in facto est, sed in nomine; metuebant enim malum, si contra publicam persuasionem faterentur quod erat uerum. quodsi hoc constat inter ipsos, ex hominibus deos factos, cur ergo non credunt poetis, si quando illorum fugas et uulnera et mortes et bella et adulteria describunt? quibus de rebus intellegi datur non potuisse ullo pacto fieri deos, quia ne homines quidem probi fuerunt eaque in uita sua gesserunt, quae mortem pariunt sempiternam.

20. Venio nunc ad proprias Romanorum religiones, quoniam de communibus dixi. Romuli nutrix Lupa honoribus est adfecta diuinis, et ferrem, si animal ipsum, cuius figuram gerit. sed auctor est Liuius Larentinae esse simulacrum et quidem non corporis, sed mentis ac morum. fuit enim Faustuli uxor et prop-

---

Epit.: 1, 20, 1–42] 15, 1 – 16, 4 *ordine mutato*   1, 20, 1–4] 15, 1–2

Auct.: **1** Verg. Aen. 7, 770   **9–10** illorum . . . describunt] *cf.* Cic. nat. deor. 1, 42   **17** Liu. 1, 4, 7

Codd.: **8** *post* deos *(p. 34) in* K *excidit fol. unum usque ad 1, 20, 23* humanum hoc   **10–13** *in* G *§ 7 legi non potest*   **18** *in* m[entis *desinit* G *p. 152; hinc extant* B DV P HM S R

1 flumine DP   esse *codd. (in* G *pr.* s *inc.; in* D *inter* flumine *et* ut *perierunt fere 12 litt.), om.* Br *ex errore, inde* Mo   ualet KS
2 fluminibus D   **3** saeculum M   habeant BKSR, habent HM *(G inc.)*   qua H   **4** uero] u. etiam BG   **6** facto . . . nomine] f. s. i. n. est HMKS   **8** hoc] hc̄ KS *(i. e.* hoc *ut uid.; cf. 1, 20, 12 et 21, 6)*
9 ego B[1], *corr.* B[2]   **10** et bella] ac b. HMS   **11** qui HS, que M nec B; *cf. 1, 6, 7*   **13** pariant B   **14** ueniamus HM   **16** figura S
17 libius DVHMS   tarentinae DVP; laur- H[ar]   equidem BG

ter uulgati corporis uilitatem lupa inter pastores id est meretrix
nuncupata est; unde etiam lupanar dicitur. exemplum scilicet
Atheniensium in ea figuranda Romani secuti sunt, apud quos
meretrix quaedam nomine Leaena cum tyrannum occidisset,
5 quia nefas erat simulacrum constitui meretricis in templo, animalis effigiem posuerunt cuius nomen gerebat. itaque ut illi
monumentum ex nomine, sic isti ex professione fecerunt. huius
nomini etiam dies festus dicatus est et Larentinalia constituta.
nec hanc solam Romani meretricem colunt, sed Faulam quoque,
10 quam 'Herculis scortum fuisse' Verrius scribit. iam quanta ista
immortalitas putanda est, quam etiam meretrices adsequuntur?
Flora cum magnas opes ex arte meretricia quaesiuisset, populum
scripsit heredem certamque pecuniam reliquit, cuius ex annuo
faenore suus natalis dies celebraretur editione ludorum, quos
15 appellant Floralia. quod quia senatui flagitiosum uidebatur, ab
ipso nomine argumentum sumi placuit, ut pudendae rei quaedam dignitas adderetur. deam finxerunt esse quae floribus prae-
sit eamque oportere placari, ut fruges cum arboribus aut uitibus
bene prospereque florescerent. eum colorem secutus in Fastis

Epit.: 1, 20, 5–6] 15, 3

Auct.: **10** Verr. Fl. frg. inc. *(ex Fastis? cf. Dihle, RE VIII A 1637)*
19–p. 84, 3 Ou. fast. 5, 195–212

Test.: **1–2** *cf.* Aug. ciu. 18, 21 p. 283, 21 sq.; Isid. orig. 18, 42, 2

3 figurando S **4** laena B[1], *corr.* B[2] **5** qua V[1] eras P[ac]
constituit S **6** cui S **7** monimentum, i *ex* u, DR **8** nomine HM
et *om.* S Larentinalia] *ante* r *1 litt. eras.* H constituta] c. sunt
H *(a pro* i, sunt *s.l. m.2)* M **9** meretricem Romani HMS
sed] s. et HM Faulam *om.* S; Faustulam, stu *s.l.*, B[2]; *cf. St 229*
9–10 quoque quam] quodquae H[ar] *(d eras.)* M **10** uerius B[ac] DS
ista *s.l.* S; est ista P **11** est *om.* P **12** *ante* Flora *s.l.* ut S[2]
13 scribit H[1] certa qui S relinquit B[ar] **14** fenore BHMS,
foen- P sui B quas HM **15** appellauit S senatus P
16 summi R pudenda aerei, i *exp.*, D **17** fixerunt V[1]
18 aut *bis, pr. exp.*, D; ac R

poeta non ignobilem nympham fuisse narrauit quae sit Chloris uocitata eamque Zephyro nuptam quasi dotis loco id accepisse muneris a marito, ut haberet florum omnium potestatem. honeste quidem ista dicuntur, sed inhoneste turpiterque creduntur nec debent, cum ueritas quaeritur, huiusmodi nos uelamenta decipere. celebrantur ergo illi ludi conuenienter memoriae meretricis cum omni lasciuia. nam praeter uerborum licentiam, quibus obscenitas omnis effunditur, exuuntur etiam uestibus populo flagitante meretrices, quae tunc mimarum funguntur officio et in conspectu populi usque ad satietatem impudicorum luminum cum pudendis motibus detinentur. Cloacinae simulacrum in Cloaca Maxima repertum Tatius consecrauit et quia cuius esset effigies ignorabat, ex loco illi nomen imposuit. Pauorem Palloremque Tullus Hostilius figurauit et coluit. quid de hoc dicam nisi dignum fuisse qui semper deos suos, sicut optari solet, praesentes haberet? ab hoc illud Marci Marcelli de consecratione Honoris atque Virtutis honestate nominum differt, re congruit. eadem uanitate Mentem quoque inter deos senatus collocauit, quam profecto si habuisset, eiusmodi sacra numquam suscepisset. 'magnum' Cicero 'audaxque consilium suscepisse Grae-

Epit.: 1, 20, 11 ... imposuit] 15, 4   11 Pauorem ... 13 suscepisset] 15, 6 *mutato ordine*

Auct.: 20–p. 85, 2 Cic. frg. inc., *uix ex* leg. 2, 28 *uel* nat. deor. 2, 61

1 cloris B, loris HM   **2** numtam P   quae si DV   accepisset R
5 uelamine HM   **6** conuenientes HM   **7** omnia B[ac]
qui M   **8–9** flagitante populo BR   **9** officia S   **11** mortibus *ut uid.*
B[1], *corr.* B[2]   **12** tatzius HM   esse R[ac]   **13** pallorem HM
14 tullius PD[2] HMR   **15** praesentes] sed *(exp. et eras.)* secum B
16 hoc] hc̃ S; *cf. 1, 19, 6*   Marci B; m̃. DVPHM, m. SR
17 uirtutes DVP[1] *(corr.* P[2])   honestatem R, honeste HM   differt
re] t *eras.* R, differre BH (-ere) M; d. et S   **18** quodque H[ar] M
sanatus D   **19** profecto si] -tosibi, o *exp.*, V   **20** magnum ...
audaxque *in ras.* V[2]   cicerone B[1], *corr.* B[3]

ciam' dicit, 'quod Cupidinum et Amorum simulacra in gymnasiis consecrasset'. adulatus est uidelicet Attico et inrisit hominem familiarem. non enim magnum illud aut omnino consilium dicendum fuit, sed impudicorum hominum perdita et deplorata nequitia, qui liberos suos, quos erudire ad honestatem deberent, prostituerunt libidini iuuentutis; a quibus flagitiorum deos et in illis potissimum locis, ubi nuda corpora corruptorum luminibus patent, et in illa coli aetate uoluerunt, quae simplex et improuida prius inretiri et in laqueos potest cadere quam cauere. quid mirum si ab hac gente uniuersa flagitia manarunt, apud quam uitia ipsa religiosa sunt eaque non modo non uitantur, uerum etiam coluntur? et ideo huic sententiae, tamquam Graecos prudentia uinceret, adiecit: 'uirtutes enim oportere, non uitia consecrari'. quod si recipis, o Marce Tulli, non uides fore ut inrumpant uitia cum uirtutibus, quia mala bonis adhaerent et in animis hominum potentiora sunt? quae si uetas consecrari, respondebit tibi eadem illa Graecia se alios deos colere ut prosint, alios uero ne noceant. haec enim semper excusatio est eorum qui mala sua pro diis habent, ut Romani robiginem ac febrem.

Epit.: 1, 20, 17 robiginem ... 20 careas] *cf.* 16, 1 ... 2 Febrem

Auct.: **13–14** Cic. leg. 2, 28

Codd.: **2** *a* | cet attico *incipit* G *p. 50 maximam partem lecta; hinc extant* B G D V P H M S R

1 cymnasiis V P *(D inc.)*   **2** consecrassent H M   derisit H M S
3 illum G   **5** qui] qua H   honestate, te *inc.*, G; honesta D V P
6 flagitio eorum V   **8** quem S   **9** quas S[ac]   cauere] uidereri, re *exp. et eras.*, B *(G non legitur)*   **10** diuersa B   **11** uetantur H M
13 uirtus B[1], *corr.* B[2]   **14** consecrare M[ac] *codd. Cic.*   Marce B *(G inc.)*, m̃. D V P H M, m. S R   **16** uetustas B[ar]   *post* consecrari *1 litt. eras.* B   **17** ibi H M   **18** uero *om.*, ne *s.l.* V *(m.2)* P *(D deest)*
excusatio semper H M S   est excusatio B *(G inc.)*   eorum est S
19 malas S[ar]   sua *om.* S   rubiginem D V P S, robigine H

si ergo uitia consecranda non sunt, in quo tibi adsentior, ne
uirtutes quidem. non enim per se sapiunt aut sentiunt neque intra
parietes aut aediculas luto factas, sed intra pectus collocandae
sunt et interius comprehendendae, ne sint falsae, si extra hominem fuerint collocatae. itaque praeclaram illam legem tuam
derideo quam ponis his uerbis: 'ast olla, propter quae datur
homini ascensus in caelum, Mentem Virtutem Pietatem Fidem,
earumque laudum delubra sunto.' atquin haec separari ab homine non possunt. si enim colenda sunt, in homine ipso sint
necesse est. si autem sint extra hominem, quid opus est ea colere
quibus careas? uirtus enim colenda est, non imago uirtutis, et
colenda est non sacrificio aliquo aut ture aut precatione sollemni, sed uoluntate sola atque proposito. nam quid est aliud
colere uirtutem nisi eam comprehendere animo ac tenere? quod
unus quisque simulac coepit uelle, consequitur. hic solus uirtutis
est cultus; nam religio ac ueneratio nulla alia nisi unius dei
tenenda est. quid igitur opus est, o uir sapientissime, superua-
cuis extructionibus loca occupare quae possint humanis usibus
cedere? quid sacerdotes constituere uana et insensibilia culturos?
quid immolare uictimas? quid tantos sumptus uel fingendis uel
colendis imaginibus impendere? firmius et incorruptius templum est pectus humanum. hoc potius ornetur, hoc ueris illis

Auct.: 6–8 Cic. leg. 2, 19

Codd.: 4 *in* extra| *desinit* G *p. 50, seq. p. 49, in qua nonnulla legi possunt*   22 *a* potius *redit* K *p. 35 (cf. supra 1, 19, 6)*

1 consecrata V^{ac} non *s.l.* M   adsentio BGD   ne *in ras.* P^2
2 aut sentiunt *s.l.* B^3 **3** aediculas B^{ar} G   factos H
6 his] in his BG   illa BGR   propter *s.l.* P   **7** in] ad HMS
8 earundem HM   sunto, o *eras.*, BP *(G inc.)*; sunt. o DVR; sunt HMS   **9** sic enim M   **10** sin autem MS   **15** simulac coepit B^1 G; simul ut occoepit B^2; simul accepit DVPS; simulat. coepit HM; simul aut cepit, a *eras.*, R   **17** est *post* opus *om.* R   **18** loca *s.l.* S
19 cadere HM   uana] una D^1 cultoros B^1 *(corr.* B^2; G *inc.)* V^1
20 sumptos B^1 *(corr.* B^3*)* P^1 *(corr.* P^2*)* M^{ac} **22** pectus] corpus HM

numinibus impleatur.   has ergo falsas consecrationes sequitur   24
quod necesse est. qui enim sic uirtutes colunt, id est qui umbras
et imagines uirtutum consectantur, ea ipsa quae uera sunt tenere
non possunt. itaque nulla in quoquam uirtus est, uitiis ubique   25
dominantibus, nulla fides, omnia pro se quoque rapiente, nulla
pietas, nec consanguineis nec parentibus parcente auaritia et cupiditate in uenena et in ferrum ruente, nulla pax, nulla concordia, publice bellis saeuientibus, priuatim uero inimicitiis usque
ad sanguinem furentibus, nulla pudicitia, libidinibus effrenatis
omnem sexum et omnes corporis partes contaminantibus.   nec   26
tamen desinunt ea colere quae fugiunt et oderunt. colunt enim
ture ac summis digitis, quae sensibus intimis colere debuerunt.
qui error omnis ex illius principalis ac summi boni ignoratione
descendit.   urbe a Gallis occupata obsessi in Capitolio Romani   27
cum ex mulierum capillis tormenta fecissent, aedem Veneri
Caluae consecrauerunt.   non igitur intellegunt, quam uanae sint   28
religiones uel ex eo ipso, quod eas his ineptiis cauillantur.   a   29
Lacedaemoniis fortasse didicerant deos sibi ex euentis fingere.
qui cum Messenios obsiderent et illi furtim deceptis obsessori-
bus egressi ad diripiendam Lacedaemonem cucurrissent, a Spar-
tanis mulieribus fusi fugatique sunt.   cognitis autem dolis   30

Epit.: 1, 20, 24–25] *cf.* 16, 1 Fidem ... 2 execranda   27] 15, 3 ...
posuerunt

Codd.: 3 *in* imagines | *desinit* G *p.49; hinc extant* B DV P HM KSR

1 numinibus B, nom- *cet.* (G *inc.*)   **2** qui *post* est] quia V
3 uirtutem H   consecrantur, ur *exp. m.2,* R   **4** nullo B
5 quemque HM   rapiente *om.* KS   **6** parcent B; non p. HM
7 *ante* pax *s.l.* est D²   **9** *post* nulla *s.l.* est D²   **11** *ante* ea *eras.* ut B
12 dicitis R^ar, dictis R^pr   colere *codd., Mo, seruandum putamus cl. §
20;* horrere *recc. (alii* horrescere*; u. Buen ad l.), edd., Br* colere *hic
falso repetitum rati (cf. § 24* falsas consecrationes*)*   **14** a *om.* KS
15 capillis] calis KS   **16** consecrarunt B *(-sacr-)* DVP *Br numero
peiore; cf. St 229*   sunt KS   **17** ineptis HM   **18** didicerunt B
20 lacedaemonum M   spartanibus KS   **21** fugatiue R

hostium Lacedaemonii sequebantur. his armatae mulieres obuiam longius exierunt. quae cum uiros suos cernerent parare se ad pugnam, quod putarent Messenios esse, corpora sua nudauerunt. at illi uxoribus cognitis et aspectu in libidinem concitati, sicuti erant, armati permixti sunt, utique promisce – nec enim uacabat discernere –, sicut iuuenes ab isdem antea missi cum uirginibus, ex quibus sunt Partheniae nati. propter huius facti memoriam aedem Veneri Armatae simulacrumque posuerunt. quod tametsi ex causa turpi uenit, tamen honestius uidetur armatam Venerem consecrasse quam caluam. eodem tempore Ioui quoque Pistori ara posita est, quod eos in quiete monuisset, ut ex omni frumento quod habebant panem facerent et in hostium castra iactarent, eoque facto soluta esset obsidio desperantibus Gallis inopia subigi posse Romanos. quae ista religionum derisio est? si earum defensor essem, quid tam grauiter queri possem quam deorum numen in tantum uenisse contemptum, ut turpissimis nominibus ludibrio habeatur? quis non rideat

Epit.: 1, 20, 33] 15, 5 item ... discesserant   34] 16, 3 ... dicere   35–36] 16, 2 Fornacem ... fratrem *mutato ordine*

Auct.: 10 § 33] *cf.* Ou. fast. 6, 349–394

Test.: 9–10 turpi ... caluam] *cf.* Ps. Cypr. idol. 4 p. 22, 3 sq.

1 hostias K *(alt. s s.l. inc.)* S   iis H M   **2** parere? D^{ac}
4 cognotis D^1 V^{pc} P, -natis V^{ac} et] ex H M   libidine B
cogitati D^1 V P^1 *(corr. P^2)*   **5** armati, i *in ras. m.2*, P *edd.*, -tae *cet.*;
armate *uult Heck cl.* 3, 17, 24 uarie *pro falso trad.* uariae; antea dist.
Buen.   commixti H M   promiscue K *(u s.l. m.1)* S; *cf.* 1, 16, 11
6 uacabant R   discere B^{ac} sicuti H M; sic S   hisdem B *(h s.l. m.2)* K *(h s.l. m.1)* S   missi cum] m. admixti H, m. admixtum M
7 parthenii P^2 **8** aedem] hae a. K S   simulacrum P^{ac}
9 quodam etsi B   euenit H M   **10** quam] quod M   caluam *eras. et in mg.* nudam *m. rec.* K   **11** quodque H^{ac} M   **13** esse B
obsidione, ne *s.l. m.2*, B   **14** subici R   **15** derisio] diūsio K, diūsi S
si] et si K S   quaeri B D V P M R   **16** nomen B V P^2 R *(D deest)*;
nomina P^1 **17** turpissimi K^1 S   haberetur H M

Fornacem deam uel potius doctos uiros celebrandis Fornacalibus operari? quis cum audiat deam Mutam, tenere risum queat? hanc esse dicunt ex qua sint Lares nati et ipsam Laram nominant uel Larundam. quid praestare colenti potest quae loqui non potest? colitur et Caca, quae Herculi fecit indicium de furto boum, diuinitatem consecuta quia prodidit fratrem, et Cunina, quae infantes tuetur in cunis ac fascinum submouet, et Stercutus, qui stercorandi agri rationem primus induxit, et Tutinus, in cuius sinu pudendo nubentes praesident, ut illarum pudicitiam prior deus delibasse uideatur, et mille alia portenta, ut iam uaniores qui haec colenda susceperint quam Aegyptios esse dicamus, qui monstruosa et ridicula quaedam simulacra uenerantur. et haec tamen habent aliquam imaginem. quid qui lapidem colunt informem ac rudem cui nomen est Terminus? hic est quem pro Ioue Saturnus dicitur deuorasse nec immerito illi honos tribuitur. nam cum Tarquinius Capitolium facere uellet atque in eo loco multorum deorum sacella essent, consuluit eos per auguria, utrum Ioui cederent, et cedentibus ceteris solus Terminus mansit. unde illum poeta 'Capitoli immobile saxum' uocat. iam ex

Epit.: 1, 20, 37 lapidem ... 41 lapis] 16, 3 Terminum ... proroget

Auct.: **1–3** cf. Ou. fast. 2, 523–532. 583–616   **19** Verg. Aen. 9, 448

Test.: **7–8** Isid. orig. 17, 1, 3

1 doctus D[1] M[ac], -tis R[ac]   furnacalibus D V P, fornec- K S; -nacibus H M   **3** ex] et B[1], corr. B[2]   ipsum H M   larem H M R
4 larunda S   quae] qui H M K S   **5** caeca B P[2] H, cecera M
herculis P[ar]   facit H M   indicio V P[1] (corr. P[2]; D deest)
6 diuinitatem] in d. H M   consecrata H M   cuma B
7 fuscinum P   stercutus P[2] K S R epit., -culus V P[1] H M (D deest); -cus B; cf. Heck, 1972, 178   **8** Tutunus coni. Br   **9** sup. pudendo
m. post. uel pendendo P   pudicicia S   **10** deliuasse B[1], corr. B[3]; deli
asse (post i spatium) R   uidetur B[1], corr. B[2]   **11** dedicamus D V P[ar]
12 monstrusa B[ac], -rosa V P R (D deest)   ueneratur K[ac]
13 quid] d s.l. pro eras. litt. B[2]   **17** esse B[1], corr. B[2]   **18** caederent
B[ac] D V M, cęd- P K, cad- H   **19** illam M   capitolii B K S

hoc ipso quam magnus Iuppiter inuenitur, cui non cessit lapis, ea fortasse fiducia, quod illum de paternis faucibus liberauerat. facto itaque Capitolio supra ipsum Terminum foramen est in tecto relictum, ut quia non cesserat, libero caelo frueretur, quo ne ipsi quidem fruebantur qui lapidem frui putauerunt. et huic ergo publice supplicatur quasi custodi finium deo, qui non tantum lapis, sed etiam stipes interdum est. quid de his dicas qui colunt talia nisi ipsos potissimum lapides ac stipites esse?

21. Diximus de diis ipsis qui coluntur. nunc de sacris ac mysteriis eorum pauca dicenda sunt. apud Cyprios humanam hostiam Ioui Teucrus immolauit idque sacrificium posteris tradidit; quod est nuper Hadriano imperante sublatum. erat lex apud Tauros inhumanam et feram gentem, ut Dianae hospites immolarentur, et id sacrificium multis temporibus celebratum est. Galli Esum atque Teutaten humano cruore placabant. ne Latini quidem huius immanitatis expertes fuerunt, siquidem Latiaris Iuppiter etiamnunc sanguine colitur humano. quid ab his boni precantur qui sic sacrificant? aut quid tales dii praestare hominibus possunt, quorum poenis propitiantur? sed de barbaris non est adeo mirandum, quorum religio cum moribus congruit.

Epit.: 1, 21, 1–40] 18, 1–11   1, 21, 1 ... tradidit] 18, 1   2–3] 18, 2 ... est

Auct.: 15 Esum ... placabant] *cf.* Lucan. 1, 444 sq.

2 eo P   **4** cessarat K^1, -ssarant S   **6** custodiam B^{ar} tantum *s.l.* D   **7** stipes] tribus HM   his *codd.* (D *deest*), Mo; iis *edd.*   **8** talia] alia K^1 S   ipso H   potissimos M   stirpes HM   **9** istis P   sacrificiis HM   ac] ac de P   **10** Cyprios] c. autem VP *(et* D *spatio indice);* cyrios R   **11** teucrius B; -chrus VP *(*D *inc.)*   **12** est *om.* HM   imperatore HM   rex P   **13** taurios, i *s.l. m.2*, B; tauras DVP; taracas *sic ex* tauros R^2 uti DVP; et K^1 S   **14** immolaretur R^1 **15** est] s *s.l.* B^2 aesum BR   theutaten B, -tanten DV, -tantem P; utaten HM   placebant M   **17** quid] q. talibus HM   ab his] a diis HMKSR   **18** bonis B^{ar} quid] qui HK^1 S   **19** hominibus *om.* KS nostri uero qui semper mansuetudinis et humanitatis sibi gloriam uindicauerunt, nonne sacrilegis his sacris immaniores reperiuntur? ii enim potius scelerati sunt habendi, qui cum sint liberalium disciplinarum studiis expoliti, ab humanitate desciscunt, quam qui rudes et imperiti ad mala facinora bonorum ignoratione labuntur. apparet tamen antiquum esse hunc immolandorum hominum ritum, siquidem Saturnus in Latio eodem genere sacrificii cultus est, non quidem ut homo ad aram immolaretur, sed ut in Tiberim de ponte Muluio mitteretur. quod ex responso quodam factitatum Varro auctor est; cuius responsi ultimus uersus est talis:

καὶ κεφαλὰς Ἀίδῃ καὶ τῷ πατρὶ πέμπετε φῶτα,

id est hominem. quod quia uidetur ambiguum, et fax illi et homo iaci solet. uerum id genus sacrificii ab Hercule, cum ex Hispania rediret, dicitur esse sublatum, ritu tamen permanente ut pro ueris hominibus imagines iacerentur e scirpo, ut Ouidius in Fastis docet:

'donec in haec uenit Tirynthius arua, quotannis
    tristia Leucadio sacra peracta modo.

Epit.: 1, 21, 6–7] 18, 2 etiam ... deiciebantur

Auct.: **10** Varro] cf. Macr. Sat. 1, 7, 28–31 et M. Wifstrand Schiebe, RhM 142, 1999, 189–209 **18–p. 92, 2** Ou. fast. 5, 629–632

1 magnitudinis M   humanitas P   gloria S   **2** uindicarunt PHMKS   sacris legis D[ar] VP[1]; -rilegiis P[2] KS   repperiuntur BDVP[ar] HMR   **3** ii R[1], hii BDVR[1], hi cet., Mo   scelerandi P   **4** expolitis KS[ar]; -liati B[ar] H[ar] MR[ar]   humanitati R[1]   **6** hunc] hc̄ S; cf. 1, 19, 6   **8** iram, i in ras. m.2, S   **9** uti DVP   ponente B[ar] molbio DVP, molu- KSR[2] (o ex u); delere uult Br cl. epit.; cf. Heck-Wlosok, 1996, 150   **10** quidam HM, quidem KS   **12** αιδη DVPR, ιδε B, εδε KS; cf. Macr. § 28   καὶ] cε KS   το BKS   πεμπεται DVP   φοτα KS   **13** id ... hominem om. edd., del. Br   illi et] illa sed HM   **14** solebat KS; sosolebat HM   **15** redire P[1], corr. P[2]   **16** excirpo B[1] KS, exsc- B[2]; idcirco HM   **18** quod annis BVPHM   **19** tristitia B   leucadia H

illum stramineos in aquam misisse Quirites,
Herculis exemplo corpora falsa iaci.'
9 haec sacra Vestales uirgines faciunt, ut ait idem:
'tum quoque priscorum uirgo simulacra uirorum
mittere roboreo scirpea ponte solet.'
nam de infantibus qui eidem Saturno immolabantur propter
10 odium Iouis quid dicam non inuenio. tam barbaros, tam immanes fuisse homines, ut parricidium suum id est taetrum atque exsecrabile humano generi facinus sacrificium uocarent, cum teneras atque innocentes animas, quae maxime est aetas parentibus dulcior, sine ullo respectu pietatis extinguerent immanitatemque omnium bestiarum, quae tamen fetus suos amant, feri-
11 tate superarent! o dementiam insanabilem! quid illis isti dii facere amplius possent, si essent iratissimi, quam faciunt propitii, cum suos cultores parricidiis inquinant, orbitatibus mac-
12 tant, humanis sensibus spoliant? quid potest esse his hominibus sancti? aut quid in profanis locis faciant qui inter aras deorum
13 summa scelera committunt? Pescennius Festus in libris historiarum per saturam refert 'Carthaginienses Saturno humanas hostias solitos immolare et, cum uicti essent ab Agathocle rege

Epit.: 1, 21, 9 nam ... inuenio] 18, 3   13] 18, 3

Auct.: 4–5 Ou. fast. 5, 621 sq.   18–p. 93, 2 Pescennius Festus *nonnisi hinc notus; cf. Peter, HRR II 159; Kroll, RE XIX 1086*

1 aqua MKS   quiritis KS   **2** iaci *codd. Ou.;* iace BVPKS *Mo (legitne hoc Lact.?),* -cet D, -cent R; -cebant HM   **3** uirgines uestales B   **4** tunc P; tu HMKS   **5** cirpea B¹, *corr.* B², scirpa R   soles HMKS, -lent R   **6** immolabuntur P   **9** genere KS   **10** maximae B *(alt.* a *in ras. m.3)* D   **12** quae tamen] qua et non P   **13** dementia K¹ S   insanabile VK¹S *(D deest)*   diis P   **14** possunt R¹   si essent *om.* B   **15** orbitate B   **16** esse *om.* KS   iis R¹, hiis R²   **16–17** homini sanctum HM   **17** prophanis DV *(et ft.* P¹; fa *in ras.* P²)   inter aras] in terras HM   **18** pascennius M   **19** sathyram VP *(D deest),* -tyr- R   referet M   karthaginienses B; *u. ind. form.*   **20** solitas P

Siculorum, iratum sibi deum putauisse; itaque ut diligentius piaculum soluerent, ducentos nobilium filios immolasse'.
    'tantum religio potuit suadere malorum.
    quae peperit saepe scelerosa atque impia facta.'
cui ergo dementissimi homines illo sacrificio consulebant, cum tantam partem ciuitatis occiderent, quantam fortasse ne Agathocles quidem uictor occiderat? ab isto genere sacrorum non minoris insaniae iudicanda sunt publica illa sacra, quorum alia sunt Matris in quibus homines suis ipsi uirilibus litant – amputato enim sexu nec uiros se nec feminas faciunt –, alia Virtutis, quam eandem Bellonam uocant, in quibus ipsi sacerdotes non alieno, sed suo cruore sacrificant.   sectis namque umeris et utraque manu destrictos gladios exserentes currunt efferuntur insaniunt. optime igitur Quintilianus in Fanatico 'istud' inquit 'si deus cogit, iratus est'. etiamne haec sacra sunt? non satius est pecudum modo uiuere quam deos tam impios, tam profanos, tam sanguinarios colere? sed unde isti errores et haec tanta flagitia manauerint, suo loco disseremus. interim uideamus et

Epit.: 1, 21, 16 ... 17 insaniunt] 18, 4   19 interim ... 22 fuisse] 18, 5–6

18 suo loco] 2, 16, 1–21

Auct.: **3–4** Lucr. 1, 101. 83   **14–15** Quint. decl. frg. 5 Lehnert = inc. 1 Winterbottom

1 piacula B   **4** quae ... saepe] religio peperit *Lucr.*   **6** cecitatis K[1] *(alt.* c *inc.)* S   acciderant K S   nec B; *cf. 1, 6, 7* adgathocles, d *del.*, K, gath- S   **7** quidem *om.* B   occiderit H M K S   **9** Matris] s *del. an* x *ex* s? D; m. deum *(*dm̄ *in fine lin. m.2?)* K *recc., edd.; trad. def. Br*   ipsis P[2]   uiribus B[1], *corr.* B[2]   **10** femina H M   **13** districtos R[1]   gladio] g. se H M   esserentes K[1]; effer- S; *u. ind. form.*   ecferuntur B; haec feruntur M K S, haec feceruntur H   **14** insaniunt] unt *del. m. rec.* K   **15** si] quodsi H M   deos S colit B   iratus] sceleratus *aut* insanus *coni. Br,* cerritus *St 229 sq.; cf. Thes. VII 2, 372, 41–48*   non] ne V P[ac] (D *deest);* nonne K S   **16** modo *s.l.* K   **18** manauerunt K S   interim *om.* H

cetera, quae carent scelere, ne studio insectandi uideamur eligere peiora. Isidis Aegyptiae sacra sunt, quatenus filium paruulum uel perdiderit uel inuenerit. nam primo sacerdotes eius deglabrato corpore pectora sua tundunt lamentantur, sicut ipsa cum perdidit fecerat; deinde puer producitur quasi inuentus et in laetitiam luctus ille mutatur. ideo Lucanus:

'numquamque satis quaesitus Osiris.'

semper enim perdunt, semper inueniunt. refertur ergo in sacris imago rei quae uere gesta est, quae profecto, si quid sapimus, declarat mortalem mulierem fuisse ac paene orbam, nisi unicum repperisset. quod illum ipsum poetam minime fugit, apud quem Pompeius adulescens morte patris audita haec loquitur:

'euoluam busto iam numen gentibus Isim
et tectum lino spargam per uulgus Osirim.'

hic est Osiris, quem Serapim uel Serapidem uulgus appellat. solent enim mortuis consecratis nomina immutari, credo ne quis eos putet homines fuisse. nam et Romulus post mortem Quirinus factus est et Leda Nemesis et Circe Marica et Ino, postquam se praecipitauit, Leucothea materque Matuta et Melicertes

Auct.: **7** Ou. met. 9, 693; *cf.* Lucan. 8, 831–834   **13–14** Lucan. 9, 158 sq.

Test.: **19** Leucothea ... Melicertes] *cf.* Ps. Cypr. idol. 2 p. 19, 9 sq.

1 scelera K[ac]   **2–3** quatinus paruulum filium K S   **3** uel *post* paruulum *om.* B   **4** pectora] corpora B[1], *corr.* B[2]   sua] s. nuda H M sic S   **5** ferat K S   **6** lucius D[1] R[1]   **7** numquae B[1]; *corr.* B[3]; nusquamque H M   **8** inueniuntur K S   ergo] enim B   **9** uera P K S   si quid] sicut K[ac]   **10** mulierem *om.* K S   **10–11** nisi ... illum] reper- q. n. u. i. R[1], n. u. i. *del., post* orbam *s.l.* R[2]   **10** unicum] *alt.* u *in ras.* P, -cam V (D *deest*)   **11** poeta K S   **13** issim D V P   **14** et tectum] eiec- B; et rec- H M K S   ligno D V P   linos parcam H M   uulgum K[1] S   osiris K S   **15** serapem B D V P, sarapem H M   uel Serapidem *del. Volkmann, Br* sarapidem B[1], *corr.* B[2]   appellant B, -lent M   **17** putent B[ar]   **18** cice P   inopustquam, t *s.l.,* P   **19** praecipitauit] p. in mare H M leuchotea B V P   mater (*deinde* q;? *eras.*) mutata P   melicertus V[1]

filius eius Palaemon atque Portunus.   sacra uero Cereris Eleu- 24
sinae non sunt his dissimilia. nam sicut ibi Osiris puer planctu
matris inquiritur, ita hic ad incestum patrui matrimonium rapta
Proserpina. quam quia facibus ex Aetnae uertice accensis quae-
5 sisse in Sicilia Ceres dicitur, idcirco sacra eius ardentium tae-
darum iactatione celebrantur. apud Lampsacum Priapo litabilis 25
uictima est asellus, cuius sacrificii ratio in Fastis haec redditur:
cum dii omnes ad festum Matris Magnae conuenissent epulisque
satiati noctem lusibus ducerent, quieuisse humi Vestam som-
10 numque cepisse; ibi Priapum somno eius ac pudicitiae insidiatum, sed illam intempestiuo clamore aselli quo Silenus uehebatur excitatam, libidinem uero insidiatoris esse deceptam;
hac de causa Lampsacenos asellum Priapo quasi in ultionem 26
mactare consuesse, apud Romanos uero eundem Vestalibus sa-
15 cris in honorem pudicitiae conseruatae panibus coronari.   quid 27
turpius, quid flagitiosius, quam si Vesta beneficio asini uirgo
est? – at poeta fabulam finxit. – num ergo illud est uerius quod 28
referunt ii qui Phaenomena conscripserunt, cum de duabus Can-
cri stellis loquuntur quas Graeci ὄνους uocant, asellos fuisse

Epit.: 1, 21, 24] 18, 7   25–30] 18, 8

Auct.: **4–5** quam . . . dicitur] *cf.* Cic. Verr. II 4, 106   **7** Fastis] *cf.* Ou. fast. 6, 309–346   **17** § 28] *cf.* Schol. Germ. Bas. p. 70, 12 – 71, 3 Breysig; Hyg. astr. 2, 23, 3

1 eleusinae] e *final. in ras.* P; -niae B; -nam D V   **2** iis H M
3 *post* patrui *s.l. eras.* in*?* P; patrui in R   **4** ethneae B   ascensis P
6 apud] lamsacum a. H M   lamsacum B H M R, -aps- D V P, -ans-
K S   litalis B   **7** asellis P¹, *corr.* P²   **8** ad festum] adfectum H, adecta M   **9** somnium, i *eras.*, R   **10** coepisse D V P
ei M   **11** asello V^ac   **13** haec K S   lamsacenos B P H M, laps- D (p in ras.) V (p s.l.), lās- K S R   ultione K S   **14** consueuit V²
sacrificiis M   **15** consecratae H M K S   panisbu B¹, *corr.* B²
18 *post* referunt 2 litt. *eras.* P   ii R¹, hii B D H M R² Mo, hi *cet.*
Phaenomena] eorum *(ut uid.: ante* e *eras.* s, oru *in ras. m.2,* m *inc.)*
no|mina B; fetomenas H M   concri R   **19** onus B, onos H M; ονοις P *(in mg. m.3* asinos*)*

qui Liberum patrem transuexerint, cum amnem transire non posset, quorum alteri hoc praemium dederit, ut humana uoce loqueretur? itaque inter eum Priapumque ortum esse certamen de obsceni magnitudine; Priapum uictum et iratum interemisse uictorem. hoc uero multo magis ineptum est, sed poetis licet quidquid uelint. non excutio tam deforme mysterium nec Priapum denudo, ne quid appareat risu dignum. finxerint haec sane poetae, sed necesse est maioris alicuius turpitudinis tegendae gratia ficta sint. quae sit ergo quaeramus. at ea profecto manifesta est. nam sicut Lunae taurus mactatur, quia similia habet cornua, et

'placat equo Persis radiis Hyperiona cinctum,
   ne detur celeri uictima tarda deo',

ita in hoc quia magnitudo membri uirilis enormis est, non potuit ei monstro aptior uictima reperiri quam quae posset ipsum cui mactatur imitari. apud Lindum, quod est oppidum Rhodi, Herculis sacra sunt, quorum a ceteris longe diuersus est ritus, siquidem non εὐφημίᾳ ut Graeci appellant, sed maledictis et ex-

Epit.: 1, 21, 31–36] 18, 9

Auct.: 12–13 Ou. fast. 1, 385 sq.

1 transuexerunt D   nos D¹   possent KS; -sit R   **2** hoc] ob B   dederint K¹ S   **4** dictum Kᵃᶜ   iratum] iterum B   **5** uectorem P¹, corr. P²   **6** sup. excutio m. rec. excuso K   ne Mᵃᶜ HS¹   **7** finxerunt BPS   sane om. KS   **9** fincta Bᵃʳ Mᵃᶜ H; facta K (c s.l. m.1) S   sint HM   at ea] ad dea B; ad ea HM¹, adeo M²; a te res (in ras. m.2) R   **10** est] e. res HM   sic S   qui H¹ similiter, t in ras. m.2., P   habent B   **12** placita B; -cata DVP¹, -tam P², -te H¹ M   quo P² (e exp.) H¹ M   dispersis B   hyperion accintum VPᵃʳ, in D extat | accinctum   **14** hoc] hc̄ K (cf. 1, 19, 6); hunc S   qui V¹   inormis B   **15** repperiri codd. (D inc.); u. ind. form.   quamque DVP¹ (corr. P²) H¹ MKS   possit HMKS   ipsum in ras. P²   **17** longi S   **18** eyfemia B, eufemia VPK² R (D deest), eufenia HMS, euphemia K¹; cf. Thes. V 2, 1074, 18–25, sed et litt. graec. 2, 1, 16. 8, 6 al. (aliter 1, 6, 3)   ut] aut V (D deest)

secratione celebrantur, eaque pro uiolatis habent, si quando inter
sollemnes ritus uel imprudenti alicui exciderit bonum uerbum.
cuius rei haec ratio redditur, si tamen ulla esse ratio in rebus
uanissimis potest. Hercules eo cum delatus esset famemque
pateretur, aratorem quendam conspexit operantem ab eoque pe-
tere coepit, ut sibi unum bouem uenderet. enimuero ille negauit
fieri posse, quod spes sua omnis colendae terrae duobus illis
iuuencis niteretur. Hercules solita uiolentia usus, quia unum
accipere non potuit, utrumque sustulit. at ille infelix cum boues
suos mactari uideret, iniuriam suam maledictis ultus est, quod
homini eleganti et urbano gratissimum fuit. nam dum comitibus suis epulas apparat dumque alienos boues deuorat, illum sibi
amarissime conuiciantem cum risu et cachinnis audiebat. sed
postquam Herculi diuinos honores ob admirationem uirtutis de-
ferri placuit a ciuibus, ara ei posita est, quam de facto βούζυγον
nominauit, ad quam duo iuncti boues immolarentur sicut illi
quos abstulerat aratori, eumque ipsum sibi constituit sacerdotem
ac praecepit, ut isdem maledictis semper in celebrandis sacrificiis uteretur, quod negaret se umquam epulatum esse iucundius.
haec iam non sacra sunt, sed sacrilegia, in quibus id sanctum
ducitur, quod in aliis si fiat, etiam seuerissime uindicatur.

3 si] nisi D V P   nulla V P^ar *(D deest)*   ratio *om.* V P *(et* D *spatio indice)*   **5** patere P¹, *corr.* P²   **6** coepi P   enimuero *om.* B   **7** quod *om.* R   **8** iuuencis] i. maxime H M   herculis, i *ex* e, B, -le K S   **9** non potuit accipere H M K S   utrosque H M   **10** maledictis (s *in ras. m.2?)* uultus V *(D deest)*   **11** cum H M   **12** suis *om.* B   appareat V *(D inc.)*   **13** amarissimi V   cacchinnis B^ar M², cacin- V P *(D deest)*, caccin- H M¹   **14** miratione S   uirtutum B   **15** a ciuibus placuit B   βουζυγον R, βιζ- B, βουζιτον V *(in* D *extat* τον*)*, -ζιγ- P, -ζουγ- K S   **16** iuncti duo K S   sic S   **17** abstulerunt *ut uid.* B¹, *corr.* B²   sibi] sic, c *s.l. m.2,* D   sacerdotes P^ac, -te K¹ S   **18** ac] at K S   praecipit R¹   hisdem B² D V P K S   **19** quod] quam M^ac   negare P^ac   iucundius] tum *(in* M *del.)* i. H M; -dum K S   **21** dicitur D *(ante* c *eras. s?)* V; dr̄ *et in mg. m. post.* ducitur P

38 ipsius autem Cretici Iouis sacra quid aliud quam quomodo sit
aut subtractus patri aut nutritus ostendunt? capella est Amal-
theae nymphae, quae uberibus suis aluit infantem. de qua Ger-
manicus Caesar in Arateo carmine sic ait:
'illa putatur
nutrix esse Iouis, si uere Iuppiter infans
ubera Cretaeae mulsit fidissima caprae,
sidere quae claro gratum testatur alumnum.'
39 'huius capellae corio usum esse pro scuto Iouem contra Titanas
dimicantem' Musaeus auctor est, unde a poetis Aegiochus nominatur. ita quidquid est gestum in abscondendo puero, id
40 ipsum per imaginem geritur in sacris. sed et matris eius mysterium idem continet; quod Ouidius exponit in Fastis:
'ardua iam dudum resonat tinnitibus Ide,
tutus ut infanti uagiat ore puer.
pars clipeos sudibus, galeas pars tundit inanes,
hoc Curetes habent, hoc Corybantes opus.
res latuit priscique manent imitamina facti,
aera deae comites raucaque terga mouent.

Epit.: 1, 21, 38–40] 18, 10–11

Auct.: 5–8 Germ. 165–168   10 Musaeus] VS 2 B 8   Aegiochus]
cf. Hyg. astr. 2, 13, 3   **14–p. 99, 2** Ou. fast. 4, 207–214

1 cretici ... aliud *in mg.* V², eretici KS   **2** amathae B¹, *corr.* B²;
amalathe HM   **3–4** quae ... ait *om.* B   quae] quod P¹, *corr.* P²
3 de qua] unde HM   **4** sic ait] sicut M   **5** illa] una *codd. Germ.*
6 uero HMKS   **7** Cretaeae] cretae aere HM   foedissima capra
HM   **8** sidere quae] sidereque B; quae *om.* HM   grato R^{ac}
10 auctor *bis, pr. del.* P   aegiochus V *(D deest)* M (eg-) KSR *Mo,*
-osus P, egiocus H, *om.* B; αἰγίοχος *edd.* (*inde Thes. I 947, 81 sq.*), Br
11 in] tum in HM   **13** infantis D¹   **14** ian B¹, *corr.* B²
tintinibus D; innitibus P   ide *edd. ut pars codd. Ou.* (ida *cet.*), idae
B¹ *(e exp. m.2)* HMKS; idem DVPR   **15** tutius (i *s.l.*) ut *(in mg.)* V
17 opus *om.* HM   **17–18** opus res] pueres, *pr.* e *s.l. m.2*, B
18 priscique] prisca B   manens, s *in ras. m.2*, K   **19** aera deae]
tradidere B   rauca quae, *tert.* a *s.l.*, B   terga] turba HM

cymbala pro galeis, pro scutis tympana pulsant,
tibia dat Phrygios ut dedit ante modos.'
hanc totam opinionem quasi a poetis fictam Sallustius respuit 41
uoluitque ingeniose interpretari, cur altores Iouis dicantur fuisse
Curetes, et sic ait: 'quia principes diuini intellegendi fuerunt,
uetustatem ut cetera in maius componentem altores Iouis cele-
brauisse'. quantum errauerit homo eruditus, iam res ipsa de- 42
clarat. si enim princeps est Iuppiter et deorum et religionum, si
ante illum nulli dii uulgo colebantur, quia nondum nati fuerant
qui coluntur, apparet Curetas ex diuerso principes fuisse diuini
non intellegendi, per quos error omnis inductus est et dei ueri
memoria sublata. ex ipsis itaque mysteriis et caerimoniis in- 43
tellegere debuerunt hominibus se mortuis supplicare. non igitur 44
exigo, ut aliquis poetarum fictionibus credat. qui hos mentiri
putat, pontificum ipsorum scripta consideret et quidquid est litterarum ad sacra pertinentium reuoluat. plura fortasse quam nos
adferimus inueniet, ex quibus intellegat inania inepta commen-
ticia esse omnia quae pro sanctis habentur. si quis autem per- 45
cepta sapientia deposuerit errorem, profecto ridebit ineptias
hominum paene dementium, illos dico qui uel inhonesto saltatu
tripudiant uel qui nudi uncti coronati aut personati aut luto obliti

Auct.: **5–7** Sall. hist. frg. 3, 14 Maurenbrecher

1 cymbalia D¹ V¹ pulscent (ce *ex* a?) R **2** da H¹ Mᵃᶜ frygiam D V P¹ *(corr. m. rec.)* **3** factam D V P¹ *(corr. P²)* **4** cur altores] cum a. Dᵃᶜ; curator- H Mᵃᶜ; c. alior- R **6** uetustate H Mᵃᶜ ut *in mg.* P componentes B altiores D¹ V celebrauisse] -uis ea H, -uisse at, t *s.l.,* M **7** quamtum H M iam] tam R **8** princeps] ep *in ras.* D; principes, *alt* i *exp.,* V **9** celebrantur K S qui V **10** curetes D² *ex § 41, edd. ante Br; cf. e. g. Arnob. nat. 3, 41* **12** sublata] s. est H M **14** finctionibus H M R **16** quam *s.l.* P **17** inferimus H M **18** sacris H M K S **19** ineptias] dementias H M **20** *ad* paene *s.l.* uel plane M inhonestu B¹, *corr.* B³; -tos D V P **20–21** saltatu tripudiant B M² R²; altatu t. D¹ V P, alta repudiant D²; saltat ut repudiant H M¹; saltu t. K S; saltoto t. R¹ **21** *post* nudi *eras.* &? V obliniti H M

46 currunt. quid de scutis uetustate iam putribus dicam? quae cum
47 portant, deos ipsos se gestare umeris arbitrantur. nam Furius
Bibaculus inter praecipua pietatis exempla numeratur: qui cum
praetor esset, tamen lictoribus praeeuntibus ancile portauit, cum
48 haberet magistratus beneficio muneris eius uacationem. non
ergo ille Furius, sed plane furiosus fuit, qui praeturam hoc ministerio se putauit ornare. merito igitur, cum haec a uiris non
imperitis ac rudibus fiant, Lucretius exclamat:

'o miseras hominum mentes, o pectora caeca!
qualibus in tenebris uitae quantisque periclis
degitur hoc aeui quodcumque est!'

49 quis haec ludibria non rideat qui habeat aliquid sanitatis, cum
uideat homines uelut mente captos ea serio facere, quae si quis
faciat in lusum nimis lasciuus et ineptus esse uideatur?

1   22.   Harum uanitatum apud Romanos auctor et constitutor
Sabinus ille rex fuit, qui maxime animos hominum rudes atque
imperitos nouis superstitionibus implicauit. quod ut faceret aliqua cum auctoritate, simulauit cum dea Egeria nocturnos se

Epit.: 1, 22, 1–13] 17, 1–3 *ordine mutato*   1, 22, 1–4] 17, 2

Auct.: 2 § 47] *cf.* Val. Max. 1, 1, 9   **9–11** Lucr. 2, 14–16
15 §§ 1–4] *cf.* Liu. 1, 19–21 *passim et Wissowa 525*

1 qui de B[1] *(corr.* B[3]*)* H   putridis *ex* -idibus M[2]   **2** gestare se
BHMKS; egestare P   *post* umeris *s.l.* suis P[2]   **3** uiuaculus BHM
5 beneficio] ac b. HM   uocationem KS   **6** furiosius P[ar]
praetura S; -ram hominis, s *ins. m.2*, R   **7** ornate R[ac]   **8** clamat HM
9 miseras R, -rae B; stultas DVP *(a s.l. pro* u*)* KS; m. o stultas HM;
u. *Br, Ed. I, LIX n. 1*   **10** uita R   quantusque periculis D
11 est *s.l.* P[2]   **12** *post* quis *eras.* est M   aliquis S   **13** ueluti R
mentes P[ar]   captos *s.l.* P[2]   ea serio *del. et s.l.* hec D[2]
sero B[ac]   si quis] sicut, cut *exp.*, R   **14** lusu DVP, -sus M[2]   minis
lasciuus B[1], minus sanus B[2]   lasciuius V[ar] S   esse] e se HM[1]
15 romanus P[ac]   **16** *ad* sabinus *s.l.* numa R[2]   maxime animos]
maximos K *(s.l. m. rec.* + mores*)* S   hominum] rerum B
18 dea] de HM *(del. m.2)*   geria D *(antea eras.* e*?)* VP[ac]

habere congressus. erat spelunca quaedam peropaca in nemore
Aricino, unde riuus perenni fonte manabat. huc se remotis arbitris inferre consueuerat, ut mentiri posset monitu deae coniugis ea sacra populo se tradere, quae acceptissima diis essent.
uidelicet astutiam Minois uoluit imitari, qui se in antrum Iouis
recondebat et ibi diu moratus leges tamquam sibi a Ioue traditas
adferebat, ut homines ad parendum non modo imperio, sed etiam religione constringeret. nec difficile sane fuit persuadere
pastoribus. itaque pontifices flamines Salios augures creauit, deos per familias descripsit. sic noui populi feroces animos mitigauit et ad studia pacis a rebus bellicis auocauit. sed cum alios
falleret, se ipsum tamen non fefellit. nam post annos plurimos
Cornelio et Baebio consulibus in agro scribae Petilii sub Ianiculo arcae duae lapideae sunt repertae a fossoribus, quarum in
altera corpus Numae fuit, in altera septem Latini libri de iure
pontificio, item Graeci totidem de disciplina sapientiae scripti,
quibus religiones non eas modo quas ipse instituerat, sed omnes
praeterea dissoluit. qua re ad senatum delata decretum est, ut hi
libri abolerentur. ita eos Quintus Petilius praetor urbanus in contione populi concremauit. insipienter id quidem; quid enim

Auct.: 11 §§ 5–6] *cf.* Val. Max. 1, 1, 12

2 ericino VP *(D deest);* aroc- HM   perhenni KSR² remotissimus
HM¹   arbitriis B   5 astutia HMᵃᶜ   minis B¹, *corr.* B³, -nohis V *(D
deest)*, myn- P¹, *corr.* P²   6 a *s.l.* R²   traditas a ioue HMKS
7 ad parendum] app- BDᵃᶜ VP¹ *(corr. m. post.)*   8 sane *bis, pr.
del.*, R   9 alios R   10 familia HM   discripsit *Br; cf. Thes. V 1,
1354, 36–48*   feros P¹, *corr. m. post.*   11 et ... auocauit *in mg.
inf.* H   ad] a K¹   12 nam] non R   annis Pᵃᶜ   13 bebio BHM,
boeb- PKS   petilii DVPR, -li BHM, -tulii KS   14 artae V *(D
deest)*   lapidae D¹, -des D²; lipideae HM¹   a *om.* R
forsoribus V *(D deest)*, foso- P¹, *corr.* P²   15 de iure] dei uere
DVPᵃᶜ   iuri B¹, *corr.* B³   16 disciplinae sapientias B¹, *corr.* B³
17 quasi Dᵃʳ VPᵃʳ   omnis DVP¹ *(e ex i P²)* R¹   18 uti KS
hii VHM *(D deest);* 11 = ii R¹, ·11· *et s.l.* o *(duo? Br)* R²   19 adolerentur P   ita ... Quintus] itaque eos BHMKS   20 concreauit R¹

profuit libros esse combustos, cum hoc ipsum, quod sunt ideo combusti, quia religionibus derogabant, memoriae sit traditum? nemo ergo tunc in senatu non stultissimus; potuerunt enim et libri aboleri et tamen res in memoriam non exire. ita dum uolunt etiam posteris approbare quanta pietate defenderint religiones, auctoritatem religionum ipsarum testando minuerunt. sed ut Pompilius apud Romanos institutor ineptarum religionum fuit, sic ante Pompilium Faunus in Latio, qui et Saturno auo nefaria sacra constituit et Picum patrem inter deos honorauit et sororem suam Fentam Faunam eandemque coniugem consecrauit; quam Gauius Bassus tradit 'Fatuam nominatam, quod mulieribus fata canere consuesset ut Faunus uiris'. eandem Varro scribit 'tantae pudicitiae fuisse, ut nemo illam quoad uixerit praeter suum uirum mas uiderit nec nomen eius audierit'. idcirco illi mulieres in operto sacrificant et Bonam Deam nominant. et Sextus Clodius in eo libro, quem Graece scripsit, refert 'Fauni hanc uxorem fuisse; quae quia contra morem decusque regium clam uini ollam ebiberat et ebria facta erat, uirgis myrteis a uiro ad

Epit.: 1, 22, 9 . . . 11 nominant] 17, 1

Auct.: **11–12** Gau. Bass. frg. 10 Funaioli **12–14** Varro ant. rer. diu. frg. 214 Cardauns **16–p. 103, 3** Sextus Clodius] *cf.* Arnob. nat. 5, 18 p. 271, 16–21 *et Brzoska, RE IV 67*

1 esse] fuisse HMKS ipsum quod] -mque S sunt *om.* KS
2 religionibus] de r. K[1] S sit *om.* R **3** tunc in senatu] i. s. t. HMKS posuerunt H **4** adoleri HM memoria KS
4–5 etiam uolunt HM **5** posteris *om.* P **6** religionem P[ac]
8 in . . . et] qui est i. l. B **10** fentam PR[1], -tan *epit. cod.* T; -teiam B, -tiam R[2]; sentam DV; fenam HMKS; *cf. Arnob. nat. 1, 36* fenta, *5, 18* fetam fanam B[ac] **11** gauius R, gabi- BDVPKS; gabinius HM tradidit BHM **12** fanus B[ac] **13** quod ad V; quod P[ac] quo| aduexerit R[1] **14** mas *s.l.* B[3]; masculus HM *ante* idcirco *utroque loco § 11 et* D[2] **15** et *ante* Sextus *om.* HM sextum S; ·c· DVP[1], ·g· P[2] **18** fata P[ac] murteis D[ac] VP[ac] R, mirt-, rt *ex* st?, H; mysteriis K, misteriis MS ad *in fine lin.* B[3] **18–p. 103, 1** usque ad mortem HM; u. m., *om.* ad, KS

mortem usque caesam; postea uero cum eum facti sui paeniteret
ac desiderium eius ferre non posset, diuinum illi honorem de-
tulisse; idcirco in sacris eius obuolutam uini amphoram poni'.
reliquit ergo posteris Faunus quoque non parum erroris, quem
tamen prudentes quique perspiciunt. nam Lucilius eorum stultitiam, qui simulacra deos putant esse, deridet his uersibus:
    'terriculas Lamias, Fauni quas Pompiliique
    instituere Numae, tremit has, hic omnia ponit.
    ut pueri infantes credunt signa omnia aena
    uiuere et esse homines, sic isti omnia ficta
    uera putant, credunt signis cor inesse in aenis.
    pergula pictorum, ueri nihil, omnia ficta!'
poeta quidem stultos homines infantibus comparauit, at ego
multo imprudentiores esse dico. illi enim simulacra homines
putant esse, hi deos; illos aetas facit putare quod non est, hos
stultitia; illi utique breui desinent falli, horum uanitas et durat
semper et crescit. sacra Liberi patris primus Orpheus induxit in
Graecia primusque celebrauit in monte Boeotiae Thebis ubi Liber natus est proximo; qui cum frequenter citharae cantu per-
sonaret, Cithaeron appellatus est. ea sacra etiamnunc Orphica

Epit.: 1, 22, 13] 17, 3

Auct.: 7–12 Lucil. 484–489 Marx

1 eum *om.* HM **2** ac] et B **3** uini amphoram] uineam foram D *(e ex* i*)* V *(*ne *s.l. m.2);* uoluit u. a. HMKS **4** quodque H^{ac} M **6** putent B **7** terricolas DVPHM, eterricol- KS pompilique H^{ac} R **8** nomen B; nume DV^2 *(in mg.; om.* V^1) tremit has] tremitas B^1, et remittas B^2; tremitias HMKS **9** omnia *om.* HM aenea B, ahena KS; athena HM, athenae R **10** omnia] somnia *Lachmann, alii edd. Lucil.* **11** in aenis] inanis B; in ahenis KS **12** pergila H, -gyl- M; -gulam R; -cul- *epit. cod. T* ficta] pi- *epit. cod. T* **13** at] ad HM **15** hii BHMR **16** desinunt DVP **17** et *ante* crescit *in ras.* P^2 primus *om.* B **18** greciã P^2 HMKS; u. Br ad l. boetie HMKS a&hebis *sic* HM **19** cythare DVP, citherae HM *(*-ęre*)* **20** citheron HMKS, chiter- B, cyther- DVP *(*t *s.l.),* cithar- R ea] inde | *(*me *eras.),* n *s.l.,* e *in fine lin. m.2,* B

91 nominantur, in quibus ipse postea dilaceratus et carptus est;
17 et fuit per eadem fere tempora quibus Faunus.

Sed quis aetate praecesserit dubitari potest, siquidem per eosdem annos Latinus Priamusque regnarunt, item patres eorum Faunus et Laomedon, quo regnante Orpheus cum Argonautis ad
18 Iliensium litus accessit. procedamus igitur ulterius et quaeramus, quis omnino colendorum deorum primus auctor extiterit.
19 Didymus in libris ἐξηγήσεως Πινδαρικῆς ait 'Melissea Cretensium regem primum diis sacrificasse ac ritus nouos sacrorumque pompas introduxisse; huius duas fuisse filias, Amaltheam et Melissam, quae Iouem puerum caprino lacte ac melle
20 nutrierint' – unde poetica illa fabula originem sumpsit apes aduolasse atque os pueri melle complesse –; 'Melissam uero a patre primam sacerdotem Matri Magnae constitutam, unde ad-
21 huc eiusdem matris antistites Melissae nuncupentur'. Historia uero Sacra testatur ipsum Iouem postquam rerum potitus sit in tantam uenisse insolentiam, ut ipse sibi fana in multis locis con-
22 stituerit. nam 'cum terras circumiret, ut in quamque regionem

Epit.: 1, 22, 18 – 23, 5] 19, 1–6   1, 22, 18] *cf.* 19, 1 a quibus   19 ... regem] 19, 2 ... regem   19 primum ... introduxisse] 19, 2 ... sacrificasse   19 huius ... nutrierint] 19, 2 cuius ... melle   20 Matri Magnae] 19, 3 Deum Matri   21–26] 19, 4

Auct.: **8–15** Didym. Gramm. frg. II 5, 14 p. 220 Schmidt **18–p. 105, 7** Enn. uar. frg. 116–123 Vahlen; Euhem. test. 64 a Winiarczyk; *quantum Ennio tribuas, dubium; u. Winiarczyk ad l.*

1 delaceratus D P^{ac} carpitus D V P^{ar}; captus H M   **2** *post* Faunus *3 litt. eras.* D   **3** quia K S   praecessit H   **4** item *s.l.* P   **5** Faunus] picus H M K S   *ex § 9*   lameodon K S, -omedom R cum *om.* H M   **6** iliemsium H M, -ienens- R   accesserit B; -sset P^{ac} **10** cuius B   **12** nutrierunt B D V^2 P *(pr.* u *s.l. pro* o*)*; -etur V^1 **13** supplesse H *(*-upl-*)* M   **15** antistes B; -stitae V P^{ac} *(in* D *extat* te*)* nuncupantur H M K S   **16** rerum] regnum B H M^{ac}, regno M^{pc} potus P   **17** tantum V   famam H   **18** circuiret H M ut *om.* P   quacumque P; quanq- H M

uenerat, reges principesue populorum hospitio sibi et amicitia copulabat et cum a quoque digrederetur, iubebat sibi fanum creari hospitis sui nomine, quasi ut posset amicitiae ac foederis memoria conseruari. sic constituta sunt templa Ioui Ataburio, Ioui Labryandio – Ataburus enim et Labryandus hospites eius atque adiutores in bello fuerunt –, item Ioui Laprio, Ioui Molioni, Ioui Casio et quae sunt in eundem modum'. quod ille astutissime excogitauit, ut et sibi honorem diuinum et hospitibus suis perpetuum nomen adquireret cum religione coniunctum. gaudebant ergo illi et huic imperio eius libentes obsequebantur et nominis sui gratia ritus annuos et festa celebrabant. simile quiddam in Sicilia fecit Aeneas, cum conditae urbi Acestae hospitis nomen imposuit, ut eam postmodum laetus ac libens Acestes diligeret augeret ornaret. hoc modo religionem cultus sui per orbem terrae Iuppiter seminauit et exemplum ceteris ad imitandum dedit. siue igitur a Melisseo, sicut Didymus tradidit, colendorum deorum ritus effluxit siue ab ipso Ioue, ut Euhe-

Auct.: **12–14** cf. Verg. Aen. 5, 711–718

1 regem V[2]; regies P[ar] (D deest) principesque HMKS **2** copulauit B; -bit P[ac] iubeat P[ac] K[1] S **3** q̃si P[1], corr. m. post possit B ac] et B **4** sic] si D[1]VHKS templi K[1] S atauirio HM **5** labryandio R, quod Lact. legisse uid.; -byandro B, -briando VP (in D extat labria), -briandrio HMKS; Labrayndio et Labryandus Merkelbach, Mithras, 1984, 68 n. 65 Ataburus Br P falso lecto, tamen recte; -burius BKS, -byrus VP edd. (D deest), -brus R; atauirus HM labryandus R, -byandrus B; -briandus DVP, -brianderius HM, -briandrius KS hospite HM **6** labrio BP[ac] HM; Laphrio Wissowa 526 milioni B, molli- HM **7** cassio BP[2] in ... modum] in eius idem m. HM[1]; eiusmodi M[2] **8** et ut V (D deest); ut s.l. P **9** perpetuum] in p. B numen HM[1] gaudebat K[ac] **10** libentes BKSR Mo, -ter DVPHM Br; cf. epit. 61, 5 **11** annos P[ac] **12** quidam H[ac] KS silicia D[ac] P, uel silicia in mg. m.2? V urbe V[1] **13** eum HM **14** augere V (D deest) cultis P **16** sicut] ut MKS **17** ipso] i. quoque DVP euheremus B; heuhem- VP (D deest)

merus, de tempore tamen constat, quando dii coli coeperint.
28 Melisseus quidem multum antecessit aetate, quippe qui educauerit Iouem pro nepote. et idcirco fieri potest, ut uel ante uel adhuc puero Ioue deos colere instituerit, id est alumni sui matrem et auiam Tellurem, quae fuit Vrani coniunx, patremque Saturnum, et ipse hoc exemplo atque instituto Iouem ad tantam superbiam prouexerit, ut postea sibi diuinos honores auderet adsumere.

1   23. Nunc quoniam uanarum superstitionum originem deprehendimus, superest ut etiam tempora colligamus, per quae fuerint illi quorum memoria colitur. Theophilus in libro de temporibus ad Autolycum scripto ait in historia sua 'Thallum dicere quod Belus, quem Babylonii et Assyrii colunt, antiquior Troiano bello fuisse inueniatur annis trecentis uiginti duobus, Belum autem Saturni aequalem fuisse et utrumque uno tempore adoleuisse'. quod adeo uerum est, ut ratione ipsa colligi possit. nam et Agamemnon, qui gessit Troicum bellum, Iouis abnepos fuit et Achilles Aiaxque pronepotes, et Vlixes eodem gradu proximus, Priamus quidem longa serie. sed auctores quidam tradunt 'Dar-

Epit.: 1, 22, 27 de tempore] *cf.* 19, 1.   5   28 Tellurem] *cf.* 19, 3   23, 1] 19, 1 tempora. 5 quando   2] 19, 5 scribit ... CCCXXII

Auct.: **11–16** Theophil. Autol. 3, 29, 2–3 = FGrHist 256 F 2–3*; cf.* Tert. apol. 19 frg. Fuld. 2   **19–p. 107, 1** *cf.* Seru. auct. Aen. 3, 167

1 de] non de H M   constat] non c. R   coeperunt B
2 educauerit] dum cau- B^{ac} **3** pronepotem H M   ut *om.* K S
4 ioui H M^{ac} matrem ⟨Opem⟩ Br   **9** num B   quoniam *in mg.* V^2
adprehendimus D V P   **10** fuerunt B, -rit P^1 **12** adscribto B
ait in] aut in *in ras.* V^2 (D *deest*)   storia H M K S   **13** babyloni P^1
(*corr.* P^2, *antea eras.* de?) H M (-bil-)   assyri H M   **13–14** bello
troiano B; trai- b. D V; t. belo H M   **14** inuenitur R   duobus] et d.
H M   bellum P^1 (*corr.* P^2) H^{ar} M   **16** quod adeo] quodam deo R
17 troianum S   **18** achillis, *alt.* i *ex* e, B^3 Aiaxque] iaxque H,
axque M^1 ulixis B^3 (*alt.* i *ex* e) R^{ac} proximus] p. fuit B
19 *post* serie *lac. stat.* Br, *sed trad. integra; opp.* eodem gradu proximus
et longa serie, *sc.* agnatus   auctores quidam] uictores quidem K^1 S

danum et Iasium Corythi filios fuisse, non Iouis'; nec enim si ita fuisset, ad usus impudicos Ganymeden pronepotem suum habere potuisset. itaque parentibus illorum quos supra nominaui si congruentes annos diuidas, numerus consentiet. ab excidio autem Troianae urbis colliguntur anni mille quadringenti septuaginta. ex hac temporum ratione manifestum est ante annos non amplius quam mille octingentos natum esse Saturnum, qui sator omnium deorum fuit. non ergo isti glorientur sacrorum uetustate, quorum et origo et ratio et tempora deprehensa sunt.

Restant adhuc aliqua quae ad coarguendas religiones falsas plurimum ualeant, sed iam finem libro facere decreui, ne modum excedat. ea enim plenius sunt exsequenda, ut omnibus refutatis quae ueritati uidentur obstare homines, qui bonorum ignorantia uagantur incerti, ad religionem ueram possimus imbuere. primus autem sapientiae gradus est falsa intellegere, secundus uera cognoscere. ergo apud quem prima haec institutio nostra profecerit, qua falsa deteximus, excitabitur ad ueri cognitionem, qua nulla est homini iucundior uoluptas, et erit iam caelestis disciplinae sapientia dignus, qui ad cognoscenda cetera libens ac paratus accesserit.

Epit.: 1, 23, 4 *ab excidio ... 5 sunt*] 19, 5 *et sunt ... 6 errorem*

Codd.: **1–17** *a non usque ad § 9 nostra excid.* K *duabus inferioribus partibus folii, i. e. p. 43^a, abscissis; hic extant* B D V P HM S R

1 corinthi B, -rysthy D V P (s *exp.*), corti K S   fuisse filios H M K S
2 ganimeden D V P, -em *cet.* (-ē S)   **3** potuisse B^{ac} itaque] i. si H M   nominaui si] memoraui *tantum* H M   **5–6** anni *post* numerum H M; anni mille.ccclxx *sic* S   **6** ex] et B   annos *om.* S
7 *ante* octingentos *eras.* et, oc *in ras. m.2*, V   **10** arguendas D V P; coercendas H (cohe-) M   **11** libri P^1, *corr.* P^2 ne modum] ne mo *in ras.* V^2, mo *in ras.* M^2 **12** excedat] e. oratio H M   planius R   hominibus P^{ac} **13** bonum P^1, *corr. m. post.*   **17** qua] quia P^{ar} M
18 uoluntas D V P^1 *(corr.* P^2) H M^{ac} K S   **20** *subscriptiones u. p. XXV*

L. CAELI FIRMIANI LACTANTI

DIVINARVM INSTITVTIONVM

LIBER SECVNDVS

DE ORIGINE ERRORIS

1 1. Quamquam primo libro religiones deorum falsas esse monstrauerim, quod ii, quorum uarios dissimilesque cultus per uniuersam terram consensus hominum stulta persuasione suscepit, mortales fuerint functique uita diuinae necessitati morte concesserint, tamen ne qua dubitatio relinquatur, hic secundus liber fontem ipsum patefaciet errorum causasque omnes explicabit, quibus decepti homines et primitus deos esse crediderint et postmodum persuasione inueterata in susceptis prauissime re-
2 ligionibus perseuerarint. gestio enim, *Constantine imperator*, conuictis inanibus et hominum impia uanitate detecta singularis dei adserere maiestatem, suscipiens utilius et maius officium reuocandi homines a prauis itineribus et in gratiam secum ipsos

Codd.: *ab initio extant* B G D V P H M K S R, *sed nota: incipit* G *p. 55, in qua nihil nisi init.* Qu *et* § *1* terram con *legitur;* K *excid. ab init. usque ad* § *2* super | *duabus part. inf. folii, i. e. p. 43^b, abscissis*

4 *de inscriptione u. p. XXV. XXVIII* 5 *ante* primo *eras. de* B esse *om.* B 6 ii B¹ R, hii B² S, hi *cet.* (D *deest*) uarios] a *in ras.* B 8 uitam B H M 9 ne qua tamen S hic] his V 10 patefecit H M omnis D¹ V R¹ 11 decepi S¹ crediderunt H M S 12 in *in mg.* H prauissimis H M S 13 perseuerarint V P R *(D deest)*, -rauerint B *Br, Mo, ft. recte,* -rauerunt H M S constantine imperator S R *tantum; cf.* Heck, *1972, 128* 14 inanibus *def. Br ad l. cl. epit. 20, 9* 15 suspiciens V

reducendi, ne se, ut quidam philosophi faciunt, tantopere despiciant neue se infirmos et superuacuos et nihili et frustra omnino natos putent, quae opinio plerosque ad uitia compellit. nam dum existimant nulli deo esse nos curae aut post mortem nihil futuros, totos se libidinibus addicunt et, dum licere sibi putant, hauriendis uoluptatibus sitienter incumbunt, per quas imprudentes in laqueos mortis incurrant. ignorant enim quae sit hominis ratio; quam si tenere uellent, in primis dominum suum agnoscerent, uirtutem iustitiamque sequerentur, terrenis figmentis animas suas non substernerent, mortiferas libidinum suauitates non appeterent, denique se ipsos magni aestimarent atque intellegerent plus esse in homine quam uidetur; cuius uim condicionemque non aliter posse retineri, nisi cultum ueri parentis sui deposita prauitate susceperint. equidem sicut oportet de summa rerum saepenumero cogitans admirari soleo maiestatem dei singularis, quae continet regitque omnia, in tantam uenisse obliuionem, ut quae sola debeat coli, sola potissimum neglegatur, homines autem ipsos ad tantam caecitatem esse deductos, ut uero ac uiuo deo mortuos praeferant, terrenos autem sepultosque

Epit.: 2, 1, 4 – 5, 3] 20, 4–15 *ordine mutato, nonnullis aliunde insertis* 2, 1, 4 terrenis ... substernerent] *cf.* 20, 2 ... subiugauerunt   5 maiestatem ... obliuionem] 20, 15 uerae ... obliti

Codd.: **9** *a* iustitiamque *usque ad § 6* eius *deest* K *duabus inf. part. p. 44^a abscissis*   **10** *ab* animas *incipit* G *p. 56 paene tota lecta*

1 dispiciant R   **2** et nihili P, *om.* B, et nihil *cet.* (D *deest*)
4 dum] cum B   aut] ut P   **5** totis HM   adducunt H^{ac}
6 persicienter, per *eras.*, P   inprudenter B   **7** incurrunt HMKS
sint P^1, *corr.* P^2 **9** terris B^1, *corr.* B^2 **10** substernent M
11 extimarent B^1, existi- B^2 G *(pr.* i *inc.)*   **13** non *om.* S
posset B^1, -ent B^2 G   retinere B G   cultu G   **14** sic *(et* oportet *exp. m. rec.)* S   **16** que (e *inc.*) G   **17** ut *ante lin.* P^2
debet B G *(spatio indice)*   **18** hominis S   caecitam B^1, *corr.* B^2
19 praeferat V^1 aut S

6 in terra ei qui fundator ipsius terrae fuit. et tamen huic impietati hominum posset uenia concedi, si omnino ab ignorantia diuini nominis ueniret hic error. cum uero ipsos deorum cultores saepe uideamus deum summum et confiteri et praedicare, quam sibi ueniam sperare possint impietatis suae qui non agnoscunt cultum eius, quem prorsus ignorari ab homine fas non est?
7 nam et cum iurant et cum optant et cum gratias agunt, non Iouem aut deos multos, sed deum nominant. adeo ueritas ipsa
8 cogente natura etiam ab inuitis pectoribus erumpit. quod quidem non faciunt in prosperis rebus. nam tum maxime deus ex memoria hominum elabitur, cum beneficiis eius fruentes honorem dare diuinae indulgentiae debent. at uero si qua necessitas
9 grauis presserit, tunc deum recordantur. si belli terror infremuit, si morborum pestifera uis incubuit, si alimenta frugibus longa siccitas denegauit, si saeua tempestas, si grando ingruit, ad deum confugitur, a deo petitur auxilium, deus ut subueniat oratur.
10 si quis in mari uento saeuiente iactatur, hunc inuocat, si quis aliqua ui adflictatur, hunc potius implorat, si quis ad extremam mendicandi necessitatem deductus uictum precibus ex-

Codd.: **10** *in* in *desinit* G *p. 56, seq. p. 18 maximam partem lecta* **13** *a* si belli *usque ad* § *13* tenebras *deest* K *duabus inf. part. p. 44^b abscissis; ceterum extant* BG DV P HM S R

1 ei] ei praeponant BG; et HM¹   terra P¹, *corr.* P²   fuit] sit HM   impietate P¹, *corr.* P²   **2** si] is M   **4** quam] a *s.l.* B³; en q. HM   **5** possunt PHM (G *inc.*)   **6** omine P   **7** et *post* nam *om.* G cum *ante* iurant *om.* M   optant] et o. H   **8** ipsa ueritas V^{ac} **9** inuitiis B^{ar} *(uel* inuitus*)* H² M^{ac} peccatoribus V¹   **10** tuum G; cum V^{ac} **11** hominis HM   elambitur R^{ar} **13** tum HM recordatur V^{ac} belli] uel, *deinde 1 litt. eras.*, D   **14** pestifera uis] -rauit R¹, *corr. m. rec.*   **15** ingruit PS, -grauat B^{ar} DV (G *inc.*), -gruat B^{pr} HM, inrruat, *alt.* r *s.l. m.2*, R; *cf. Thes. VII 1, 1566, 78–81. 1579, 19 sq.*   **16–17** deus ... oratur *in mg.* V²   **17** uento|saeueniente B, -tosa|uenientem P¹, *corr.* P²   inuocant R^{ac} **18** uii H² M extremum D   **19** medicandi S¹, *corr. m. rec.*   necessitatem] m *eras.* D; -tas P¹, *corr.* P²

poscit, deum solum obtestatur, per eius diuinum atque unicum nomen hominum sibi misericordiam quaerit. numquam igitur dei meminerunt, nisi dum in malis sunt; postquam metus deseruit et pericula recesserunt, tum uero alacres ad deorum templa concurrunt, his libant, his sacrificant, hos coronant, deo autem quem in ipsa necessitate implorauerant, ne uerbo quidem gratias agunt. adeo ex rerum prosperitate luxuria, ex luxuria uero ut uitia omnia sic impietas aduersus deum nascitur. quanam istud ex causa fieri putemus nisi esse aliquam peruersam potestatem, quae ueritati sit semper inimica, quae humanis erroribus gaudeat, cui unum ac perpetuum sit opus offundere tenebras et hominum caecare mentes, ne lucem uideant, ne denique in caelum aspiciant ac naturam corporis sui seruent? nam cum ceterae animantes pronis corporibus in humum spectent, quia rationem ac sapientiam non acceperunt, nobis autem status rectus, sublimis uultus ab artifice deo datus sit, apparet istas religiones deorum non esse rationis humanae, quia curuant caeleste animal

Epit.: 2, 1, 14 ... 15 erexit] 20, 4 ... uenerando

Auct.: **13** §§ 14–15] *locus communis inde a* Cic. leg. 1, 24–27; *cf. Wlosok, 1960, 183 n. 8 (ibid. 182 n. 7 de eius loci usu ap. Lact.); hic cf.* Cypr. Demetr. 16 l. 306–311 Simonetti

Codd.: **11** *in* unum *desinit* G *p. 18, seq. p. 17, in qua praeter* § 15 capax *nihil fere legi potest*   *ab* et *extat* K *p. 45 integra*

4 de|c[esserunt] G   tunc H M S   **7** *post* rerum *exp.* a V   uero] ue V¹   ut *om.* B¹ (*s.l.* ut *m.3?, sed eras.*) G H M   **8** *post* uitia *1 litt. eras.* D; uita Vᵃᶜ   quantam G   **9** aliqua V   **10** ueritatis D V Hᵃʳ   **11** perpetum B¹, *corr.* B²   effundere S   **13** *post* seruent *add.* cuius originem suo loco narrabimus nunc fallacias arguamus B G (*spatio indice; cf. Brandt, 1884, 255*)   cum *om.* P ceteri, i *ex* a, M   **14** exspectent B; spectant P (a *s.l. pro* e) H M qua P¹, *corr.* P²; qui H M   **15** autem] a. cum H M K S R; *cf. Heck, 1972, 182*   **15–16** rectus ... uultus *om.* P   **16** deo *s.l.* B³ aperit B¹, *corr.* B³   **17** rationes P¹, *corr.* P²   curuant] -at (n *eras.*) se (*s.l.*) M   caelestem H M (m *exp.*)

15 ad ueneranda terrena. parens enim noster ille unus et solus cum fingeret hominem id est animal intellegens et rationis capax, eum uero ex humo subleuatum ad contemplationem sui artificis erexit. quod optime ingeniosus poeta signauit:

> 'pronaque cum spectent animalia cetera terram,
> os homini sublime dedit caelumque uidere
> iussit et erectos ad sidera tollere uultus.'

16 hinc utique ἄνθρωπον Graeci appellauerunt, quod sursum spectet. ipsi ergo sibi renuntiant seque hominum nomine abdicant qui non sursum aspiciunt, sed deorsum, nisi forte id ipsum,
17 quod recti sumus, sine causa homini attributum putant. spectare nos caelum deus uoluit utique non frustra. nam et aues et ex mutis paene omnia caelum uident, sed nobis proprie datum est caelum rigidis ac stantibus intueri, ut religionem ibi quaeramus, ut deum, cuius illa sedes est, quoniam oculis non possumus, animo contemplemur. quod profecto non facit qui aes aut lapi-
18 dem, quae sunt terrena, ueneratur. est autem prauissimum, cum ratio corporis recta sit, quod est temporale, ipsum uero animum,

Epit.: 2, 1, 16 ... spctet] 20, 9 idcirco ... nominatur   18–19] *cf.* 20, 9 ... nomen

Auct.: 5–7 Ou. met. 1, 84–86   8–9 hinc ... spectet] *cf.* Etym. Magn. p. 109, 16–18 Gaisford *et Wlosok, 1960, 148 n. 15*

Test.: 3 eum ... § 16 spectet] Isid. orig. 11, 1, 5 *ordine mutato*

Codd.: 14 *ab* intueri *incipere uid.* G *p. 8, in qua nihil nisi paucissima ex § 17 et 2, 2, 2 legi potest; ceterum extant* B D V P HM KS R

1 ille noster HMKS   unus] et u. M   3 uero *eras.* S
artifices B[1], *corr.* B[2]   4 erexerit R   significauit KS
5 exspectent, s *s.l. m.3*, B   6 hos P[ar]   hominis B[ar] P
deditque caelum V   uideri HM   7 et erectos] erectosque B
8 grece H, grecia KS[ar]   susum P   9 nuntiant M   10 susum P
11 rectissimus D[ac]   putat B[1], *corr.* B[2]   13 multis HM
omnes, es *ex* ia, S[2]   15 sedis, i *ex* e, B[3]   possimus P[ac]
16 contemplatur K[1] S   quia aes H   17 terra V *(D deest)*, -rrae R
prauissimus R

qui sit aeternus, humilem fieri, cum figura et status nihil aliud
significet nisi mentem hominis eo spectare oportere quo uultum,
et animum tam rectum esse debere quam corpus, ut id cui dominari debet imitetur. uerum homines et nominis sui et rationis
obliti oculos suos ab alto deiciunt soloque defigunt ac timent
opera digitorum suorum, quasi uero quidquam esse possit artifice suo maius.

2. Quae igitur amentia est aut ea fingere quae ipsi postmodum timeant aut timere quae finxerint! – non ipsa, inquiunt,
timemus, sed eos ad quorum imaginem ficta et quorum nominibus consecrata sunt. – nempe ideo timetis, quod eos in caelo
esse arbitramini; neque enim, si dii sunt, aliter fieri potest.
cur igitur oculos non in caelum tollitis et aduocatis eorum nominibus in aperto sacrificia celebratis? cur ad parietes et ligna et
lapides potissimum quam illo spectetis, ubi eos esse credatis?
quid sibi templa, quid arae uolunt, quid denique ipsa simulacra,
quae aut mortuorum aut absentium monumenta sunt? nam
omnino fingendarum similitudinum ratio idcirco ab hominibus
inuenta est, ut posset eorum memoria retineri qui uel morte
subtracti uel absentia fuerant separati. deos igitur in quorum
numero reponemus? si in mortuorum, quis tam stultus ut colat?
si in absentium, colendi ergo non sunt, si nec uident quae

Epit.: 2, 2, 1 ... finxerint] 20, 5 ... feceris. 11 stultus ... fabricauit

Codd.: **18** *ab* omnino *incipit* G *p. 7 paene tota lecta*

1 qui] quae V¹ **2** significent HMKS   mente S   hominem? Vᵃᶜ
(D *deest*)   eo *s.l.* P²   quod Vᵃʳ   uultu HM   **3** et *om.* P
4 debet] det R¹   et nominis *om.* P   rationes P¹ *(corr.* P²) K¹ S
6 quisquam K, quiqu- S   **7** maius *in mg.* V (D *deest*)   **8** amentia est
om. D   **9** finxerunt, x *ex* cs *m.2*, B   **10** imagine S   facta B P
12 arbitremini HM   **13** non *s.l.* M, *post* caelum *s.l. repet.* K²
et] sed B   eorum] in *(exp. m.2)* e. P   nominibus eorum K S
15 illi petitis B¹, *corr.* B³   creditis HMK²   **16** quid sibi ... uolunt
om. KS   **17** monimenta, i *ex* u, R²   **18** fingendorum BMᵃᶜ (G *inc.*)
19 possit BG (D *deest*)   uel qui R; *hoc* uel *om.* P   **22** in *om.* HM

5 facimus nec audiunt quae precamur. si autem dii absentes esse non possunt, qui quoniam diuini sunt, in quacumque parte mundi fuerint, uident et audiunt uniuersa, superuacua sunt ergo simulacra illis ubique praesentibus, cum satis sit audientium
6 nomina precibus aduocare. – at enim praesentes non nisi ad imagines suas adsunt. – ita plane, quemadmodum uulgus existimat mortuorum animas circa tumulos et corporum suorum re-
7 liquias oberrare. sed tamen postquam deus ille praesto esse coepit, iam simulacro eius opus non est. quaero enim, si quis imaginem hominis peregre constituti contempletur saepius et ex ea solacium capiat absentis, num idem sanus esse uideatur, si eo reuerso atque praesente in contemplanda imagine perseueret eaque potius quam ipsius hominis aspectu frui uelit? minime
8 profecto. et tamen hominis imago necessaria tum uidetur, cum procul abest, superuacua futura, cum praesto est, dei autem, cuius numen ac spiritus ubique diffusus abesse numquam potest,
9 semper utique superuacua est. sed uerentur ne omnis illorum religio inanis sit et uana, si nihil in praesenti uideant quod adorent, et ideo simulacra constituunt, quae quia mortuorum sunt
10 imagines, similia sunt mortuis; omni enim sensu carent. dei autem in aeternum uiuentis uiuum et sensibile debet esse simulacrum. quod si a similitudine id nomen accepit, qui possunt ista simulacra deo similia iudicari quae nec sentiunt nec

Epit.: 2, 2, 9–16] *cf.* 20, 5–7 *passim*

Codd.: **15** *in* pres | *desinit* G *p. 7, a* | *to est incipit p. 65 tota lecta*

1 audient P^ac HM   di *ut uid.* G   **4** audientibus B G
5 uisi S   **6** quemadmodum *om.* K S   **7** reliquas D¹   **10** contemplatur R   saepe HMKS   et] ut *edd., Br*   **11** absentis] *alt. s ex* a? P   **12** contemplandam imaginem B G   **13** ea quae G P^ar S   uellit B^ar G   **15** superuacua] ad s. HM, at s. KS   autem] est S
16 nomen PHMS   ac] a D¹ V   nusquam KS   **17** utique] u. imago HM (ubi-)   ominis P^ar   **18** uacua V   in *om.* P
20 omnes HM   **21** uiuentes P¹, *corr.* P²; -ens HM   **22** a] ad D^ar KS   qui] quomodo GHM   **23** iudicare D   nec *post* quae *s.l.* B

mouentur? itaque simulacrum dei non illud est quod digitis hominis ex lapide aut aere aliaue materia fabricatur, sed ipse homo, quoniam et sentit et mouetur et multas magnasque actiones habet. nec intellegunt homines ineptissimi quod, si sentire simulacra et moueri possent, ultro adoratura hominem fuissent, a quo sunt expolita; quae essent aut incultus et horridus lapis aut materia informis ac rudis, nisi fuissent ab homine formata. homo igitur illorum quasi parens putandus est, per cuius manus nata sunt, per quem figuram speciem pulchritudinem habere coeperunt, et ideo melior qui fecit quam illa quae facta sunt. et tamen factorem ipsum nemo suspicit aut ueretur; quae fecit timent, tamquam possit plus esse in opere quam in opifice. recte igitur Seneca in libris moralibus 'simulacra' inquit 'deorum uenerantur, illis supplicant genu posito, illa adorant, illis per totum adsident diem aut adstant, illis stipem iaciunt, uictimas caedunt, et cum haec tantopere suspiciant, fabros qui illa fecere

Epit.: 2, 2, 11–12] 20, 11 ... homo

Auct.: **13–p. 116, 3** Sen. frg. 120 Haase; *Sen. tribuunt § 14 tantum edd., usque ad 15 faciat Lausberg, 1970, 186–188*

Codd.: **11** *in* facit autem *desinit* G *p. 65; seq. p. 66 usque ad § 14* adorant illis *lecta; deinde extant* B DV P HM KS R

1 est illud P   **2** aere] ex a. HM   fabricantur R^{ar} **3** sentis K^{ac} et mouet mouetur *sic* R^1, *pr.* et mou *del.* R^2 multis K^1 S actiones] rationes BG   **4** habeat G, -bent HM   nec] haec KS **4–5** sentire simulacra] sim- deorum sentirent BG   **5** adoratur B^1, *corr.* B^3 hominum B^1, *corr.* B^2 **6** expoliata? P^{ar} **7** aformis R^1 ac rudis] incrudis R   **8** parans D^{ac} putendus V^{ac}; habendus R manu B^1 G, -num B^3 **9** speciem *bis, alt. del. m.2*, K   **11** factorum HM^{ac} suspiciat DV   ueneratur BG   fecit] f. autem B; facit autem G; facit HM   timet PHMR   **12** possint B^{ar} plus possit HMKS   in *post* quam *s.l.* B   **13** igitur] enim HM **14** genui D^{ar} V^{ar} posita B^2 (a *pro* o) M^{ac} **15** aut *om.* DV stant B^1, *corr.* B^3 **16–p. 116, 1** et ... contemnunt *in mg.* H **16** suspiciant] pici *in ras.* V^2; suspiciant PR   facere D^1

15 contemnunt. quid inter se tam contrarium quam statuarium despicere, statuam adorare et eum ne in conuictum quidem admittere, qui tibi deos faciat?' quam ergo uim, quam potestatem habere possunt, cum ipse qui fecit illa non habeat? sed ne haec quidem dare iis potuit quae habebat, uidere audire loqui moueri.
16 quisquamne igitur tam ineptus est, ut putet aliquid esse in simulacro dei, in quo ne hominis quidem quidquam est praeter umbram? sed haec nemo considerat; infecti sunt enim persuasione ac mentes eorum penitus fucum stultitiae perbiberunt.
17 adorant ergo insensibilia qui sentiunt, inrationabilia qui sapiunt,
18 exanima qui uiuunt, terrena qui oriuntur a caelo. iuuat igitur uelut in aliqua sublimi specula constitutum, unde uniuersi exaudire possint, Persianum illud proclamare:

'o curuae in terras animae et caelestium inanes.'

caelum potius intuemini, ad cuius spectaculum uos excitauit ille
19 artifex uester deus. ille uobis sublimem uultum dedit, uos in terram curuamini, uos altas mentes et ad parentem suum cum

Epit.: 2, 2, 17] 20, 15 insensibilia ... duxerunt

Auct.: 14 Pers. 2, 61

1 quid] q. hic B   quam statuarium *s.l.* P² **2** dispicere B   statuta K¹ S² *(ta ex tus)* **5** iis KR¹, is HM¹ S, his BDVM² R²; diis P   audere M **6** tamen B^(ar) **7** nec P   homines B¹, *corr.* B²   quicquam quidem P **8** persuasione ⟨uana⟩ Br; *trad. def.* St 230 **9** fucum *codd. (pr.* u *s.l. pro* o P²), Mo; sucum *recc., edd.,* Br   peruiderunt B **10** inrationalia DVR; *antea eras.* inrationabili P **11** exanimata BR² *(ta s.l.)*   a] e DVH, ae M   caelo] deo P   iubat HM¹ **12** ueluti P   sublimis KS   spectacula B¹, *corr.* B³   unde] u. uel HMKS **13** possunt HM   illum KS **14** o ... inanes] o curas hominum o *(om.* KS) quantum est in rebus inane *(Pers. 1, 1)* PKS; *deinde* o curue ... inanes KS   terras DVHMKSR Mo cl. § 19, -ris B *ut codd.* Pers., Br **15** potius *om.* P   a B¹, ad B²   exspectaculum V   uox V¹ *(D deest)* **16** *post* uobis *eras.* ille P   sublimes uultus B   uultum *post* uos *in mg.* P²   uos *in fine lin.* P²; nos KS^(ac) **17** alta S corporibus erectas ad inferiora deprimitis tamquam uos paeniteat non quadrupedes esse natos. fas non est caeleste animal cum terrenis in terramque uergentibus coaequari. quid uos beneficiis caelestibus orbatis pronique in humum uestra sponte procumbitis? humi enim miseri uolutamini, cum deorsum quaeritis quod in sublimi quaerere debuistis. nam ista mortalium digitorum ludicra et fragilia figmenta ex quolibet materiae genere formata quid aliud sunt nisi terra ex qua nata sunt? quid ergo rebus inferioribus subiacetis? quid capitibus uestris terram superponitis? cum enim uos terrae submittitis humilioresque facitis, ipsi uos ultro ad inferos mergitis ad mortemque damnatis, quia nihil est inferius et humilius terra nisi mors et inferi. quae si effugere uelletis, subiectam pedibus uestris terram contemneretis corporis statu saluo, quod idcirco rectum accepistis, ut oculos atque mentem cum eo qui fecit conferre possetis. contemnere autem et calcare terram nihil aliud est quam simulacra non adorare, quia de terra ficta sunt, item diuitias non concupiscere, uoluptates corporis spernere, quia opes et corpus ipsum cuius hospitio utimur terra est. uiuum colite, ut uiuatis; moriatur enim necesse est qui se suamque animam mortuis adiudicauit.

3. Sed quid prodest ad uulgus et ad homines imperitos hoc modo contionari, cum uideamus etiam doctos ac prudentes ui-

---

1 corporibus] c. suis V *(ex anteced. suum; D deest), Br male cl. epit. 65, 3* **1–2** uos ... quadrupedes] p. u. q. n. H M K S **2** quadripedes D^{ac} V^{ac} **6** quod] d *in ras. m.2?* B **7** digitorum *om.* P ex] et P **8** aliud sunt *in ras.* V^2 ex *s.l.* P^2 **9** ergo ... subiacetis] e. uos r. i. subicitis R *contra numerum* **10** enim] ergo V *(D deest)* terra P^1, *corr.* P^2 **10–11** humilioresque facitis *om.* P **11** ad mortemque] mortemque, *alt.* m *exp. m.2,* P **12** et *s.l.* P^2 humilis K S^1 **13** uellitis V H M *(ueli-; D deest)* **14** corporis statu] c. statum H; corpore, e *pro del.* um *m.2,* M ut] quo V *(D deest), Br male cl. 7, 14, 6* **15** possitis B P **16** caluare S **17** quae H M facta H M **18** uoluptatis P^1 *(corr.* P^2) K^{ac}, -tem H M; uolunt- D V opes] et opus, u *exp.,* M ipsum *s.l.* P^2 **20** adiudicabit B; -auerit R *Pichon, 1901, 11, ft. recte* **21** prodeest B *St 230; cf. Thes. X 2, 2240, 70 – 2241, 12*

ros, cum religionum intellegant uanitatem, nihilominus tamen in iis ipsis quae damnant colendis nescio qua prauitate perstare? 2 intellegebat Cicero falsa esse quae homines adorarent. nam cum multa dixisset quae ad euersionem religionum ualerent, ait tamen 'non esse illa uulgo disputanda, ne susceptas publice religiones disputatio talis extinguat'. 3 quid eo facias, qui cum errare se sentiat, ultro ipse in lapides impingat, ut populus omnis offendat, ipse sibi oculos eruat, ut omnes caeci sint? qui nec de aliis bene mereatur, quos patitur errare, nec de se ipso, qui alienis accedit erroribus, nec utitur tandem sapientiae suae bono, ut factis impleat quod mente percepit, sed prudens et sciens pedem laqueo inserit, ut simul cum ceteris, quos liberare ut prudentior debuit, et ipse capiatur. 4 quin potius si quid tibi, Cicero, uirtutis est, experire populum facere sapientem. digna res est, ubi omnes eloquentiae tuae uires exseras. non enim uerendum est, ne te in tam bona causa deficiat oratio, qui saepe etiam malas copiose ac fortiter defendisti. 5 sed nimirum Socratis carcerem times ideoque patrocinium ueritatis suscipere non audes. at mortem ut sapiens contemnere debuisti, et erat multo pulchrius, ut ob

---

Auct.: **5–6** Cic. nat. deor. *ex parte quae periit* 3, 65   **7** ipse ... impingat] *ex* Min. Fel. 3, 1

1 nihilominus V P[ar] M   tamen *om.* B   **2** iis R[1], *om.* B, his R[2] *cet.* (D *deest*), *Mo*   prestare V M   **3** intellegant V   falsas H[ar], -se R[ac]   **4** dixissent, n *exp. m.2*, P   adiuersionem V P[1] *(corr.* P[2]*),* aduers- H[ac] K[ac] S   **5** publicae B[ar]   **6** ei *ex* eo B[3] M[2]; de *(s.l.)* eo K[2] R[2]   factas P   **7** se *s.l.* B[3]   **7–8** in ... ipse *in mg. inf.* D   **8** effundat M[ac] ipse *codd.*; -si *Br ex errore, inde Mo*   **9** mercatur R[1]   quas M   ne K[ac] S   alienis] de a. H M   **10** accedit] ac *exp.* B[3]; accendit H M   sapientiam P[1], *corr.* P[2]   **11** prudens et] -dentes P[1], -dens est P[2]   **12** prudentiora H[ar]   **13** et *om.* P   si *om.* D V   **14** digna res] s *eras. et exp.* R   ubi] ut K S   **15** te *del., s.l.* tibi R[2]   **16** bono P[1], *corr.* P[2] bonam causam K S   *sup.* deficiat *m. rec.* i. deserat K   malas] alias P[1], *corr.* P[2]   **17** defendistis H[ar]   sed] et H M   **18** at] ad D[ac] V[ac]

benedicta potius quam ob maledicta morerere, nec plus tibi laudis Philippicae adferre potuerunt quam discussus error generis humani et mentes hominum ad sanitatem tua disputatione reuocatae.   sed concedamus timiditati, quae in sapiente esse non debet. quid ergo ipse in eodem uersaris errore? uideo te terrena et manu facta uenerari; uana esse intellegis et tamen eadem facis quae faciunt ii, quos ipse stultissimos confiteris.   quid igitur profuit uidisse te ueritatem, quam nec defensurus esses nec secuturus? sed libenter errant etiam ii qui errare se sentiunt; quanto magis uulgus indoctum, quod pompis inanibus gaudet animisque puerilibus spectat omnia, oblectatur friuolis et specie simulacrorum capitur nec ponderare secum unam quamque rem potest, ut intellegat nihil colendum esse quod oculis mortalibus cernitur, quia mortale sit necesse est,   nec mirandum esse si deum non uideat, cum ipsi ne hominem quidem uideant quem uidere se credant. hoc enim quod oculis subiectum est non homo, sed hominis receptaculum est, cuius qualitas et figura non ex liniamentis uasculi quo continetur, sed ex factis ac moribus peruidetur.   qui ergo colunt simulacra, corpora sunt hominibus carentia, quia se corporalibus dediderunt nec uident plus aliquid mente quam corpore, cum sit animi officium ea subtilius cernere quae acies corporalis non potest intueri.   quos homines idem

Epit.: 2, 3, 7–8] *cf.* 21, 5   10 ... terram] 20, 4 quorum ... terram

1 ob *s.l.* B¹   morerere P^pc R, morere D¹ V^pac, morereris H K S *Mo,* moreris M; mori D²; morte morereris B   laudes, e *ex* i, P²
3 tuam B^ar   dispositione B H M   **4** sapientes H M^ar
5 errorem R¹   te *om.* H   **6** uenerari] adorare. u. H M
7 ii R¹, hii B M *Mo,* hi R² *cet.*   **9** ii K R¹, hii B D V P *Mo,* hi H M S R²
errari sentiunt D V R *contra numerum*   **11** expectat B   fribolis B H M R¹, -uul- V   **13–14** quod ... est *in mg. inf.* H   quod] quia q. R
14 quia *om.* R   esse] est *recc., edd., Br; trad. def. Mo*
15 uideant, n *exp.,* M   quem] quam V¹, quom P¹, *corr.* P²
16 credunt D V *Br*   **18** uasculis P^ar   facta R   ac] et P; ex R
19 uolunt P^ac   **20** corporibus H M   dediderant H¹   **22** acie P^ac
corporis D H M

ille philosophus ac poeta grauiter accusat tamquam humiles et
abiectos, qui contra naturae suae rationem ad ueneranda se terrena prosternant. ait enim:
   'et faciunt animos humiles formidine diuum
   depressosque premunt ad terram.'
aliud quidem ille, cum haec diceret, sentiebat, nihil utique colendum esse, quoniam dii humana non curent.   denique alio
loco religiones et cultus deorum inane esse officium confitetur:
   'nec pietas ulla est uelatum saepe uideri
   uertere se ad lapidem atque omnis accedere ad aras
   et procumbere humi prostratum et pandere palmas
   ante deum delubra nec aras sanguine multo
   spargere quadrupedum nec uotis nectere uota.'
quae profecto si cassa sunt, non oportet sublimes et excelsos
animos auocari atque in terram premi, sed nihil aliud quam caelestia cogitare.   impugnatae sunt ergo a prudentioribus falsae
religiones, quia sentiebant esse falsas, sed non est inducta uera,
quia qualis aut ubi esset ignorabant.   itaque sic habuerunt tamquam nulla esset omnino, quia ueram non poterant inuenire, et
eo modo inciderunt in errorem multo maiorem quam illi qui
falsam tenebant.   nam isti fragilium cultores quamuis sint inep-

Auct.:   **4–5** Lucr. 6, 52 sq.   **9–13** ibid. 5, 1198–1202

1 ille *om.* HMKS   ac] et KS   **2** ratione S   **3** prosternunt HMKS
ait enim] ut *(s.l.m.2)* ait B   **6** dicere K¹ S   utique nihil HMKS
9 est uelatum] e. uulgatum BR *(ex § 1 uel 7 uulgus), Mo;* uelatumst
codd. Lucr.   **10** uertere se] uetere se P^ac, ueteri se K¹, ueteris se S,
uerteris *(i ex e?)* R¹; uertier *codd. Lucr.*   lapides HMKS
omnes BPHM   **11** et] nec *codd. Lucr.*   prostratu S
12 delubra deum neque B   **13** quadrupedum] pedum *om.* K¹ *(in fine
lin.* K²) S *(spatio 6 litt. relicto)*   necterre M^ar R^ar   **14** sic assa
V¹ P¹ *(corr.* P²; D *inc.)* S; sicas M   sublimis B^ac   **15** aduocari K¹ S
praemii B^ar   **16** a *s.l.* H   **17** sentibant P; -tiebat K^ac
18 quales P¹, *corr.* P²   **19** nullae, ae *ex* a *m.2,* R   potuerant HM
20 eo] eodem P   **21** fragilium ... quamuis] fragili c. quam P¹,
corr. P²

ti, qui caelestia constituunt in rebus corruptibilibus atque terrenis, aliquid tamen sapientiae retinent et habere ueniam possunt, quia summum hominis officium etsi non re ipsa, tamen proposito tenent, siquidem hominum atque mutorum uel solum uel certe maximum in religione discrimen est. hi uero quanto fuerunt sapientiores, quod intellexerunt falsae religionis errorem, tanto sunt facti stultiores, quod esse aliquam ueram non putauerunt. itaque quoniam facilius est de alienis iudicare quam de suis, dum aliorum praecipitium uident, non prospexerunt, quid ante pedes suos esset. in utraque igitur parte et summa stultitia inuenitur et odor quidam sapientiae, ut possis dubitare quos dicas potissimum stultiores, illosne qui falsam religionem suscipiunt an eos qui nullam. sed ut dixi uenia concedi potest imperitis et qui se sapientes non esse fateantur, his uero non potest, qui sapientiam professi stultitiam potius exhibent. non sum equidem tam iniquus, ut eos putem diuinare debuisse, ut ueritatem per se ipsos inuenirent, quod ego fieri non posse confitear, sed hoc ab iis exigo, quod ratione ipsa praestare potuerunt. facerent enim prudentius, si et intellegerent esse aliquam ueram et falsis impugnatis aperte pronuntiarent eam quae uera esset ab hominibus non teneri. sed mouerit eos fortasse illud,

---

1 quia V *(D deest), edd., Br, Mo*   corruptilibus PR   **2** tamen] t. se habere P   **3** quia *codd.* (D *deest;* quam M²), *edd.;* qui *Br miro errore, Mo*   res S   **4** atque] at P¹, *corr.* P²; atque *exp. m. post.* R multorum R   **5** hii P; I *tantum, i. e.* ii.?, K   **6** religiones P¹, *corr.* P² errores K, -re S   **7** facti] c *et* i *ex aliis litt.* B   potuerunt Vac **8** quoniam] quia HMKS   **9** uiderent, re *s.l. m.2,* D   prosperunt P¹, *corr.* P²   **10** suos pedes R   **13** ut *s.l.* D   **14** imperiti P¹, *corr.* P² et *om.* HM   sapientis D¹ V   fatentur HM   his] hiis Par, iis Ppr *Br*   **16** iniquis Kac S   ut *s.l.* B   eos] o *in ras.* B putes S   diuinari Bac, diuire Hac   **17** se *om.* HM¹   confiteor HMKS   **18** iis R¹ *Br,* his R² *cet., edd., Mo*   **19** et *om.* HMKS **20** ueram *om.* B; u. ⟨religionem⟩ *Egnatius (1515), edd., Br, Mo,* sed religionem *subaudiri potest; cf. § 15 et Buen ad l.*   **21** esset] e. et P

quod si qua esset uera religio, exsereret se ac uindicaret nec
pateretur esse aliud quidquam. uidere enim nullo modo poterant, quare aut a quo et quemadmodum religio uera opprimeretur, quod est diuini sacramenti et caelestis arcani. id uero nisi
doceatur, aliquis scire nullo pacto potest. summa rei haec est:
imperiti et insipientes falsas religiones pro ueris habent, quia
neque ueram sciunt neque falsam intellegunt, prudentiores autem quia ueram nesciunt, aut in his quas falsas esse intellegunt
perseuerant, ut aliquid tenere uideantur, aut omnino nihil colunt,
ne incidant in errorem, cum id ipsum maximi sit erroris, uitam
pecudum sub figura hominis imitari. falsum uero intellegere
est quidem sapientiae, sed humanae, ultra hunc gradum procedi
ab homine non potest, itaque multi philosophorum religiones ut
docui sustulerunt. uerum autem scire diuinae sapientiae est; homo autem per se ipsum peruenire ad hanc scientiam non potest,
nisi doceatur a deo. ita philosophi quod summum fuit humanae
sapientiae adsecuti sunt, ut intellegerent quid non sit; illud adsequi nequiuerunt, ut dicerent quid sit. nota Ciceronis uox est:
'utinam tam facile uera inuenire possem quam falsa conuincere.' quod quia uires humanae condicionis excedit, eius officii
facultas nobis attributa est, quibus tradidit deus scientiam ueritatis. cui explicandae quattuor posteriores libri seruient; nunc
interim falsa ut coepimus detegamus.

Auct.: **19–20** Cic. nat. deor. 1, 91

1 quod *om.* HMR   uera legio D¹   ac] ad HM^{ac}   **2** uideri HM
poterat HMK^{ac}   **3** et] aut BP   opprimetur KS   **8** uera V
his] is P¹, iis P²   **9** ut] ut aut P   **10** incident D¹ V   id *om.* P,
s.l. V²   ipsum] sum H^{ac}   **11** figuram HM^{ar}   **12** humane
B¹ *(corr.* B²*)* D   progredi HM   **14** sustulerunt] sustinerunt R¹, *del.
et s.l.* falsas esse sciuerunt R²   **16** ita *om.* DV; itaque HMKS
17 sapientiae *in mg.* P²   **18** nequierunt PKSR¹; neuerunt H
dicerent] *sup. d. m. 2?* uel discerent K; discerent, s *s.l. m.2,* R
19 ueram B^{ar}   possim *codd. Cic. fere omnes*   **20** uires] utras *ut
uid.* V¹   **21** tradit H^{ac}   **22** cui] cum DV

4. Quid igitur maiestatis possunt habere simulacra, quae 1
fuerunt in homunculi potestate uel ut aliud fierent uel ut omnino
ne fierent? idcirco apud Horatium Priapus ita loquitur:
'olim truncus eram ficulnus, inutile lignum
    cum faber, incertus scamnum faceretne Priapum,
maluit esse deum. deus inde ego, furum auiumque
    maxima formido.'
quis non sit hoc tanto custode securus? fures enim tam stulti 2
sunt, ut Priapi tentiginem timeant, cum aues ipsae, quas terrore
falcis aut inguinis abigi existimant, simulacris fabre factis id est
hominum plane similibus insidant nidificent inquinent. sed 3
Flaccus ut satyrici carminis scriptor derisit hominum uanitatem,
uerum ii qui faciunt, seriam rem facere se opinantur. denique 4
poeta maximus, homo in ceteris prudens, in hoc solo non
poetice, sed aniliter desipit, cum in illis emendatissimis libris
etiam fieri hoc iubet:
    'et custos furum atque auium cum falce saligna
    Hellespontiaci seruet tutela Priapi.'
adorant ergo mortalia ut a mortalibus facta; frangi enim cremari 5

Epit.: 2, 4, 1 ... fierent] 20, 6   2, 4, 5–9] *cf.* 20, 5–7

Auct.: 4–7 Hor. sat. 1, 8, 1–4   **17–18** Verg. georg. 4, 110 sq.

2 aliquod B   **3** ne fierent] non f. B K[2], non effierent P; effigerent S
5 incertum P   **6** deus *om.* HM   ego *s.l.* P[2]; ergo M[1]
futurum *ut uid.* V[ar]   auium quae B[ar] R[1]   **7** maxime R[1]
8 quid K S   hoc *s.l.* V   secuturus P[1], *corr.* P[2]   **9** ipse B[ac] D K S,
apse V   **10** abigni V[ar], auigi H; abici R   existimat P
11 insideant M *(e s.l. m.2)* S   nidificant inquinant B[1], *corr.* B[3]
12 satyrici B D V P M[2] K R, -tir- S *edd., Br,* -tor- H M[1]   hominem V
13 uerum] utrum B[1], *corr.* B[3], *om.* P   ii *edd., Br,* hii B V[ar] P R, hi
V[pr] *cet., Mo*   qui faciunt] hominum R   **15** animaliter B
desipiit V *(D deest)*   in *om.* B   **17** futurum V[ar]   falces ligna H,
falceraligna M[1], -cisal- M[2]   **18** tutele K[1] S   Priapi] *alt. i in ras.* P
19 mortalia ut *(i. q.* quia*)* B H M K S R *recc.;* mortali aut *sic,* aut *in ras.
m.2,* V *(D deest);* mortalia aut P *recc. (prob. Buen), Br, Mo*

perire possunt. nam et tectis uetustate labentibus saepe comminui solent et consumpta incendio dilabuntur in cinerem et plerumque, nisi sua illis magnitudo subuenerit aut custodia diligens
6 saepserit, in praedam furibus cedunt. quae igitur insania est ea timere, pro quibus aut ruinae aut ignes aut furta timeantur? quae uanitas ab iis aliquam sperare tutelam, quae tueri semet ipsa non possunt? quae peruersitas ad eorum praesidia decurrere, quae ipsa cum uiolantur inulta sunt, nisi a colentibus uindicentur?
7 ubi ergo ueritas est? ubi nulla uis adhiberi potest religioni, ubi nihil quod uiolari possit apparet, ubi sacrilegium fieri non potest. quidquid autem oculis manibusque subiectum est, id uero quia fragile est, ab omni ratione immortalitatis alienum est.
8 frustra igitur homines auro ebore gemmis deos excolunt et exornant, quasi uero ex his rebus ullam possint capere uoluptatem.
9 qui usus est pretiosorum munerum nihil sentientibus? an ille qui mortuis? pari enim ratione defunctorum corpora odoribus ac uestibus pretiosis inlita et conuoluta humi condunt qua deos honorant, qui neque cum fierent sentiebant neque cum coluntur sciunt;
10 nec enim sensum consecratione sumpserunt. non placebat Persio, quod aurea uasa templis inferantur, superuacuum putanti esse inter religiones quod non sanctitatis, sed auaritiae

Auct.: 4 § 6] *cf.* Cypr. Demetr. 14

Codd.: 21 *a* sanctitatis *incipit* G *p. 11 usque ad § 13 nihil lecta; hinc extant* B G D V P HM K S R

1 testis H   **2** labuntur B P   **3** subuenit M   aut *om.* R
4 caedunt B^{ar} HMK   **5** ignis P   **6** iis R^1 *Br.,* hiis P, his R^2 *cet.* (D *deest*), Mo   sperare tutelam aliquam P   semet ipsa] similitudo D V
9 ubi *ante* ergo] ibi *ras. ex* ubi S R   ubi *ante* nulla] ibi *ras. ex* ubi K
uis] nauis D *(extat* n*)* V   adhibere B^{ac} **9–10** utrumque ubi] ibi *ex* ubi K R^2 **13** homines] deos h. B   gemmis] egetemmis R^1, et g. R^2
deos *om.* B   **14** capere possint P   **15** qui usus] quius B^1, *corr.* B^2
(sup. i *1 litt. eras.);* quis u. P K S   praetiosior, *deinde* ū? *eras.,* B
illi B^1, *corr.* B^3 **17** pretiosus R^{ar} inlita et] inlitat B^1, -tant B^2
qua] quia D V   **19** sensu H   **20** inferebantur, eb *s.l. m. rec.,* K
superuacua HMKS   **21** putant R

sit instrumentum.   illa enim satius est deo, quem recte colas,   11
inferre pro munere
    'compositum ius fasque animo sanctosque recessus
    mentis et incoctum generoso pectus honesto'.
egregie sapienterque sensit. uerum illud ridicule subdidit, 'hoc   12
esse aurum in templis, quod sint Veneri donatae a uirgine pu-
pae'; quas ille ob minutiem fortasse contempserit.   non uidebat   13
enim simulacra ipsa et effigies deorum Polycleti et Euphranoris
et Phidiae manu ex auro atque ebore perfectas nihil aliud esse
quam grandes pupas non a uirginibus, quarum lusibus uenia dari
potest, sed a barbatis hominibus consecratas.   merito igitur   14
etiam senum stultitiam Seneca deridet. 'non' inquit 'bis pueri
sumus ut uulgo dicitur, sed semper; uerum hoc interest, quod
maiora nos ludimus.'   ergo his ludicris et ornatis et grandibus   15
pupis unguenta et tura et odores inferunt, his opimas et pingues
hostias immolant, quibus est quidem os, sed carens officio den-
tium, his peplos et indumenta pretiosa, quibus usus uelaminis
nullus est, his aurum et argentum consecrant, quae tam non

Epit.: 2, 4, 15] *cf.* 20, 7 qui talibus . . . carent

Auct.: **3–4** Pers. 2, 73 sq.   **5–7** ibid. 2, 69 sq.   **12–14** Sen. frg. 121 Haase; *cf. Lausberg, 1970, 188–192*

1 sint, n *s.l. m.2,* R   instrumenta R   illa] tum i. B
2 pro munere *om.* P   **3** composita B, -tae G, -tos P   animos B G P
recessos, o *ex* u *m.2?,* P   **4** incoctum] in coetu B G *(coe inc.)*
generosum B G   pectu K¹ S   honesto *in* G *inc.* *(-*tum *legit Br)*
5 sapientemque K S   illud *om.* P   ridicule] *post* 1 *1–2 litt. in
litura* B   **7** minutias B G, -nutitiem V P *(D inc.)*   **8** polycliti B *(pr.* i
pro e *s.l. m.3)* K S (-lic-), -luclit- H, -luclet- M   **9** fidiei P
auro *litura opertum* B, G *inc.*   ebore] re *s.l. m.2* K, ebur S
14 ornatibus B; serenatis P   gradibus V *(D deest)*   **15** puppis D V;
puris, r *ex eras.* p?, P²   ungenta H M R   his] et P
opimes R   **16** os] hos S; mos, m *eras.*, R   **17** peplon B
pretiosa] p. consecrant B   usus *om.* H   **18** consecrant] conferunt B
quae tam] quod tam in *(s.l. m.3)* usum *(pr.* u *in ras. m.3)* B; quae
tamen V

16 habent qui accipiunt quam qui illa donarunt. nec immerito Dionysius Siciliae tyrannus post uictoriam Graecia potitus deos tales contempsit spoliauit inlusit, siquidem sacrilegia sua iocu-
17 laribus etiam dictis prosequebatur. nam cum Ioui Olympio aureum amiculum detraxisset, laneum iussit imponi dicens aestate graue esse aureum, hieme frigidum, laneum uero utrique
18 tempori aptum. idem auream barbam detrahens Aesculapio incongruens et iniquum esse ait, cum Apollo pater eius imberbis adhuc esset ac leuis, priorem filium quam patrem barbatum
19 uideri. item pateras et exuuias et parua quaedam sigilla, quae simulacrorum protentis manibus tenebantur, detrahebat et accipere se illa, non auferre dicebat; perquam enim stultum esse et ingratum nolle accipere ab iis ultro porrigentibus, a quibus bona
20 sibi homines precarentur. haec ille fecit impune, quia rex et uictor fuit, quin etiam secuta est eum solita felicitas; uixit enim usque ad senectutem regnumque per manus filio tradidit. in eo igitur, quia homines sacrilegia uindicare non poterant, oportuit
21 deos ipsos sui uindices esse. ac si humilis quispiam quid tale

Epit.: 2, 4, 16–20] 20, 8

Auct.: 1 §§ 16–20] cf. Cic. nat. deor. 3, 83 sq. Val. Max. 1, 1 ext. 3

Codd.: 4 a | batur incipit G p. 12 tota lecta

2 uictoria P potitis M[1], -tius K 3 iocularibus] ante c 2 litt. eras. B
4 olimpio G; -mpo R 5 ante amiculum 2 litt. eras. B detraxisse
P[1], corr. P[2] 6 esse graues D (ult. s eras.) V aureum R, -rum cet.
(in ras. V[2]) 7 tempori] et t. HM item BG 8 et om. HM
inicum B[pr] R; inimicum B[ar] GHMKS inbarbis G, inuerbis PS
9 leuis B[3] DVP, lenis B[1] cet. 10 exubias GHM, exsuu- R
11 potentis M[1], patentibus M[2] 12 illam KS esset et (s.l.) B
13 iis R Br, hiis, pr. i exp. m.2, P, his B[1] cet., Mo; dis B[3] ultra HM
14 qui rex KS 15 fuit om. P quin] qui K[1] S eum] cum KS
16 ad s.l. P manus] -nu se G; -num R filiorum P[1], corr. P[2]
17 homines quia P 18 suis M[ac] K[ac] ac] at P[2] M[2] R[2] edd., Br; ad
P[1] (G inc.) humiles B[1] (corr. B[3]) M[1] quispiam om.
BGDVPHM Br, Mo; cf. Heck, 1972, 175 n. 27 qui tale G

commiserit, huic praesto sunt flagella ignes eculei cruces et
quidquid excogitare iratis ac furentibus licet. sed cum puniunt 22
deprehensos in sacrilegio, ipsi de deorum suorum potestate dif-
fidunt. cur enim non ipsis potissimum relinquant ulciscendi sui
locum, si eos posse aliquid arbitrantur? quin etiam putant 23
illorum numine accidisse, ut praedones rerum sacrarum comprehensi tenerentur, et saeuiunt non tam ira quam metu, ne si
deorum iniuriam non uindicauerint, in ipsos expetant poenae,
incredibili scilicet uanitate, qui nocituros sibi deos putent ob
aliena scelera, qui ipsis a quibus uiolati spoliatique sunt per se
ipsos nihil nocere potuerunt.

At enim saepe ipsi quoque in sacrilegos uindicauerunt. – pot- 24
est id uel casu accidisse, quod aliquando, non semper; sed tamen
paulo post quomodo id acciderit ostendam. nunc interim quae- 25
ro cur illi tot ac tanta sacrilegia in Dionysio non uindicauerint,
qui non furtim, sed palam ludibrio deos habuit. cur hunc tam
potentem sacrilegum a templis a caerimoniis ab imaginibus suis
non arcuerunt? cur etiam sacris rebus ablatis prospere nauigauit?

14 paulo post] 2, 7, 7 – 8, 1. 14, 1 – 16, 21

Auct.: **18–p. 128, 3** *cf.* Cic. nat. deor. 3, 83. Val. Max. 1, 1 ext. 3

Codd.: **6** *in* sacrarum *desinit* G *p. 12; hinc extant* B DV P HM KSR

1 aculei B[ac]   **3** in sacrilegio deprehensos B G   **4** enim] etiam H M
relincunt B[1], -qunt B[2] V[ac], -quunt G; -quat K[ac]   **5** qui P
6 sacrarum] *alt. a in ras.* B[2]   **7** tenebantur D[ar] *(b eras.)* V
non *om.* H M   iram V   **8** uindicauerunt V; -carint K S
in *om.* H M   ipso V   expectant D V P M R[1]; -petantur R[2]
poenas B[1] *(corr.* B[3]*),* -nam P[ac], paene KSR[1]   **9** putant V[1]
10 qui] cum B   **11** nichil *(del. m.2)* nocere nichil K, no- nich- S
12 saepe *om.* R   ipse R[1]   quodque H[ar] M   **13** quod *om.* P
sed] s. si B   **14** quomodo] quo *s.l.* B[2]   **15** cur illi B; c. illa *cet.*
(curricula K[ac])   tanti V   dinysio B[1], *corr.* B[3]   indicauerint V;
uindicarint HMKS   **16** paulam R[ar]   **18** arcuerunt B[1] KS, argu- B[2]
(g ex c) cet.   latis R[1], uiolatis R[2]   auigauit K S

26 quod ioco ipse testatus est, ut solebat. 'uidetisne' inquit comitibus suis naufragium timentibus 'quam prospera sacrilegis nauigatio ab ipsis diis immortalibus tribuatur?' sed hic fortasse a
27 Platone didicerat deos nihil esse. quid Gaius Verres, quem Tullius accusator eius eidem Dionysio et Phalaridi et tyrannis omnibus comparat? nonne omnem Siciliam compilauit sublatis
28 deorum simulacris ornamentisque fanorum? otiosum est persequi singula, unum libet commemorare, in quo accusator omnibus eloquentiae uiribus, omni denique conatu uocis et corporis deplorauit de Cerere uel Catinensi uel Hennensi. quarum alterius tanta fuit religio, ut adire templi eius secreta penetralia uiris nefas esset, alterius antiquitas tanta, ut omnes historiae loquantur ipsam deam fruges in Hennae solo primum repperisse filiamque
29 eius uirginem ex eodem loco raptam. denique Gracchanis temporibus turbata re publica et seditionibus et ostentis cum repertum esset in carminibus Sibyllinis antiquissimam Ce-
30 rerem debere placari, legati sunt Hennam missi. haec igitur Ceres uel religiosissima, quam uidere maribus ne adorandi quidem gratia licebat, uel antiquissima, quam senatus populusque Romanus sacrificiis donisque placauerat, ex arcanis ac uetustis penetralibus a Gaio Verre immissis latronibus seruis impune
31 sublata est. idem uero cum adfirmaret se a Siculis ut causam

Auct.: **4** Platone] *ft. ex* epist. 13, 363 b   **5–6** Cic. Verr. II 5, 145
7 §§ 28–30] ibid. II 4, 99–112

2 sacris P¹, *corr.* P³   **3** ipsos V¹ (D *deest*)   **4** quid *om.* P Gaius] g. VP (D *deest*), c. KS, *om.* R   **7** odiosum B
8 unum libet] et P   **10** hetnensi, t *ex* n, B², hemn- HM quorum B¹, *corr.* B³   **11** adiret Bᵃʳ   eius templi P   **12** loquuntur HM (locun-)   **13** in *in ras.* B   aetneae, *pr.* a *s.l.*, B; hennesi P solum M   **14** ex *eras.* R   loca D   captam HM   **15** ostis H, hostis M   **17** negati P¹, *corr.* P²   hetnam, t *ex* n, B² misi PRᵃᶜ   **18** religiosissimas Rᵃʳ   maioribus Bᵃʳ   **19** antiquissimam HM   **20** sacrificiisque P   **21** penetrabilibus H   Gaio Verre] g. uerre P, cuerre V (D *deest*) Rᵃʳ (c *eras.*)   **22** sublatus V¹

prouinciae susciperet oratum, his usus est uerbis: 'sese iam ne
deos quidem in suis urbibus ad quos confugerent habere, quod
eorum simulacra sanctissima Gaius Verres ex delubris religio-
sissimis sustulisset', quasi uero si Verres ex urbibus delubrisque
sustulerat, de caelo quoque sustulisset. unde apparet istos deos   32
nihil habere in se amplius quam materiam de qua sint fabricati.
nec immerito ad te, Marce Tulli, hoc est ad hominem Siculi   33
confugerunt, quoniam triennio sunt experti deos illos nihil ualere. essent enim stultissimi, si ad eos ob defendendas iniurias
hominum confugissent, qui Gaio Verri nec pro se ipsis irati esse
potuerunt. – at enim Verres ob haec facinora damnatus est. –   34
non ergo dii uindicauerunt, sed Ciceronis industria, qua uel de-
fensores eius oppressit uel gratiae restitit.   quid quod apud   35
ipsum Verrem non fuit illa damnatio, sed uacatio, ut quemadmodum Dionysio deorum spolia gestanti dii immortales bonam
dederant nauigationem, sic etiam Verri bonam quietem tribuisse
uideantur, in qua sacrilegiis suis tranquille frui posset?   nam   36
frementibus postea bellis ciuilibus sub obtentu damnationis ab
omni periculo ac metu remotus aliorum graues casus ac misera-
biles exitus audiebat et qui cecidisse solus uniuersis stantibus

Auct.: **1–4** Cic. diu. in Caec. 3

1 prouintia R   uerbi P[ac]   ne *om.* V   **3** deorum R
simula B[1], *corr.* B[2]   Gaius] g. DVP, c. R   **4** ex] deos ex B
5 quodque H[ar] M   sustulisset *edd., Br*; -lerat *codd.* (i *s.l. pro* a *m. rec.*
K), Mo *haud recte; cf. Heck, 1972, 197*   **6** in se habere HMKS
sin B[ac] P[ac]; sunt KSR, *ft. recte*   fabricata V[1]   **7** necis merito S
Marce] m. PR, m̃. V (D *deest*)   **8** ualere *in ras.* V[2]   **9** ob] ad HM
10 Gaio] g. DVP, c. R   ipsi P[1], *corr.* P[2]   iratis V (D *deest*), rati
P[1], *corr.* P[2]   **12** ergo] enim P   quae, a *s.l. m.2*, B   **14** uagatio P
uacatio ut *in ras.* V[2] (D *inc.*)   **15** immortl̦, l̦ *ex alia litt. m.2,* P
15–16 dederant bonam (-num *m.1, corr. m.2*) B; b. dederunt HMS[1]
16 etiam *om.* P   ueri P[ac]   **17** sacrilegii sui P *(deinde add.* fructu)
HM; sacrlegis suis R[1]   tranquillus B   **19** ac *post* casus] et KS
20 audiebat] *post* i *ras. fere 4 litt.* V   *sup.* uniuersis *m. rec.* omnibus K

uidebatur, is uero uniuersis cadentibus stetit solus, donec illum et opibus sacrilegio partis et uita satiatum ac senectute confectum proscriptio triumuiralis auferret, eadem scilicet quae Tullium uiolatae deorum maiestatis ultorem. quin etiam felix in eo ipso fuit, quod ante suam mortem crudelissimum exitum sui accusatoris audiuit, diis uidelicet prouidentibus ut sacrilegus ac praedo ille religionum suarum non ante moreretur quam solacium de ultione cepisset.

5. Quanto igitur rectius est omissis insensibilibus et uanis oculos eo tendere ubi sedes, ubi habitatio est dei ueri, qui terram stabili firmitate suspendit, qui caelum distinxit astris fulgentibus, qui solem rebus humanis clarissimum ac singulare lumen in argumentum suae unicae maiestatis accendit, terris autem maria circumfudit, flumina sempiterno lapsu fluere praecepit,

'iussit et extendi campos, subsidere ualles,
fronde tegi siluas, lapidosos surgere montes'.

quae utique omnia non Iuppiter fecit, qui ante annos mille septingentos natus est, sed

'ille opifex rerum, mundi melioris origo',

qui uocatur deus, cuius principium quoniam non potest comprehendi, ne quaeri quidem debet. satis est homini ad plenam

Epit.: 2, 5, 1 ... ueri] 20, 9 ... conuertere   3] 20, 10

Auct.: 1–4 *cf.* Sen. suas. 6, 3. 24. Plin. nat. 34, 6   **4** § 37] *ex* Sen. ibid. 6, 3 quoque *pro* 'post Ciceronem' *accepto?*   **7** praedo ... religionum] Cic. Verr. II 4, 75. 95   **15–16** Ou. met. 1, 43 sq.   **19** ibid. 1, 79

1 his D V K S   caedentibus P[ar]   **2** paris R[1]   uitas, s *exp. m.3*, P confertum K[ac]   **3** eandem B[ar]   **4** *post* quin 2 *litt. eras.* V **5** mortem suam P   **7** ille *om.* D V   suarum] sacrarum B **8** coepisset D V, recep- H M   **9** rectius] honestius et r. B insensibilis P[1], *corr.* P[3]   **10** sedis P[1], *corr.* P[3]   **11** firmitatem M **12** qui *ante* solem] quo P[1], *corr.* P[3]   clarimum B[1] (*cf. Thes. III 1271, 21), corr.* B[2]   **13** incendit B   **14** lapso R[ac]   **15** et *om.* P R extendit M R[ar]   **16** silua P[1], *corr.* P[3]   **17** octingentos B, *sed cf. 1, 23, 5*   **19** meliris *sic*, li *s.l.*, H   **21** nec B M K S, *ft. recte; cf.* § 25

perfectamque prudentiam, si deum esse intellegat. cuius intellegentiae uis et summa haec est, ut suspiciat et honorificet communem parentem generis humani et rerum mirabilium fabricatorem. unde quidam hebetis obtunsique cordis elementa, quae et facta sunt et carent sensu, tamquam deos adorant. qui cum dei opera mirarentur, id est caelum cum uariis luminibus, terram cum campis et montibus, mare cum fluminibus et stagnis et fontibus, earum rerum admiratione obstupefacti et ipsius artificis obliti, quem uidere non poterant, opera eius uenerari et colere coeperunt nec umquam intellegere quiuerunt, quanto maior quantoque mirabilior sit qui illa fecit ex nihilo. quae cum uideant diuinis legibus obsequentia commodis atque usibus hominis perpetua necessitate famulari, tamen illa deos existimant esse, ingrati aduersus beneficia diuina, qui deo et patri indulgentissimo sua sibi opera praetulerunt. sed quid mirum si aut barbari aut imperiti homines errant, cum etiam philosophi Stoicae disciplinae in eadem sint opinione, ut omnia caelestia quae mouentur in deorum numero habenda esse censeant? siquidem Lucilius Stoicus apud Ciceronem sic loquitur: 'hanc igitur in

Epit.: 2, 5, 4–23] 21, 1–4   2, 5, 4–6] 21, 1   5] *cf.* 21, 4   7–9] 21, 2

Auct.: **19–p. 132, 4** Cic. nat. deor. 2, 54

Codd.: **10** *a* coeperunt *incipit* G *p. 13 tota lecta; hinc extant* BG DV P HM KS R

1 si *s.l.* P³   dominum P   **2** suscipiat PHR   **2–3** parentem communem KS   **4** quidem V¹, quid S¹   hebetes BD² *(ex* -tis*)* P, ebetes HM *(pr.* e *pro* o *s.l. m.2)*   obtunsique] n *del.* P³; -sisque M¹   **6** operam mirentur B   cum *s.l.* P³   uariis] *post* u *eras.* i? P   **7** et *om.* HM   mare B *Br cl. § 27 sq.;* -ria *cet., Mo*   **7–8** et stagnis et fontibus *om.* D; *solum pr.* et *om.* BHMKS   **8** stupefacti KS   artifici B¹ *(corr.* B²*)* M¹   **11** quantoque] quanto V¹ R   **12** hominis] s *in ras.* P²; -num KS   **13** perpetuam K¹ Sᵃʳ   **13–14** existimant esse] -mantes HM   **14** qui *s.l.* V²   **17** disciplinae] sectae paene HM eodem R¹   opinionem Bᵃʳ Rᵃʳ   **19** hanc igitur *om.* HM

stellis constantiam, hanc tantam in tam uariis cursibus in omni
aeternitate conuenientiam temporum non possum intellegere sine mente ratione consilio. quae cum in sideribus esse uideamus,
non possumus ea ipsa non in deorum numero reponere.' item
paulo superius: 'restat' inquit 'ut motus astrorum sit uoluntarius.
quae qui uideat, non indocte solum, uerum etiam impie faciat, si
deos esse neget'. nos uero et quidem constanter negamus ac
uos, o philosophi, non solum indoctos et impios, uerum etiam
caecos ineptos deliros probamus, qui ignorantiam imperitorum
uanitate uicistis. illi enim solem atque lunam, uos etiam sidera
deos putatis. tradite igitur nobis stellarum mysteria, ut aras ac
templa singulis erigamus, ut sciamus quo quamque ritu, quo die
colamus, quibus nominibus, quibus precibus aduocemus; nisi
forte nullo discrimine tam innumerabiles, tam minutos deos
aceruatim colere debemus. quid quod argumentum illud, quo
colligunt uniuersa caelestia deos esse, in contrarium ualet? nam
si deos idcirco esse opinantur, quia certos et rationabiles cursus

Auct.: **5–7** Cic. nat. deor. 2, 44

Codd.: **10** *in* enim *desinit* G *p. 13; seq. p. 14 paene tota lecta*

1 hac, h *exp.*, R   hanc tantam *om.* BG   in *om. codd. Cic.*; in tam
om. P   in *ante* omni] et in R   omnia GH^{ar} **2** conuenientiam] m
eras. B, -tia GHM   possunt K^{ac} **3** mente *om.* HM   consilio
quae] -oque regi BG; -oque P; et c. quae M   inesse *codd. Cic.*
4 possum KS   non *ante* in *om.* BG   in *s.l.* P^3 ponere P
6 docte P^{ac} **7** uero *om.* B   et quidem VP (D *deest*), quidem BGM,
equ- HKSR   negabimus, b *ex* u *m.2*, B   **8** o *om.* R
filosofos R   inperitos, eri *s.l.*, t *ex* i, B^3 etiam *om.* KS
9 delirosque B *(que ex* qui *m.1)* G   imperatorum K   **10** atque] aut
HM   **11** deos putatis] de | [putatis] G *(spatio indice)*   trade V (D
inc.)   **12** ut] aut KS   quo *s.l.* P^3 quamquae, *alt.* e *eras.*, B;
quemque GHMR^2 *(pr.* e *ex* a)   **12–13** quo die ... nominibus *om.* B
13 numinibus G   quibusque HMKS   uocemus BG
14 imminutos P   **15** debeamus BG   quo] quod BGP^1 *(corr.*
P^3) HM   **16** caelesti K^{ac} esse *om.* KS   **17** inrationabiles G

habent, errant. ex hoc enim apparet deos non esse, quod exorbitare illis a praestitutis itineribus non licet. ceterum si dii essent, huc atque illuc passim sine ulla necessitate ferrentur sicut animantes in terra, quarum quia liberae sunt uoluntates, huc atque illuc uagantur ut libuit, et quo quamque mens duxerit, eo fertur. non est igitur astrorum motus uoluntarius, sed necessarius, quia praestitutis legibus officiisque deseruiunt. sed cum disputaret de cursibus siderum, quos ex ipsa rerum ac temporum congruentia intellegebat non esse fortuitos, existimauit uoluntarios esse, tamquam non possent tam disposite, tam ordinate moueri, nisi sensus illis inesset officii sui sciens. o quam difficilis est ignorantibus ueritas et quam facilis scientibus! 'si motus' inquit 'astrorum fortuiti non sunt, nihil aliud restat nisi ut uoluntarii sint'. immo uero ut non esse fortuitos manifestum est, ita nec uoluntarios. quomodo igitur in conficiendis itineribus constantiam suam seruant? nimirum deus uniuersi artifex sic illa disposuit, sic machinatus est, ut per spatia caeli diuina et admirabili ratione decurrerent ad efficiendas succedentium sibi temporum uarietates. an Archimedes Siculus concauo aere similitudinem mundi ac figuram potuit machinari, in quo ita solem lunamque composuit, ut inaequales motus et caelestibus

Epit.: 2, 5, 14–17] 21, 3

Auct.: 7 §§ 15–16] *cf.* Cic. nat. deor. 2, 42–44   19 § 18] *cf.* ibid. 2, 88

Codd.: 12 *in* motus *desinit* G p. 14; *hinc extant* B DV P HM KS R

1 erant K¹ S¹   3 passim *s.l.* B³   3–5 passim ... illuc *om.* M
4 uolunptates B^ar *(G inc.)*   5 uacantur D¹ V   libuerit, er *s.l.,* B² P³
et] ut P   quo quamque] quocumque HMKSR   6 feruntur S²
10 possint P   dispositae GDP *(a del.)*   tam] et t. HMKS
ordinatae G   11 sensibus DV   esset P   sciens *om.* P
12 est *om.* PR   facilis scientibus] f. est non ignorantibus P
13 fortuitu HM¹   17 macchinatus B^ar   19 an] in M¹, inde M²
aeri HM   20 ac figuram] figuramque HMKS

similes conuersionibus singulis quasi diebus efficerent et non
modo accessus solis ac recessus uel incrementa deminutiones-
que lunae, uerum etiam stellarum uel inerrantium uel uagarum
dispares cursus orbis ille dum uertitur exhiberet, deus ergo illa
uera non potuit machinari et efficere quae potuit sollertia ho-
19 minis imitatione simulare? utrumne igitur Stoicus si astrorum
figuras in illo aere pictas effictasque uidisset, suo illa consilio
moueri diceret ac non potius artificis ingenio? inest ergo sideribus ratio ad peragendos meatus suos apta, sed dei est illa ratio
qui et fecit et regit omnia, non ipsorum siderum quae mouentur.
20 nam si solem stare uoluisset, perpetuus utique dies esset. item si
motus astra non haberent, quis dubitat sempiternam noctem fu-
21 turam fuisse? sed ut diei ac noctis uices essent, moueri ea
uoluit et tam uarie moueri, ut non modo lucis atque tenebrarum
mutuae uicissitudines fierent, quibus laboris et quietis alterna
spatia constarent, sed etiam frigoris et caloris, ut diuersorum
temporum uis ac potestas uel generandis uel maturandis frugi-
22 bus conueniret. quam sollertiam diuinae potestatis in machi-
nandis itineribus astrorum quia philosophi non uidebant, ani-

Epit.: 2, 5, 20–21] *cf.* 21, 3

1 similis ... effecerit *om.* M, *in ult. lin. eiusdem pag. ante* § 22 tamquam *ins. m.1 signis* h̄d § *17 et* hp̄ § *22 usa*   conuersationibus D
quas P¹, *corr.* P³   officerent B¹, *corr.* B³; effecerit HM
et] ut HMKS   **2** accessis Pᵃᶜ   solis ac recessus *s.l.* B³
3 uagantium, nti *s.l. pro del.* r, B³   **5** uero Hᵃᶜ   machinari *del.* P³
et *om.* P   **6** imitatione] -tari, i *ex* e *m.2*, R   igitur *om.* P
stoici si, *alt.* i *ras. ex* u, *tert. ins. m.3?*, P   **7** in] et in HM
illa R   effectasque HMKS   uidissent P   **8** dicerent P
artifices Kᵃᶜ, -ciis Rᵃʳ   inest] in *in ras.* K²; id est S   **9** meatus] u *ex*
o B³R²; motus HMKS   **10** et fecit] et facit P; effecit R
11 sol B   **12** quo P¹, qui P³   dubitaret BHM   **13** fuisset, & *ex*
e?, P   noctes V¹   uicis P¹, *corr.* P³   moueri] item m. B
14 tamen PH   atque] et B; ac P   **15** mutue R   quibus *om.* R

malia esse sidera putauerunt, tamquam pedibus et sponte, non
diuina ratione procederent. cur autem illa excogitauerit deus, 23
quis non intellegit? scilicet ne solis lumine decedente nimium
caeca nox taetris atque horrentibus tenebris ingrauesceret no-
ceretque uiuentibus. itaque et caelum simul mira uarietate distinxit et tenebras ipsas multis minutisque luminibus temperauit.
quanto igitur Naso prudentius quam illi qui sapientiae studere se 24
putant, qui sensit a deo lumina illa ut horrorem tenebrarum de-
pellerent instituta! is eum librum quo Phaenomena breuiter comprehendit his tribus uersibus terminauit:
   'tot numero talique deus simulacra figura
   imposuit caelo perque atras sparsa tenebras
   clara pruinosae iussit dare lumina nocti.'
quodsi fieri non potest, ut stellae dii sint, ergo ne sol quidem ac 25
luna dii esse possunt, quoniam luminibus astrorum non ratione
differunt, sed magnitudine. quodsi hi dii non sunt, ergo nec
caelum quidem in quo illa omnia continentur. simili modo si 26
terra, quam calcamus, quam subigimus et colimus ad uictum,
deus non est, nec campi quidem ac montes dii erunt. si hi non
sunt, ergo ne tellus quidem uniuersa deus uideri potest. item si 27
aqua, quae seruit animantibus ad usum bibendi aut lauandi, deus

Auct.: **11–13** Ou. carm. frg. 2 Blänsdorf (p. 113 Morel)

1 et *om.* HM   **4** horrendis P   **6** multis *bis ut uid., alt. eras.* K
minutis P   **7** Naso] aso *in ras.* V²   prouidentius HM
illis H^ar M^ac   **8** horrerem R^ac   **9** is] his B   quos P¹, *corr.* P³
11 deus *in ras.* P   figuras B (s *s.l. m.2*) HMKS   **12** imposui B¹,
corr. B²   per quae B^ar H^ar MS   astra R   sparsas P^ar
13 pruinose B¹, *corr.* B²   dari H^ac M   numina P¹, *corr.* P³
noti P   **14** quod fieri HM   ergo *om.* HM   nec P (c *s.l. m.1*) HM
15 *post* esse *del.* non P³   **16** hii BP *(alt.* i *exp. m.3)* R *Mo*   dii hi
HMS; d. I, *i. e.* ii?, K¹, I *del.* K²   ne P^ac R *edd., sed cf. supra ad*
1, 6, 7   **17** illa *in mg.* P   **18** terram HM^ac   et colimus *om.* B
19 ne DV¹ S *edd.; cf.* § *25*   ac] ad K¹   hii BDVP
20 nec DV^ar M² R   **21** uiuendi P¹ R, biue- *sic* P³

non est, ne fontes quidem ex quibus aqua profluit; si fontes non sunt, ne flumina quidem quae de fontibus colliguntur; si flumina quoque dii non sunt, ergo et mare quod ex fluminibus constat deus haberi non potest. quodsi neque caelum neque terra neque mare, quae mundi partes sunt, dii esse possunt, ergo ne mundus quidem totus deus est, quem idem ipsi Stoici et animantem et sapientem esse contendunt et propterea deum. in quo tam inconstantes fuerunt, ut nihil ab his dictum sit quod non ab isdem fuerit euersum. sic enim argumentantur: fieri non posse ut sensu careat quod sensibilia ex se generat; mundus autem generat hominem, qui est sensu praeditus; ergo et ipsum esse sensibilem; item, sine sensu esse non posse cuius pars habeat sensum; igitur quia homo sensibilis est, etiam mundo cuius pars est homo inesse sensum. propositiones quidem uerae sunt, et sensibile esse quod sensu praeditum gignat et habere sensum cuius pars sensu aucta sit, sed adsumptiones falsae quibus argumenta concludunt, quia neque mundus generat hominem neque homo mundi pars est. nam hominem a principio idem deus fecit qui et mundum, et non est pars mundi homo sicut corporis membrum. potest enim mundus esse sine homine sicut urbs et domus. atquin ut domus unius hominis habitaculum est et urbs unius populi, sic et mundus domicilium est totius generis humani, et aliud est quod incolitur, aliud quod incolit. sed illi

---

1 nec R profluuit B **2** nec B **3** quodque H^{ar} M^1 et *om.* H M **4** ne caelum P^1, *corr.* P^3 **6** idem *s.l.* H et sapientem *bis, pr. exp.,* P **7** concedunt K S [propt]er eadem D^{ac} **8** his *codd.* (D *deest*), Mo, iis Br hisdem M R **10** quod] qui S^1 se] s *s.l.* H M **11** et] et id H; et ideo, eo *s.l.,* M sensibile V (D *deest*) **13** mundum H^{ac} M **14** est] et R uere P K S **15** sensum H^{ac} M^{ac} praedictum S gignet H^{ac} M, -nit H^{pc} **16** sensibus K; -nsi S sit *in ras.* P^3 **17** generant P^1, *corr.* P^3 **18** par B^1, *corr.* B^2 **19** et *ante* non *om.* P sic S **20** etenim K S sicut] ut P **21** atqui K S atquin ut] ut quomodo, mo|do *in ras. m.2,* B et *ante* urbs] ut R **22** est *ante* totius *om.* V (D *deest*) **23** et *om.* P aliud *post* incolitur] aut K S

dum student id quod falso susceperant confirmare, et sensibilem esse mundum et deum, non uiderunt argumentorum suorum consequentia. nam si mundi pars est homo et sensibilis est 34 mundus, quia homo sentit, ergo quia mortalis est homo, mortalis sit et mundus necesse est nec tantum mortalis, sed et omnibus morbis passionibusque subiectus. et e contrario si deus est 35 mundus et partes eius utique immortales sunt, ergo et homo deus est, quia pars est ut dicitis mundi. si homo, ergo et iumenta et pecudes et cetera genera bestiarum et auium et piscium, quoniam et illa eodem modo sentiunt et mundi partes sunt. at hoc 36 tolerabile est; nam et haec colunt Aegyptii, sed res eo peruenit, ut et ranae et culices et formicae dii esse uideantur, quia et ipsis inest sensus et ex parte mundi sunt. ita semper argumenta ex falso petita ineptos et absurdos exitus habent. quid quod idem 37 ipsi aiunt deorum et hominum causa mundum esse constructum quasi communem domum? ergo mundus nec deus est nec animans, si constructus est. animans enim non construitur, sed nascitur, et si est aedificatus, sic utique tamquam domus, tamquam nauis. est ergo aliquis artifex mundi deus et seorsum erit mundus qui factus est, seorsum ille qui fecit. iam illud quam re- 38 pugnans et absurdum, quod cum caelestes ignes ceteraque mun-

Codd.: 13 *a* | menta *incipit* G *p. 144 usque ad § 37* enim non cons *lecta; ex § 41 legitur* partes ... quia*; extant* BG DV P HM KS R

1 susceperat V^{ac} et *om.* BR sensibile BKS 3 et *om.* B
4 sentit ... homo *om.* P homo *post* est *om.* B 5 et *post* sit *s.l.* M et *post* sed *om.* P 6 morbis *in mg.* P^2 subiectis K^{ac}
7 eius *s.l.* B^2 8 uti B dictis K^{ac} ergo homo HMKS
9 quoniam] quia B 10 at] ad B^1 *(corr.* B^3*)* DVPKS 12 ipse V^1
13 ex parte] ex *s.l.* P^2; partes, s *exp.*, B, *unde* -tes *edd.* ex] et B
14 *post* absurdos *fere 8 litt. eras.* H quid quod] quicquid HM^{ac} idem *om.* KS 15 ipsi *om.* BG 16 commune HM
17 si ... animans *in mg. inf.* P^2 animas K^{ac} enim *om.* PHM
19 et *om.* P seorsus HMKS *ut l.* 20 19–20 erit ... seorsum *s.l.* P^2
20 quia RM est] e. et B quam] qua K^1 S^1 21 cum] qui B ceteraque quae P

di elementa deos esse adfirment, idem mundum ipsum deum dicunt! quomodo potest ex multorum deorum aceruo unus deus confici? si astra dii sunt, mundus ergo non deus, sed domicilium deorum est. si uero mundus deus est, ergo illa omnia quae sunt in eo non dii sunt, sed dei membra, quae utique sola dei nomen accipere non possunt. nec enim recte quis dixerit membra hominis unius multos homines esse. sed tamen non est similis comparatio animalis et mundi. animal enim quia sensu praeditum est, etiam membra eius habent sensum nec nisi a corpore diuulsa brutescunt. cuius igitur rei similitudinem gerit mundus? nimirum ipsi docent, cum factum esse non diffitentur, ut esset diis et hominibus quasi communis domus. si ergo est constructus ut domus, nec ipse deus est nec elementa, quae sunt partes eius, quia neque domus habere dominium sui potest neque illa de quibus domus constat. non tantum igitur ueritate, sed etiam uerbis suis reuincuntur. sicut enim domus in usum habitandi facta per se nihil sentit dominoque subiecta est, qui eam fecit aut incolit, ita mundus per se nihil sentiens factori deo subiacet, qui eum in usum sui fecit.

6. Duplici ergo ratione peccatur ab insipientibus, primum quod elementa id est dei opera deo praeferunt, deinde quod elementorum ipsorum figuras humana specie comprehensas colunt. nam solis lunaeque simulacra humanum in modum

Codd.: 14 *a* potest *incipit* G *p. 143 paene tota lecta*

1 esse] eos DV   adfirmant B   **2** dicant HM   unius P^{ar}
3 astra] s *in ras. 2–3 litt.* P   **5** sola dei HMKS; solidii DV; solidi BPR   **8** sensum H^{ar} K^{ar} S   **9** praedictum D^{ar} **9–10** a corpore] corpora KS   **10** diuulso V^1 *post* brutescunt *s.l. add.* diuisa *(sic ut uid.)* B^3 **14** neque *om.* R   dominum DV   *post* sui *ins.* non R^2 **15** domus *om.* KS   **16** *post* uerbis *eras.* e? V   reuincitur B^1, *corr.* B^3 *(G inc.)*   sic S^1 enim] igitur P   usu HMKS   **17** per *om.* P   **18** facit B^1 *(corr.* B^3) G   **20** pronum M   **21** quod elemta *(sic)* ... deinde *in mg. inf. signis* hd· *et* hs· *datis* B^3; quod ... id] elementa quod P   deo *s.l.* K   **22** conpraehensos B^1, *corr.* B^3; -prensas P

formant, item ignis et terrae et maris, quae illi Vulcanum Vestam Neptunum uocant, nec elementis ipsis in aperto litant. tanta homines imaginum cupiditas tenet, ut iam uiliora ducantur illa quae uera sunt; auro scilicet et gemmis et ebore delectantur. horum pulchritudo ac nitor praestringit oculos nec ullam religionem putant ubicumque illa non fulserint. itaque sub obtentu deorum auaritia et cupiditas colitur. credunt enim deos amare quidquid ipsi concupiscunt, quidquid est propter quod furta et homicidia et latrocinia cottidie saeuiunt, propter quod bella per totum orbem populos urbesque subuertunt. consecrant ergo diis manubias et rapinas suas, quos certe necesse est imbecillos esse ac summae uirtutis expertes, si subiecti sunt cupiditatibus. cur enim caelestes eos putemus, si desiderant aliquid e terra, uel beatos, si aliqua re indigent, uel incorruptos, si uoluptati habent ea in quibus appetendis cupiditas hominum non immerito damnatur? ueniunt igitur ad deos non tam religionis gratia, quae nulla potest esse in rebus male partis et corruptibilibus, quam ut aurum oculis hauriant, nitorem leuigati marmoris aut eboris aspiciant, ut insignes lapillis et coloribus uestes uel distincta gemmis fulgentibus pocula insatiabili contemplatione contrectent. et quanto fuerint ornatiora templa et pulchriora simulacra,

Epit.: 2, 6, 2 tanta ... 3 fulserint. 6] 20, 14 ... 15 pulchritudine

Codd.: 13 *in* enim *desinit* G *p. 143; hinc extant* B D V P HM K S R

1 ignes V *(D deest)* illis S[1] **2** ipsis *om.* P aperto] euento *(u in ras. m.2)* a. B **3** hominem V[1] imaginem D[1] V[1] K[1] iam] etiam HMS **4** et *ante* gemmis *om.* HMKS **5** ac nitor] agni- DV praestingit B[1] *(r s.l.* B[2]*)* M oculos] o. nec oculos G **6** fulserit R **8–9** furta ... quod *om.* P **9** et *ante* latrocinia *om.* HM; uel KS cottidie, *pr. t euan. uel eras.,* B; cotid- *cet., sed cf. 1, 4, 3* **10** populosque K[1] **11** inbeccillos BG; *cf. 1, 3, 3* **13** caelestis V[1] si] qui KS e] de PR[2] *Br, Mo, numero peiore* **14** uoluntati, n *ex* p, B[3] **15** damnetur M **17** esse potest B pactis KS corruptibilis PR **18** auriant K *(n s.l.)* S **19** insignis P lapillos P; -lli H[ac] M[pc] *(ex* labelli*)* **21** et *om.* P ornatiora] ra *in fine lin. add. m.1 uel 2* B

tanto plus maiestatis habere creduntur. adeo religio eorum nihil
est aliud quam quod cupiditas humana miratur. hae sunt religiones, quas sibi a maioribus suis traditas pertinacissime tueri ac
defendere perseuerant, nec considerant quales sint, sed ex hoc
ueras ac probatas esse confidunt, quod eas ueteres tradiderunt,
tantaque est auctoritas uetustatis, ut inquirere in eam scelus esse
ducatur. itaque creditur ei passim tamquam cognitae ueritati.
denique apud Ciceronem sic dicit Cotta Lucilio: 'habes, Balbe,
quid Cotta, quid pontifex sentiat. fac nunc ego intellegam quid
tu sentias; a te enim philosopho rationem religionis accipere
debeo, maioribus autem nostris etiam nulla ratione reddita credere.' si credis, cur ergo rationem requiris, quae potest efficere
ne credas? sin rationem quaerendam putas, ergo non credis; ideo
enim quaeris, ut eam sequare, cum inueneris. docet ecce te
ratio non esse ueras deorum religiones. quid facies? maioresne
potius an rationem sequeris, quae quidem tibi non ab alio insinuata, sed a te ipso inuenta et elata est, cum omnes religiones
radicitus eruisti? si rationem mauis, discedere te necesse est ab
institutis et auctoritate maiorum, quoniam id solum rectum est,

Auct.: **8–12** Cic. nat. deor. 3, 6

1 credantur R **2** quod cupiditas] c. quam ratio B **3** ac *s.l.* D
5 ueras ac probatas] p. atque u. D V **6** tanta P[1], *corr.* P[2]
in *om.* B ea H M K S sceleris B **7** dicatur B V
8 sic dicit *om.* B[1], *post* lucilio *ins.* B[3] lucio H M habes Balbe] h
et alt. e in ras. V[2] **9** ergo *codd. Cic. potiores* intellego P
tu quid *codd. Cic.* **10** a te] ait H M; at R philosophus B[1], *corr.* B[3]
10–11 accipere debeo religionis *codd. Cic.* **11** maioribus] a m. H M
uestris S ratio H M[1] credere] -ret D V *(s.l.* uel em, *i. e.* crederem
V[2]); rationis est c. P; -de H M **12** requires P **13** sin D V *Br, si cet.,
St 232, Mo; cf. 3, 19, 10* rationem] r. requiris et P **14** enim] ergo
H M sequaris V[2] ecce] etce D V[1] **15** religiones deorum D V
facias B **16** non tibi H M K S ab *om.* P insinuatam B[ar]
17 et *om.* D lata B[ac]; eleta P[ac] omnis R[1] **18** eruistis D[ar];
seruisti R **19** auctoritatem D[ar]

quod ratio praescribit; si autem pietas maiores sequi suadet, fatere igitur et illos stultos fuisse, qui excogitatis contra rationem religionibus seruierunt, et te ineptum, qui id colas quod falsum esse conuiceris. sed tamen quoniam nobis tantopere maiorum 12
nomen opponitur, uideamus tandem qui fuerint maiores illi, a quorum auctoritate discedi nefas ducitur. Romulus urbem conditurus pastores inter quos adoleuerat conuocauit cumque is numerus condendae urbi parum idoneus uideretur, constituit asylum. eo passim confugerunt ex finitimis locis pessimi quique *124*
sine ullo condicionis discrimine. ita conflauit ex his omnibus 14
populum legitque in senatum eos qui aetate anteibant et patres appellauit, quorum consilio gereret omnia. de quo senatu Propertius elegiarum scriptor haec loquitur:

'bucina cogebat priscos ad uerba Quirites,

centum illi in prato saepe senatus erat.

curia, praetexto nunc quae nitet alta senatu,

pellitos habuit, rustica corda, patres.'

hi sunt patres, quorum decretis eruditi ac prudentes uiri deuo- 15
tissime seruiant, idque uerum atque immutabile omnis posteritas

Auct.: **6–12** *cf.* Liu. 1, 8, 5–7; *ad* pessimi quique *cf.* Min. Fel. 25, 2 **14–17** Prop. 4, 1, 13 sq. 11 sq. *hoc ordine*

1 ratione perscribit H M   autem] enim H M K S   pietas . . . sequi] ueritas maior est quae *ex* p. m. s. B³; p. maioris s. D^ac V; p. maior esse qui (quae H^ac) H^pc M   fate P   **2** stultus V^ac (D *inc.*)
3 qui id] quid H^ac R¹; quod R²   **4** conuinceris D² H M K S R tamen *om.* M   quoniam] quia R   **5** tamen B D V P   quid B H M
6 disceri P¹, -cedi P², discedendi P³ R (s *s.l. m.2?*)   orbem H¹ M¹
7 cum B¹, *corr.* B³   **8** condenda P¹, *corr.* P³   urbis H M constituitur B   **10** iis R, *ft. recte*   **11** senatu P   quia K¹ S^ar anteibat K^ac   **12** consilia M   gerere H^ac M   senatum H^ac M^ac propersius, *pr.* s *ex* t, B²   **13** elegiacorum, *sed* eg *eras.*, B
15 pratos R   erant H M K S R *ut recc.* Prop.; *cf.* Fedeli (1984) ad l.
16 quae nunc *codd. Prop.*   senatus B^ar   **17** pellutos B¹, *corr.* B²
18 hii P   *post* eruditi *1–2 litt. eras.* V   ac *om.* P   **19** seruiebant, e *s.l. m.2*, B; -iunt H M K S   itque P¹, *corr.* P³

iudicet, quod centum pelliti senes statutum esse uoluerunt; quos
tamen, ut in primo libro dictum est, Pompilius inlexit, ut uera
esse crederent sacra quae ipse tradebat. est uero quod illorum
auctoritas tanti habeatur a posteris, quos nemo cum uiuerent
neque summus neque infimus adfinitate dignos iudicauit.

7. Quare oportet in ea re maxime, in qua uitae ratio uersatur,
sibi quemque confidere suoque iudicio ac propriis sensibus niti
ad inuestigandam et perpendendam ueritatem quam credentem
alienis erroribus decipi tamquam ipsum rationis expertem. dedit omnibus deus pro uirili portione sapientiam, ut et inaudita
inuestigare possent et audita perpendere. nec quia nos illi temporibus antecesserunt, sapientia quoque antecesserunt, quae si
omnibus aequaliter datur, occupari ab antecedentibus non potest. inlibabilis est tamquam lux et claritas solis, quia ut sol
oculorum sic sapientia lumen est cordis humani. quare cum
sapere id est ueritatem quaerere omnibus sit innatum, sapientiam sibi adimunt qui sine ullo iudicio inuenta maiorum probant
et ab aliis pecudum more ducuntur. sed hoc fallit, quod maiorum nomine posito non putant fieri posse, ut aut ipsi plus
sapiant, quia minores uocantur, aut illi desipuerint, quia maiores
nominantur. quid ergo impedit, quin ab ipsis sumamus exemplum, ut quomodo illi quae falsa inuenerant posteris tradiderunt,
sic nos qui uerum inuenimus posteris meliora tradamus?

2 in primo libro] 1, 22, 1–8

1 iudicat HMKS **2** ut *s.l.* P² inlexit] ille i. B **3** quod] quo P
4 quos ... uiuerent *om.* HM **5** infirmus S^ar adfinitatem P^ac
iudicabat HM **6** maxima R, *ft. recte* **7** confiderem P^ac
8 et perpendendam *om.* P **9** erroris B¹, *corr.* B² decepi, i *s.l.*, B¹,
corr. B³ ipsam B experte K¹ S **10** portione] ratione R
11 inuestigare ... audita *in mg. inf. signis* hd *et* hs *datis* B³
perpenderent, *pr.* r *in ras.*, pen *s.l. m.3?,* B **12** quodque H^ar M
si *in fine lin.* B² **14** est] et P¹, *corr.* P² **17** iuenta B^ac
18 hoc] h. eos B **20** desipierint HM **21** quin] quid HM^ac
22 ut] et HMKS **23** uera M damus HM

Superest ingens quaestio, cuius disputatio non ab ingenio, sed 7
a scientia uenit. quae pluribus explicanda erit, ne quid omnino
dubium relinquatur. nam fortasse aliquis ad illa confugiat, quae
a multis et non dubiis traduntur auctoribus, eos ipsos, quos do-
cuimus deos non esse, maiestatem suam persaepe ostendisse et
prodigiis et somniis et auguriis et oraculis. et sane multa enu- 8
merari possunt digna miraculo, in primis illud, quod Attus Nauius summus augur cum Tarquinium Priscum moneret, ut nihil
noui facere inciperet, nisi prius esset inauguratus, eique rex artis
eius eleuans fidem diceret ut consultis auibus renuntiaret sibi,
utrumne fieri posset id quod ipse animo concepisset, adfirma-
retque Nauius posse, 'cape igitur' inquit 'hanc cotem eamque
nouacula dissice'. at ille incunctanter accepit ac secuit. deinde 9 *126*
illud quod Castor et Pollux bello Latino apud lacum Iuturnae
uisi sunt equorum sudorem abluentes, cum aedes eorum quae
iuncta fonti erat sua sponte patuisset. idem bello Macedonico 10
equis albis insidentes Publio Vatieno Romam nocte uenienti se

Epit.: 2, 7, 7 – 13, 13 *passim*] 22, 1–8 *ordine mutato, nonnullis aliunde additis*   2, 7, 7] 22, 1 . . . oraculo

Auct.: **1** §§ 7–23 *passim*] *cf.* Min. Fel. 7, 3–5   **7** § 8] *cf.* Liu. 1, 36, 3–4. Val. Max. 1. 4, 1 (ap. Nepotian. p. 18, 19 – 19, 18. Paris p. 18, 1–8)   **13** §§ 9–10] *cf.* Cic. nat. deor. 2, 6. Val. Max. 1, 8, 1

Codd.: **14** *a* bello *(non a § 8* hanc; *sic Br) incipit* G *p. 116 magnam partem lecta (§§ 10–11 plurima inc.); extant* BG DV P HM KS R

1 dispositio HM   **2** ab *ex* a B³   **3** nam *om.* HM   **4** docui P
5 per se saepe KS   **6** somnis HM   numerari B   **7–8** attius naeuius B; atus nau- H^ac M   **8** summus *om.* B   **9** noui *om.* R
incipere B¹, *corr.* B³   **11** utrum HM   possit P   **12** naeuius B
accipe B   hanc inquit *(t ex* d *m.3)* P   *ad* cotem *s.l.* lapidem V²
meamque B   **13** at] t *ex* d P³, ad M   illa K¹ S   ac] et HMKS
14 castore R^ar   lacus B   diuturnae HM; saturni BG; iuriri KS
15 sudore B   aedis P¹, *corr.* P³   **16** iunctae MKS   erant HMKSR^ac   patuissent HMKS   **17** albinis H^ac M   publio BHM, p. *cet.* (G *inc.*)   atieno B¹, *corr.* B³; bat- HM   aduenienti B

obtulisse dicuntur nuntiantes eo die regem Persen uictum atque captum; quod paucis post diebus litterae Pauli uerum fuisse do-
11 cuerunt. illud etiam mirabile, quod simulacrum Fortunae Muliebris non semel locutum esse traditur, item Iunonis Monetae, cum captis Veiis unus ex militibus ad eam transferendam missus iocabundus ac ludens interrogaret utrumne Romam migrare
12 uellet, uelle respondit. Claudia quoque proponitur in exemplum miraculi. nam cum ex libris Sibyllinis Idaea Mater esset accita et in uado Tiberini fluminis nauis qua uehebatur haesisset nec ulla ui commoueretur, Claudiam ferunt, quae semper impudica esset habita ob nimios corporis cultus, deam submissis genibus orasse, ut si se castam iudicaret, suum cingulum sequeretur; ita nauem, quae ab omni iuuentute non ualuit commoueri,
13 ab una muliere esse commotam. illud aeque mirum, quod lue saeuiente Aesculapius Epidauro accitus urbem Romam diuturna
14 pestilentia liberasse perhibetur. sacrilegi quoque numerari pos-

Epit.: 2, 7, 14] 22, 1 tum ... commiserant

Auct.: **3** § 11] *cf.* Val. Max. 1, 8, 4 *et* 3   **7** § 12] *cf.* Liu. 29, 10, 4 sq. *(uix 29, 14, 5–14)*. Ou. fast. 4, 290–328*;* cingulum sequeretur] Min. Fel. 27, 4   **14** § 13] *cf.* Val. Max. 1, 8, 2

1 nuntiasset, *post* u *3–4 litt. litura opertae*, B   ea B   per se V P *(D deest)*, -sem HM[1], -sē R   inuictum V *(D inc.)*; quo u. KS
2 Pauli] pauli publi praesidis KS *(-diis)*; publ- praes- *tantum* HM
3 mirabilem K[1]   formae B[3] (m *s.l. pro* tun) HM   muliebre P; -ieris HM   **4** item] et B   monitae B; *om.* HM   **5** cum] quod B   captis Veiis] captiuis HM   Veiis] thebis *ex* ueiis B[3]; ueis V*(D inc.)*; uegiis S   militis P[1] *(corr.* P[3]) K[1] S; milibus H[ac] M   **6** interrogaret HMKS *Br*, -uit *cet.* (G *inc.*), Mo *uix recte*   ante romam 2 *litt. eras.* B
7 uelle *om.* HM   *post* respondit *s.l.* uolo M   quodque H[ar] M
8 sidea D V *(-dęa)*; ideam HM; deum R *(cf. 1, 17, 7)*   **9** tiberi P   quam B[ar]   **10** claudia S   fuerunt D[ar] M[ac]   **12** adorasse HM; orasset S   **13** ab *ante* omni *om.* HM   **14** lues D[ar], luae V P[ar]; luce M[ac]   **15** saeueniente V   aescolapius, *pr.* a *s.l. et pr.* s *ex* x *m.3*, o *ex* u *m.1 uel 2,* B   **16** sacrilegi] *ult.* i *in ras. m.3* P   quodque H[ac] M[ac]; quoquo R[1]

sunt, quorum praesentibus poenis iniuriam suam dii uindicasse
creduntur. Appius Claudius censor cum ad seruos publicos
sacra Herculis transtulisset, luminibus orbatus est et Potitiorum
gens, quae prodidit, intra unius anni tempus extincta est. item
censor Fuluius cum ex Iunonis Laciniae templo marmoreas te-
gulas abstulisset, quibus aedem Fortunae Equestris quam Romae
fecerat tegeret, et mente captus est et amissis duobus filiis in
Illyrico militantibus summo animi maerore consumptus est.
praefectus etiam Marci Antonii Turullius cum apud Coos euerso
Aesculapii luco classem fecisset, eodem postea loco a militibus
Caesaris interfectus est. his exemplis adiungitur Pyrrhus, qui
sublata ex thesauro Proserpinae Locrensis pecunia naufragium
fecit ac uicinis deae litoribus inlisus est, ut nihil praeter eam
pecuniam incolume reperiretur. Ceres quoque Milesia multum
sibi apud homines uenerationis adiecit. nam cum ab Alexandro
capta ciuitas esset ac milites ad eam spoliandam inrupissent,

Auct.: 2 § 15] *cf.* Val. Max. 1, 1, 17   4 § 16] *cf.* ibid. 20
9 § 17] *cf.* ibid. 19   11 § 18] *cf.* ibid. 1, 1 ext. 1   14 § 19] *cf.* ibid.
ext. 5 (ap. Nepotian. p. 13, 16–18. Paris p. 13, 10–11)

Codd.: 2 *in* cre| *desinit* G *p. 116; seq. p. 115, in qua pauca ex §§ 15 et
19 et § 20 legi possunt; ceterum extant* B DV P HM KS R

1 quorum] in quo HM   praesentia, a *ex* bus, B³   diu indicasse
DV; diis u. KS   2 ad ... publicos] aduersus responsum P *(ex falsa
lectione compendii?);* adu- resp- ad s. p. *edd.*   3 luminibus] et l.
HMKS   est *om.* HM   potitiorum GDV, potior- B, petit- P^{ac};
putit- HKR, pitit- M, putior- S   5 lucinae BR   regulas V¹; tabulas
HMKS   6 quibus *om.* P   7 et *post* est *om.* P   in *om.* HM
8 summo] et s. P   animerore K¹ S¹   9 etiam] est P
Marci] m̃. DVP, m. R   antoni P, -nini HM, antinii R
turalleus B   10 exculapii B¹, *corr.* B²   11 infectus P¹, *corr.* P³
est *om.* B   iis B¹, *corr.* B²   adiungitur] intelleg- B¹, *corr.* B³
pyrus B, -rrus KSR   12 thesauro] s *sup. ras. 2 litt.* P³, tens- B; thens-
HM; *u. ind. form.*   lucrensis B   13 dea B¹, *corr.* B³
14 incolome DV¹; in loculum R   repperiretur *codd.; u. ind. form.*
quodque H^{ac} M^{ac}   15 uenerationes B¹ *(corr.* B²) KS

20 oculos omnium repente obiectus fulgor extinxit. reperiuntur etiam somnia quae uim deorum uideantur ostendere. Tiberio namque Atinio homini plebeio per quietem obuersatus esse Iuppiter dicitur et praecepisse, ut consulibus et senatui nuntiaret ludis circensibus proximis praesultorem sibi displicuisse, quod Autronius Maximus quidam uerberatum seruum sub furca medio circo ad supplicium duxerat, ideoque ludos instaurari opor-
21 tere. quod cum ille neglexisset, eodem die filium perdidisse, ipse autem graui morbo esse correptus; et cum rursus eandem imaginem cerneret quaerentem satisne poenarum pro neglecto imperio pependisset, lectica delatus ad consules et omni re in senatu exposita recepisse corporis firmitatem suisque pedibus
22 domum redisse. illud quoque somnium non minoris admirationis fuit, quo Gaius Caesar Augustus dicitur esse seruatus. nam cum bello ciuili Brutiano implicitus graui morbo abstinere proelio statuisset, medico eius Artorio Mineruae species obuersata est monens, ne propter corporis imbecillitatem castris se Caesar

Auct.: 1 § 20 sq.] *cf.* Val. Max. 1, 7, 4   13 § 22] *cf.* ibid. 1

Codd.: 6 *in* quidam *desinit* G *p. 115, seq. p. 114 omnino non legibilis*
1 fulgor] f. ignis DV; -re, e *exp.*, P; furg- S   extincsit B¹ *(corr.* B², G *inc.)*, -cxit DP   reperiuntur KS, repp- *cet.*   2 etiam *om.* DV   uim] *in ras.* V²; cum K¹ S   2–3 Ti. Atinio *Lact. legisse uid. pro* T. Latinio *(sic codd. potiores Liu.* 2, 36, 2; *cf. Kempf, ed. Val. Max. 1889 ad l.)*   3 esse] sese Pᵃᶜ   6 uerbatum B¹, *corr.* B²   furcam, u *ex* o *m.3,* B; fuca Pᵃᶜ   8 filium *s.l.* B²   perdidisset P; perdisse R   9 ipsum KSR   esset B *(t s.l. m.3)* P   correptum KSR eadem HMᵃᶜ   10 quaerentem *om.* HM *(in mg.* interrogauit *ut uid.* H²)*; -rentem S   11 delatus *bis, alt. exp. m.2,* B   et] set Bᵃʳ   12 recepisse] recepta et, a *ex* is, et *in ras.,* B²   firmitatem] *alt.* m *del.* B³   14 fuit] suae KS   g. caesar augustus R, gaius caes- B, caesaug- *cet., edd., Br, Mo*   15 bruttiano HM   *post* morbo *s.l.* hd *et in mg. inf.* esset correptus cum rursus hs· B³ *ex* § 21   16 statuisset *om.* HM   astorio Hᵃᶜ MKS   17 inbeccillitatem B¹ *(pr.* c *del.* B³) K   se *s.l.* M²   caesar *s.l.* B³

contineret. itaque in aciem lectica perlatus est et eodem die a
Bruto castra capta sunt. multa praeterea possunt similia exempla proferri, sed uereor ne si fuero in propositione rerum contrariarum diutius immoratus, aut oblitus esse propositi uidear aut
crimen loquacitatis incurram.

8. Exponam igitur istorum omnium rationem, quo facilius
res difficiles et obscurae intellegantur, et has omnes simulati
numinis praestigias reuelabo, quibus inducti homines a ueritatis
uia longius recesserunt. sed repetam longe altius, ut si quis ad
legendum ueri expers et ignarus accesserit, instruatur atque intellegat, quod tandem sit 'caput horum et causa malorum', et
lumine accepto suos ac totius generis humani perspiciat errores.
cum esset deus ad excogitandum prouidentissimus, ad faciendum sollertissimus, antequam ordiretur hoc opus mundi,
*fecit in principio bonum et malum. id plane quid sit apertius
explicabo, ne quis me ita loqui arbitretur, ut poetae solent, qui
res incorporales quibusdam figuris quasi uisibilibus comprehendunt. cum praeter ipsum nihil adhuc esset,*
quoniam pleni et consummati boni fons in ipso erat, sicut est

Epit.: 2, 8, 1] 22, 1 doceam ... inciderunt

Auct.: 11 Verg. Aen. 11, 361

Codd.: 10 *a* ueri *incipit* G *p. 113 paene tota lecta; hinc extant* B G
D V P HM K S R   15 § 3 add.] K S R *tantum*

1 continet K[1] S[1]   acie B P   delatus B   ea die B; eadem d. H M
1–2 abbrupto P   2 sunt *om.* P   6 *ad* §§ *1–7 cum additamentis cf.*
Heck, 1972, 24–80, de textu 24–27. 32–39 nonnullis corrigendis; nihil
fere attulit E. D. Digeser, Hermes 127, 1999, 75–98   istoicorum P[ar]
qua P[1], *corr.* P[3]   7 et *ante* obscurae] ad K[1] S; atque K[2]
7–8 simulati numinis] s. nominis K S; simulationum in his P; -tionum
causas in his B   8 praestigiis B[1], *corr.* B[3]; -strigias V *(D deest), Br*
releuabo R   indocti B   10 et] atque R   11 caput *om.* H M
12 accepto lumine K *(*lumines *m.1)* S   suo H[ac] M   prospiciat H M
terrores P[ar]   15 aptius S   17 uisilibus R[1]

semper, ut ab eo bonum tamquam riuus oreretur longeque proflueret, produxit similem sui spiritum, qui esset uirtutibus patris dei praeditus. quomodo autem id
uoluerit, *fecerit, cum solus esset,*
in quarto libro docere conabimur. deinde fecit
alterum, *per ipsum quem genuit alterum*
corruptibilis naturae,
in quo indoles diuinae stirpis non
permansit. *permaneret.*
itaque suapte inuidia tamquam ueneno infectus est et ex bono ad malum transcendit suoque arbitrio, quod illi a deo liberum fuerat datum, contrarium sibi nomen adsciuit. unde apparet cunctorum malorum fontem esse liuorem. inuidit enim illi antecessori suo, qui deo patri
perseuerando cum probatus *et probatus et carus est.*
tum etiam carus est.

5 add. *de quo nunc parcius, quod alio loco et uirtus eius et nomen et*

5 in quarto libro] 4, 8, 1 – 9, 3   **17** alio loco] *cf. infra § 7*

Codd.:   **17** § 5 add.] R *solus*

1 bonum *s.l.* B³, *om.* G *(spatio indice);* -us P   tam R¹   oriretur V *(i s.l. m.2;* D *deest)* P² *(i ex e)* H *(i ex e)* Kᵃᶜ   **2** produxit] genuit R *(cf. 4, 6, 1)*   *ad* similem *in mg. m.1?* x̄p̄m̄ *(= Christum)* B   **3** id *om.* DV   **4** uoluerit] fecerit ... esset HMKSR   **5** docere conabimur] c. explicare HM   deinde *om.* KS   **6** *ante* alterum *in mg. m.1?* diabolu *(sic)* B   alterum] per ipsum ... naturae KSR   **8** indoles] indolis. deinde fecit alterum in quo indoles KS; *cf. §§ 6 add. 9/7 et p. XXXVII*   **9** permansit] permaneret R *solus; cf. Heck l. c. 36*   **10** itaque] suaque BG   suapte] apte B; sese G; sua ipse HM *(-sa)*   et *om.* BG   **11** transcedit V *(D deest)*   suoque] in s. P *(D inc.)*   illi] utrisque, *post* s *1 litt. eras.,* H, utrique M   a *s.l.* H   **12** insciuit P¹, *corr.* P²   **13** leuiorem S¹   enim] autem R   illi *om.* KS   **15–16** perseuerando ... est] et probatus et karus est R *solus*   **15** cum probatus] compr- V *(o ex* u *m.2)* HM   **16** tum] cum KS   etiam] e. et DVHMKS   carus] probatus G   **17–p. 149, 1** de quo ... erit *ex § 7 in retractando huc transpos. Lact., cf. Heck l. c. 38. 44 sq.*

ratio enarranda nobis erit; interim de hoc uberius, ut dispositio diuina noscatur, quia nec bonum intellegi sine malo potest nec malum aeque sine bono et sapientia boni malique notitia sit.
hunc ergo 6
5 ex bono per se malum effectum *malum spiritum*
Graeci διάβολον appellant, nos criminatorem uocamus, quod crimina in quae ipse inlicit ad deum deferat.
Cur autem istum deus talem uoluerit esse, quantum sensus nos-   6 add. 1
tri mediocritas poterit, explanare conabor. fabricaturus hunc   add. 2
10 *mundum, qui constaret ex rebus inter se contrariis atque discordibus, constituit ante diuersa fecitque ante omnia duos fontes rerum sibi aduersarum inter seque pugnantium, illos scilicet duos spiritus, rectum atque prauum, quorum alter est deo tamquam dextera, alter tamquam sinistra, ut in eorum essent po-*
15 *testate contraria illa, quorum mixtura et temperatione mundus et quae in eo sunt uniuersa constarent. item facturus hominem,*   add. 3
cui uirtutem ad uiuendum proponeret, per quam immortalitatem adsequeretur, bonum et malum fecit, ut posset esse uirtus; quae nisi malis agitetur, aut uim suam perdet aut omnino non erit.
20 *nam ut opulentia bonum uideatur, acerbitas egestatis facit et*   add. 4
gratiam lucis commendat obscuritas tenebrarum, ualetudinis et sanitatis uoluptas ex morbo ac dolore cognoscitur. ita bonum sine malo in hac uita esse non potest, et utrumque licet contrarium sit, tamen ita cohaeret, ut alterum si tollas, utrumque

Epit.: 2, 8, 6] 22, 6 ... accepit   6 add. 1–9] *cf.* 24, 2–11

Codd.: 8 § 6 add. 1–2] KSR *tantum*   16 *post* con | *(p. 60) in* K *excid. plura folia usque ad 3, 12, 35* uideamur   § 6 add. 3–9] SR *tantum*

3 notitiae R[ar]   syt R; *ft.* est?   5 ex ... effectum] malum spiritum R *solus*   6 diabolon BG, -lum P, -bylon HM   7 in *om.* HM
8 istum R; iustus *ex* iustum *ut uid.* KS, *edd.*   uoluit KS
11 fortes KS[1]   12 sibi *exp.* S[2]   aduersarium KS[1], -santium S[2]
se atque *ex* seque S[2]   13 duos *ex* dum R[2]   15 mixturam KS
19 nisi] si S   malus R[ar]   auget *ex* perdet S[2]   23 hac] ac S[1]

add. 5   *sustuleris. nam neque bonum comprehendi ac percipi potest sine declinatione ac fuga mali nec malum caueri ac uinci sine auxilio comprehensi ac percepti boni. necesse igitur fuerat et*
add. 6   *malum fieri, ut bonum fieret. et quoniam fas non erat, ut a deo proficisceretur malum – neque enim contra se ipse faciet –, illum constituit malorum inuentorem, quem cum faceret, dedit illi ad mala excogitanda ingenium et astutiam, ut in eo esset et uoluntas praua et perfecta nequitia. ab eo contraria uirtutibus suis uoluit oriri eumque secum contendere, utrumne ipse plus*
add. 7   *bonorum daret an ille plus malorum. sed rursus, quoniam deo summo repugnari non potest, bonorum suorum potestatem illi alteri adsignauit, quem supra bonum ac perfectum esse diximus. ita duos ad certamen composuit et instruxit, sed eorum alterum dilexit ut bonum filium, alterum abdicauit ut malum. postea autem multos alios genuit operum suorum ministros, quos Graeci* ἀγγέλους *nominant et illos †unius se repugnantis qualem na-*
add. 8   *tura equorum * * * † sed corruptibilis non utique statim corrupta est in ortus sui principio, sed post compositum ordinatumque mundum, sicut mox docebimus, a substantiae caelestis uigore peruersa uoluntate desciuit. ceterum in principio pares uniuersi et aequa condicione apud deum fuerunt et idcirco angeli*
add. 9   *omnes, quorum principes erant illi duo. cum autem deus ex iis duobus alterum bono praeposuisset, alterum malo,*

131   7   exorsus igitur deus fabricam   *exorsus est itaque fabricam*

---

12 supra] *potius § 7 quam 3; cf. Heck l. c. 39 sq.*   **19** mox] 2, 14, 1–4

6 inuentor S¹   **12** alteri *Buen;* ultori S R   **13** alterum] a. quem R   **16–17** unius . . . equorum *(e exp.* S*)* S R*;* u. sed r. naturae qualis duorum *edd.; locum corruptum ratus lac. stat. Br*   **17** sed] s. pars illa S *edd., Br; cf. Heck l. c. 37*   correpta S   **18** principia S   **19** sic S   uigorem S   **20** desiuit S   **21** et *ante* aequa *om.* S   **22** iis R, his S *edd., sed cf. § 33* his *in* R   **24–p. 151, 4** exorsus . . . primum] exorsus est itaque f. m. omnibus iis quos . . . dispositis. illum uero p. R; exorsus est f. m. omnibus his quos . . . ministrantibus et percepta *(sic)* officia dispositis. exorsus igitur deus f. m. illum p. S; *cf. § 4 et p. XXXVII*

mundi illum *mundi omnibus iis quos crea-*
uerat ministrantibus et per certa
officia dispositis. illum uero
primum et maximum filium praefecit operi uniuerso eoque si-
5 mul et consiliatore usus est et artifice in excogitandis ordinandis
perficiendisque rebus, quoniam is et prouidentia et ratione et *132*
potestate perfectus est; de quo nunc parcius, quod alio loco et
uirtus eius et nomen et ratio enarranda nobis erit.
   Nemo quaerat ex quibus ista materiis tam magna, tam miri- 8
10 fica opera deus fecerit; omnia enim fecit ex nihilo. nec audiendi
sunt poetae, qui aiunt chaos in principio fuisse, id est confusi-
onem rerum atque elementorum, postea uero deum diremisse
omnem illam congeriem singulisque rebus ex confuso aceruo
separatis in ordinemque discriptis instruxisse mundum pariter et
15 ornasse. quibus facile est respondere potestatem dei non intel- 9
legentibus, quem credant nihil efficere posse nisi ex materia
subiacente ac parata. in quo errore etiam philosophi fuerunt.
nam Cicero de natura deorum disputans ait sic: 'primum igitur 10
non est probabile eam materiam rerum unde omnia orta sunt

Epit.: 2, 8, 8 ... nihilo] 22, 2 ... condidisset

7 alio loco] 4, 6, 1 – 29, 15*; cf. supra § 5 add.*

Auct.: **11** poetae] *cf.* Ou. met. 1, 7–9. 21–25   **18–p. 152, 7** Cic.
nat. deor. *ex parte quae periit* 3, 65

Test.: **11–15** chaos ... ornasse] Zeno 1, 7, 1

Codd.: **5** *in* artifi| *desinit* G *p. 113; hinc extant* B D V P HM S R

1 illud H[ac] M   **4** primum et] et p. et B G   opere *ut uid.* B[1], *corr.* B[3]
5 in *om.* HM   ornandis D V   **6** his B[ar] HMS   prouidentiae P[1],
corr. P[2]   **7** nunc s.l. B[3]   parcis R[1]   **8** ratione narranda D[ar] V[ar]
9 ista materiis] i. materies B[3] *(alt.* e *ex* i*);* sit i. materies aut unde HMS
12 uero *om.* B   deremissem, *alt.* m *eras.*, D; -misisse P[1], *corr.* P[3]
14 discriptis PR[1] *(-*bt- *ut saepe),* descr- DVHMSR[2] ; digestis B *(ex
Ou. met. 1, 7?)*   mundi V[ac]   **15** ordinasse S[1]

esse diuina prouidentia effectam, sed et habere et habuisse uim
et naturam suam. ut igitur faber cum quid aedificaturus est, non
ipse facit materiam, sed utitur ea quae sit parata, fictorque item
cera, sic isti prouidentiae diuinae materiam praesto esse oportuit, non quam ipsa faceret, sed quam haberet paratam. quodsi
materia non est a deo facta, ne terra quidem et aqua et aer et
ignis a deo factus est.' o quam multa sunt uitia in his decem
uersibus! primum quod is, qui in aliis disputationibus et libris
fere omnibus prouidentiae fuerit adsertor et qui acerrimis argumentis impugnauerit eos qui prouidentiam non esse dixerunt,
idem nunc quasi proditor aliquis aut transfuga prouidentiam conatus est tollere. in quo si contradicere uelis, nec cogitatione
opus est nec labore; sua illi dictata recitanda sunt. nec enim
poterit ab ullo Cicero quam a Cicerone uehementius refutari.
sed concedamus hoc mori et instituto Academicorum, ut liceat
hominibus ualde liberis dicere ac sentire quae uelint; sententias
ipsas consideremus. 'non est' inquit 'probabile materiam rerum
a deo factam.' quibus hoc argumentis doces? nihil enim dixisti
quare hoc non sit probabile. itaque mihi e contrario uel maxime probabile uidetur, nec tamen temere uidetur, cogitanti plus
esse aliquid in deo, quem profecto ad imbecillitatem hominis

Auct.: **17–18** *cf. § 10*

1 effectum HM   et *post* habere *s.l.* R² **2** et] ac HMS   quid] quibus P **3** fecit V   idem HM; eamque P¹, *corr.* P² **4** dinae P¹, *corr.* P²   materia S **5** quam] quo, o *ex* ā *ut uid.*, B³   ipsa *edd., Br;* -sam (ā *in ras. m.3*) B; -se *cet., Buen, Mo subaudientes deus, sed cf. anteced.* ipse *et § 25*   habere S¹ **6** est *om.* HM   nec BP *(c s.l. m.2)* HM **8** is *in ras.* H, iis MR, his Sᵃʳ **9** fere omnibus] prae o. quin HM *(quiin)* **10–11** non ... trasfuga *(sic)* prouidentiam *in mg. m.1?* S **11** transfigura H **12** uellis P **13** dictata SR; dicta *cet., edd., Br, Mo; cf. Cic. nat. deor. 1, 72* **15** *ad* mori *s.l.* datiuus R²   achademicorum BHMS, acedim- P **16** ualde de libris Dᵃᶜ **17** ipsius DV   rerum *om.,* a *s.l. m.2?* P **18** nihil] non B **19** sint Dᵃᶜ **19–20** itaque ... probabile *om.* P **19** mihi] nichil S   **20** nec ... uidetur *in mg. inf.* D, *om.* M

redigis, cui nihil aliud quam opificium concedis. quo igitur ab
homine diuina illa uis differet, si ut homo sic etiam deus ope
indiget aliena? indiget autem, si nihil moliri potest, nisi ab altero
illi materia ministretur. quod si fit, imperfectae utique uirtutis
est, et erit iam potentior iudicandus materiae institutor. quo
ergo nomine appellabitur qui potentia deum uincit? siquidem
maius est propria facere quam aliena disponere. si autem fieri
non potest, ut sit potentius deo quidquam, quem necesse est
perfectae esse uirtutis potestatis rationis, idem igitur materiae
fictor est qui et rerum ex materia constantium. neque enim deo
non faciente et inuito esse aliquid aut potuit aut debuit. 'sed
probabile est' inquit 'materiam rerum habere et habuisse uim et
naturam suam.' quam uim potuit habere nullo dante, quam naturam nullo generante? si habuit uim, ab aliquo eam sumpsit. a
quo autem sumere nisi a deo potuit? si habuit naturam, quae
utique a nascendo dicitur, nata est. a quo autem nisi a deo potuit
procreari? natura enim, qua dicitis orta esse omnia, si consilium
non habet, efficere nihil potest. si autem generandi et faciendi
potens est, habet ergo consilium et propterea deus sit necesse
est, nec alio nomine appellari potest ea uis, in qua inest et

Auct.: 11–13 *cf. § 10*

Test.: 15 §§ 21. 23] *ft. inde* Isid. orig. 11, 1, 1

1 cui] cum V^ar *(D deest)* opificum H¹   1–2 quo ... differet] quod
differet (-rt HM) ig- ab h. illa diu- u. HMS   2 differet SR, -fert
BP³ HM, -ferret DV, -ferre P¹   si ut] ut *tantum* B; sicut V H^ar
3 indiget *ante* aliena] g *ex* c P³   mori V^ac   4 fit] sit S
5 quod V^ar *(D deest)*   6 potentiam R^ar   7 *post* disponere *add.* fieri
non potest propria facere quam aliena disponere P¹, *sed exp.* P³
8 quem] quam S   9 perfectae] a *exp.* V *(D deest);* -tus M
10 fictor est] fictorem S, factor est M, factor H   materiae M^ar
11 esse *om.* H¹   aut *ante* potuit] ut D^ac   12 ⟨et⟩ habere *Br cl. § 10*
habuisse] h. semper B   15 si] porro si B   16 est *exp.* B²
17 naturam, m *exp.,* P   20 uis *om.* R   est M^ac   et] post B¹, *exp.*
B², e *ex exp.* s *(uoluit* et*)* B³

23 prouidentia excogitandi et sollertia potestasque faciendi. melius igitur Seneca omnium Stoicorum acutissimus, qui uidit nihil aliud esse naturam quam deum. 'ergo' inquit 'deum non laudabimus, cui naturalis est uirtus? nec enim illam didicit ex ullo. immo laudabimus. quamuis enim naturalis illi sit, sibi illam de-
24 dit, quoniam deus ipse natura est.' cum igitur ortum rerum tribuis naturae ac detrahis deo, 'in eodem luto haesitans uersuram soluis, Geta'. a quo enim fieri negas, ab eodem plane fieri
25 mutato nomine confiteris. sequitur ineptissima comparatio: 'ut faber' inquit 'cum quid aedificaturus est, non ipse facit materiam, sed utitur ea quae sit parata, fictorque item cera, sic isti prouidentiae diuinae materiam praesto esse oportuit, non quam
26 ipsa faceret, sed quam haberet paratam.' immo uero non oportuit. erit enim deus minoris potestatis, si ex parato facit; quod est hominis. faber sine ligno nihil aedificabit, quia lignum ipsum facere non potest; non posse autem imbecillitatis humanae est.
27 deus uero facit sibi ipse materiam, quia potest. posse enim dei
28 est; nam si non potest, deus non est. homo facit ex eo quod est, quia per mortalitatem imbecillus est, per imbecillitatem definitae ac modicae potestatis; deus autem facit ex eo quod non est,

Auct.: **3–6** Sen. frg. 122 Haase; *cf. Lausberg, 1970, 21 sq. 176–178* **7–8** Ter. Phorm. 780 sq.   **9–13** *cf. § 11*

1 cogitandi HM   potestatisque, i *ex* e *m.3,* B   **3** esse] esse se P   **4** enim *om.* B   dicit H¹   **5** laudauimus D¹ V¹   illi naturalis S; n. illis Hᵃʳ   **7** haesitans] hesitas ac H; -tas *codd. Ter.*   uersuram BDPHMSR, uorsuram *codd. Ter.*, -ra V *Buen, Br;* uorsuram solues *Ter. uindicant Dziatzko-Hauler ad l., Lact. pro fut. utitur praes.* soluis *Ciceronem obiurgans (cf. e. g. 6, 11, 14–19)*   **8** solues *codd. Ter. plurimi*   gesta Bᵃʳ; greta V *(D deest)*   negas] n. mundum HMS   **11** eam B   para V¹   idem HM   **12** materia HM   non quam] numquam HM   **13** ipsa B¹ *(ut uid.)* DV, -se B³ *cet.; cf. § 11*   **14** faciat S   **15** aedificauit Bᵃᶜ R   **17** sibi *om.* HMS   enim] autem B   dii R¹   **19** per *om.* R   mortalitatem] m *eras.* R   inbecillius Bᵃʳ *(-ecci-)* P¹ *(corr.* P³*);* -lis *ex* -lus? R; *u. ind. form.* finitae V¹   **20** ac] et HMS   ac modicae ac Rᵃʳ   fecit S

quia per aeternitatem fortis est, per fortitudinem potestatis immensae, quae fine ac modo careat sicut uita factoris. quid ergo 29
mirum si facturus mundum deus prius materiam de qua faceret
praeparauit et praeparauit ex eo quod non erat? quia nefas est
5 deum aliunde aliquid mutuari, cum ex ipso uel in ipso sint omnia. nam si est aliquid ante illum, si factum est quidquam non 30
ab ipso, iam potestatem dei et nomen amittet. at enim materia
numquam facta est sicut deus, qui ex materia fecit hunc mundum. duo igitur constituuntur aeterna et quidem inter se con- 31
10 traria, quod fieri sine discordia et pernicie non potest; collidant
enim necesse est ea, quorum uis ac ratio diuersa est. sic utraque
aeterna esse non poterunt, si repugnant, quia superare alterum
necesse est. ergo fieri non potest, quin aeterni natura sit sim- 32
plex, ut inde omnia uelut ex fonte descenderint. itaque aut deus
15 ex materia ortus est aut materia ex deo. quid horum sit uerius
facile est intellegi. ex his enim duobus alterum sensibile est, 33
alterum caret sensu. potestas faciendi aliquid non potest esse
nisi in eo quod sentit, quod sapit, quod cogitat, quod mouetur. *136*
nec incipi aut fieri aut consummari quidquam potest, nisi fuerit 34
20 ratione prouisum et quemadmodum fiat antequam est et quem-

Auct.: **5–6** ex ... omnia] *cf.* Rom. 11, 36

Codd.: **9** *ab* aeterna *incipit* G *p. 134 maximam partem lecta; extant*
B G P D V H M S R

2 finem B^{ar} modico B   caret H M   **3** facere P   **4** et praeparauit
om. P H M S   ex *s.l.* P^2 **5** mutari D^1 V^1 H^1 M   sunt D
6 si *ante* factum *om.* D V   **7** iam *om.* D V, iam et H M
ammittet D V; amittit H M   **8** fecit] tegit P   **9** et quidem] equ-
B^1 *(corr.* B^3*)* G   **12** exsuperare H M   **13** quiin V   aeterna P^{ac} R^2 *(a
pro exp.* i)   **14** uel V^1 **15** quod V^{ac} hortum B^{ar}
16 facilius B G   his *s.l.* P^2 **17** sensum P^{ac} R^{ar} potestas] et p.
B G   potest] post M   **18** *post pr.* quod *eras.* non M
19 aut fieri aut] *utraque a in ras., ante pr. 1, ante alt. 2 litt. eras., pr.* i
s.l. P   **20** rationem D^{ar} V^{ar} et ... est *om.* B^1 *(in mg. sup. signis* hs· *et*
hd· *datis* B^3) G P

admodum constet postquam fuerit effectum. denique is facit
aliquid qui habet uoluntatem ad faciendum et manus ad id quod
uoluit implendum. quod autem insensibile est, iners et torpidum
semper iacet; nihil inde oriri potest ubi nullus est motus uoluntarius. nam si omne animal ratione constat, certe nasci non
potest ex eo, quod ratione praeditum non est, nec aliunde accipi
potest id, quod ibi unde petitur non est. nec tamen commoueat
aliquem, quod animalia quaedam de terra nasci uidentur. haec
enim non terra per se gignit, sed spiritus dei, sine quo nihil
gignitur. non ergo deus ex materia, quia sensu praeditum ex
insensibili, sapiens ex bruto, impatibile de patibili, expers corporis de corporali numquam potest oriri, sed materia potius ex
deo est. quidquid est enim solido et contractabili corpore,
accipit externam uim; quod accipit uim, dissolubile est; quod
dissoluitur, interibit; quod interit, ortum sit necesse est; quod
ortum est, habuit *utique* fontem unde oreretur, id est factorem
aliquem sentientem prouidum peritumque faciendi. is est profecto nec ullus alius quam deus. qui quoniam sensu ratione
prouidentia potestate uirtute praeditus est, et animantia et ina-

Codd.: 1 *post* facit *(fol. 38ᵛ) usque ad 3, 14, 11* philsophorum sa | *deest pars antiqua* S – *u. p. XXII* –; *hinc extant* B G D V P H M R 10 *in* ex *aut* ex in | *desinit* G *p. 134; ab* sensibili sapit *incipit p. 133, in qua ex §§ 38–40 et 42 sq. pauca legi possunt*

1 postquam] post P¹, *corr.* P²; et p. R   is] his S Rᵃʳ   5 constat] non c. B G *(spatio indice)*   non *s.l.* R²   7 id *om.* R   8 uideantur H M   9 terra] t. ea H M   *post* se *del.* non V²   10 quia] quae a H¹ M¹   praeditus P, -us *ex* -um H² M² R²   11 sensibili B *(de* G *u. supra)*   sapiens] sapit non B G   patibile D V   13 enim est V *(D deest)*   contractabili P, -trectabile Rᵃᶜ   14 accipit uim *om.* P   dissoluibile D V R; solub- P   15 dissolui V *(D deest)*   interit ortum] interituram P   15–16 quod ortum est *om.* P; *hoc* est *om.* M   16 utique R *solus, ex retractatione; cf.* Heck, 1972, 187   oriretur V *(D inc.),* -ri- *ex* -re- P³ H² R²   17 sapientem R *ex § 38*   faciendi is] faciendis B V¹ *(D inc.)*   profectio P¹, *corr.* P²   19 prouidentiam Pᵃᶜ; prudentia B V *(u m.2 in ras. 2–3 litt.)* R *(D deest)*   et] at enim R   et animantia *om.* P   inanimia, *tert.* i *s.l. m.2,* V *(D inc.)*; inanimantia H M

nima creare et efficere potest, quia tenet quomodo sit quidque
faciendum. materia uero semper fuisse non potest, quia mu- 41
tationem non caperet, si fuisset. quod enim semper fuit, semper
esse non desinit, et unde afuit principium, abesse hinc etiam
finem necesse est. quin etiam facilius est ut id quod habuit
initium fine careat, quam ut habeat finem quod initio caruit.
materia igitur si facta non est, nec fieri ex ea quidquam potest; si 42
fieri ex ea non potest, ne materia quidem erit; materia est enim
ex qua fit aliquid. omne autem ex quo fit, quia recipit opificis
manum, destruitur et aliud esse incipit. ergo quoniam finem 43
habuit materia tum, cum factus est ex ea mundus, et initium
quoque habuit. nam quod destruitur, aedificatum est, quod sol-
uitur, alligatum, quod finitur, inceptum. si ergo ex commuta-
tione ac fine materiae colligitur habuisse principium, a quo alio
fieri nisi a deo potuit? solus igitur deus est qui factus non est, 44
et idcirco destruere alia potest, ipse destrui non potest. perma-
nebit semper in eo quod fuit, quia non est aliunde generatus, nec
ortus ac natiuitas eius ex aliqua re altera pendet, quae illum
mutata dissoluat. ex se ipso est, ut in primo diximus libro, et
ideo talis est qualem esse se uoluit, impassibilis immutabilis
incorruptus beatus aeternus. iam uero illa conclusio qua sen- 45

19 in primo . . . libro] 1, 7, 13

Codd.: **13** *in* commuta | *desinit* G *p. 133; hinc extant* B DV P HM R

3 semper esse *om.* B   **4** afuit] ea fuit V^{ac} *(D deest)*   abesse] esse B
hinc *om.* HM   **6** ut *om.* B   quod] id q. HM   caruit] it *in ras.* P^3
7 ne V^1 *(D deest)*   **9** recepit HR   **11** est *s.l.* P^2 **12** quodque
HMR^{ac} distruitur R   **13** ex] in R   **14** materiae DVPR *(post*
colligitur *subaudias* eam; *cf. Hofmann-Szantyr 362);* -a BHM *edd., Br,
sed nom. c. inf. (u. Hofmann-Szantyr 365) hic minus probabilis; cf.
Thes. III 1618, 6–25*   **15** ab deo, b$\overline{d}$o *in ras. m.2,* V *(D deest)*
16 distruere R   remanebit HM   **18** ac] nec HM   altera] ab a.
HM   **19** mutata] mutet ac B *contra numerum*   **20** se esse B; se *om.*
DV^{1}P   **21** incorruptus] us *in ras. m.1?, deinde 2–3 litt. eras.,* P
aeternus *om.* P   quae PR

tentiam terminauit multo absurdior. 'quodsi materia' inquit 'non
est a deo facta, ne terra quidem et aqua et aer et ignis a deo
factus est.' quam callide periculum praeteruolauit! sic enim
superius illud adsumpsit, tamquam probatione non indigeret,
cum id multo esset incertius quam illud propter quod adsump-
tum est. 'si non est' inquit 'a deo facta materia, nec mundus a
deo factus est.' ex falso maluit colligere quod est falsum quam
ex uero quod uerum, et cum debeant incerta de certis probari,
hic probationem sumpsit ex incerto ad euertendum quod erat
certum. nam diuina prouidentia effectum esse mundum, ut
taceam de Trismegisto qui hoc praedicat, taceam de carminibus
Sibyllarum quae idem nuntiant, taceam de prophetis qui opus
mundi et opificium dei uno spiritu et pari uoce testantur, etiam
inter philosophos paene uniuersos conuenit; id enim Pythagorei
Stoici Peripatetici, quae sunt principales omnium disciplinae.
denique a primis illis septem sapientibus ad Socraten usque ac
Platonem pro confesso et indubitato habitum est, donec unus
multis post saeculis extitit delirus Epicurus, qui auderet negare
id quod est euidentissimum, studio scilicet inueniendi noua, ut

Auct.: 1–3 *cf.* § *11*   6–7 *cf. ibid.*   11 Trismegisto] CH IV 108 (frg. 6); *cf.* III 61 (frg. 12). 65 (frg. 14)   12 Sibyllarum] *cf. e. g. 1, 6, 15, i. e.* frg. 3 Geffcken   18 Epicurus] *cf.* frg. 368 p. 247, 27–34 Usener

1 *post* absurdior *s.l.* est V², surdior H¹   **2** deo] dnō, *i. e.* domino P
ne] nec, c *s.l. m.3*, P   **2–3** et ignis ... est *om.* P   **4** probationem B
non *om.* P   **6** est *post* non] esset M   **9** uertendum B¹, *corr.* B³
erat] est B   **10** effectum] esse tum M   ut taceam *om.* P
11 trismegesto B   qui *ex* quo V   **12** syllabarum D V
profectis D¹ Vᵃʳ Pᵃʳ, prefectis D²   **13** artificium P   **14** comuenit B¹,
corr. B³   id enim *om.* P   pythagore B¹, *corr.* B³; pythagorici H M
(phyta-)   **15** quae] et q. R; qui P   principes P¹, *corr.* P²
16 ad] a D V H M   socratem B, -te Vᵖʳ *(n? eras.)*   ac R; et ad B; ad
cet.   **17** planem H¹   confessi P¹, *corr.* P³   et] nec B
18 saeculi P   delirans B   qui auderet] quia uideret Hᵃʳ   audiret
B¹ V¹ P¹, *corr.* B³ V² P³   negaret Bᵃʳ   **19** ut] et H¹

nomine suo constitueret disciplinam. et quia nihil noui potuit
reperire, ut tamen dissentire a ceteris uideretur, uetera uoluit
euertere. in quo illum circumlatrantes philosophi omnes coar-
guerunt. certius est igitur mundum prouidentia instructum quam
materiam prouidentia conglobatam. quare non oportuit putare
idcirco non esse mundum diuina prouidentia factum, quia materia eius diuina prouidentia facta non sit, sed quia mundus diuina prouidentia sit effectus, etiam materiam factam esse diuinitus. credibilius est enim materiam potius a deo factam, quia
deus potest omnia, quam mundum non esse a deo factum, quia
sine mente ratione consilio nihil fieri potest. uerum haec non
Ciceronis est culpa, sed sectae. cum enim suscepisset disputa-
tionem qua deorum naturam tolleret, de qua philosophi garrie-
bant, omnem diuinitatem ignorantia ueri putauit esse tollendam.
itaque deos potuit tollere, quia non erant. cum autem prouidentiam diuinam quae est in uno deo conaretur euertere, quia
contra ueritatem niti coeperat, deficientibus argumentis in hanc
foueam necessario decidit, unde se extricare non posset. hic ergo illum teneo haerentem, teneo defixum, quoniam Lucilius qui
contra disserebat obmutuit. hic est cardo rerum, hic uertuntur

Auct.: **20–p. 160, 1** hic . . . omnia *senarium iambicum legit Schöll (ap. Br in addendis), ut sit ft. poetae incerti, sed cf. et* Verg. Aen. 1, 672 cardine rerum. 10, 528 sq. hic . . . uertitur

Codd.: **13** *ab* | ebant *incipit* G *p. 78 tota lecta; extant* BG DV P HM R

1 nomini B¹, *corr.* B³ construeret DV **2** repperire *codd.; u. 2, 7, 18* **4** certum HM **5** materia B prouidentiam, m *in ras. m.3,* B **6–8** factum . . . effectus] sit effectus *tantum* R¹; sit effecta *et s.l.* sciendum itaque R² **7** sit] est HM **10** non . . . deo] a d. n. e. (eē *in ras. m.3?)* P **12** sed *s.l.* P² factae M disputatione HM **13** natura tolleretur HM **14** diuinitatem] uerit- P ignorantiam B¹, *corr.* B² (G *inc.*) putet B¹, -tat B² **15** potuit] putauit D fuerant HM **16** in . . . deo] uni (i *ex* o *m.2)* deo R; *s.l.* propria R² **17** deficientis Bᵃᶜ **18** necessario *om.* G potuit B (G *inc.*) ego V² *(ex* ergo) PR **19** quoniam] quia BG **20** ommutuit *codd.* est] e. ergo DV huic, i *eras.*, R uertentur B *(G inc.)*

omnia. explicet se Cotta si potest ex hac uoragine, proferat argumenta quibus doceat semper fuisse materiam, quam nulla prouidentia effecerit, ostendat quomodo quidquam ponderosum et graue aut esse potuerit sine auctore aut immutari ualuerit, ac desierit esse quod semper fuit, ut inciperet esse quod numquam fuit. quae si docuerit, tum demum adsentiar ne mundum quidem diuina prouidentia constitutum, et tamen sic adsentiar, ut aliis illum laqueis teneam. eodem enim quo nolet reuoluetur, ut dicat et materiam, de qua mundus est, et mundum, qui de materia est, natura extitisse, cum ego ipsam naturam deum esse contendam. nec enim potest facere mirabilia id est maxima ratione constantia nisi qui habet mentem prouidentiam potestatem. ita fiet ut deus fecerit omnia nec quidquam esse possit omnino, quod non originem a deo traxerit. at idem quotiens Epicureus est ac non uult a deo factum esse mundum, quaerere solet quibus manibus, quibus machinis, quibus uectibus, qua molitione tantum hoc opus fecerit. uideres fortasse, si eo tempore potuisses esse quo fecit. sed ne perspiceret homo dei opera, noluit eum inducere in hunc mundum nisi perfectis omnibus. sed ne induci quidem poterat. quomodo enim subsisteret,

Auct.: **15–17** quaerere ... fecerit] *cf.* Cic. nat. deor. 1, 19

Codd.: **14** *in* omnino *desinit* G *p. 78; seq. p. 77, in qua ex* §§ *59–60 et 65 pauca legi possunt*

1 hac *om.* B G   **3** effecerat R   quiquam G   ponderosam M
4 et] aut P   grauem B¹ *(corr.* B³*)* G   aut] ut B¹ *(corr.* B²*), om.* G
poterit R   auctorem P^ar   immutare V¹   uoluerit P
ac] aut H M   **5** desierat R¹   **6** tunc R   **8** laque *in fine col.* B¹,
corr. B³   nolit, i *ex* e, B³, non uult P   **9** materia P   qui de] quidem
G P   **10** est *exp.* B³   naturam B G   tum B   ergo B G H^ac
13 ne P R   poterit esse G   **14** at] ad H M   **16** macinis B (G *non legitur*)   **17** molatione M; olit- R¹   tantum hoc] id t. h. H M, h. t. R
uideres] s *exp.* V² (D *inc.*); -re B; -ret H M   fortasse] f. potuisses, s
final. s.l. m.2, B   **18** potuisset H M   quod V^ar; quo deus H *(ante* d
eras. d*)* M   **19** operam, ˜ *m.2,* B   modum V¹ *(*D *deest)*

cum fabricaretur desuper caelum, terra subter fundaretur, cum
fortasse umida uel nimiis rigoribus torporata concrescerent uel
igneis caloribus incocta et solidata durescerent? aut quomodo
uiueret nondum sole instituto nec frugibus aut animalibus natis?
itaque necesse fuit hominem postremo fieri, cum iam mundo
ceterisque rebus manus summa esset imposita. denique sanctae 63
litterae docent hominem fuisse ultimum dei opus et sic induc-
tum esse in hunc mundum quasi in domum iam paratam et instructam; illius enim causa facta sunt omnia. idem etiam poetae 64
fatentur. Ouidius perfecto iam mundo et uniuersis animalibus
figuratis hoc addidit:
   'sanctius his animal mentisque capacius altae
   deerat adhuc et quod dominari in cetera posset,
   natus homo est.'
adeo nefas existimandum est ea scrutari quae deus uoluit esse *141*
celata. uerum ille non audiendi aut discendi studio requirebat, 65
sed refellendi, quia confidebat neminem id posse dicere; quasi
uero ex hoc putandum sit non esse haec diuinitus facta, quia
quomodo facta sint non potest peruideri. an tu si educatus in 66
domo fabre facta et ornata nullam umquam fabricam uidisses,

Auct.: **6** sanctae litterae] gen. 1, 26–31   **12–14** Ou. met. 1, 76–78

Codd.: **16** *in* studi[o] *desinit* G *p. 77; hinc extant* B DV P HM R

1 terraque B   sub P[1], *corr.* P[2]   cum] quae B   **2** umida
B[1] PHMR, hu- B[2] DV; *u. ind. form.*   nimis B[ac] V[1] *(D deest)* HM
torpora *Parrhasius (1509)*, corp- *codd. (cf. 2, 9, 21. 22); u. Buen ad l.*
concresceret, con *s.l. m.3*, B   **3** solida P   duresceret B; durent HM
4 solo B   **7** et] est B[ac]   ductum HM   **10** profecto P
12 sanctus V[1] *(D deest)*   hic HM   mentique B   **13** deerat B V[2] R
(D deest); derat V[1] P *Br, Mo;* dederat HM   **15** uoluit deus B
16 aut discendi *om.* P   discendendi V[1]   **19** peruideri] *pr.* e *exp.,*
inter r *et* u *s.l.* o, *i. e.* prouideri *m.2, ex* o *m. rec.* e *ut uid., i. e.* praeui-
deri P   **20** domo] · m̃ · o· dō *sic*, m *litt. unciali,* V; *in* D *extat* dó
fabrecata B[1], *corr.* B[3]   nulla V[1] *(D deest)*   umquam] um *in ras.* V[2]
fabricari, ri *pro exp.* m, R[2]   uidisse R[1]

domum illam putasses non esse ab homine aedificatam, quia
quomodo aedificetur ignorares? idem profecto de domo quae-
reres quod nunc de mundo requiris, quibus manibus, quibus fer-
ramentis homo tanta esset opera molitus, maxime si saxa ingen-
tia, immensa caementa, uastas columnas, opus totum sublime et
excelsum uideres. nonne haec tibi humanarum uirium modum
uiderentur excedere, quia illa non tam uiribus quam ratione atque artificio facta esse nescires? quodsi homo, in quo nihil
perfectum est, tamen plus efficit ratione quam uires eius exiguae
patiuntur, quid est cur incredibile tibi esse uideatur, cum mundus dicitur factus a deo, in quo, quia perfectus est, nec sapientia
potest habere terminum nec fortitudo mensuram? opera ipsius
uidentur oculis, quomodo autem illa fecerit, ne mente quidem
uidetur, quia, ut Hermes ait, mortale immortali, temporale perpetuo, corruptibile incorrupto propinquare non potest, id est pro-
pius accedere et intellegentia subsequi. et ideo terrenum adhuc
animal rerum caelestium perspectionem non capit, quia corpore
quasi custodia saeptum tenetur, quominus soluto ac libero sensu
cernat omnia. sciat igitur, quam inepte faciat qui res inenar-
rabiles quaerat. hoc est enim modum condicionis suae transgredi
nec intellegere, quousque homini liceat accedere. denique cum
aperiret homini ueritatem deus, ea sola scire nos uoluit quae
interfuit hominem scire ad uitam consequendam, quae uero ad

Auct.: 14 Hermes] CH IV 108 (frg. 7); *cf.* III 2–3 (ad Tat frg. 1, 1)

1 omine P¹ *(corr.* P³*)* M   aedificata HM   **2** aedificatur P; -caretur
HM   ignorasses HM   quaereris P   **3** mundo] domo M
4 opera esset B   **5** caementa R, cem- *cet.*   et *s.l.* D
7 uidentur DV¹   **9** eius *om.* P   **12** operam P   **13** uiderentur DV¹,
-dent V²   oculi D^ac   illam P   **14** quia] qua H^ac M^ac
mortalem H^ar M   immortale R¹   tempore DV¹; -rali R¹
perpetuum *ex* -tuo R²   **15** propitius D^ar; proprius PR   **16** et]
atque R   **20** *sup.* quaerat *m. rec.* uel quaerit R   mundum H¹
23 ad *post* uero] ad se D^ar V¹

curiosam et profanam cupiditatem pertinebant, reticuit, ut arcana essent. quid ergo quaeris quae nec potes scire nec, si scias, beatior fies? perfecta est in homine sapientia, si et deum esse unum et ab ipso facta esse uniuersa cognoscat.

9. Nunc quoniam refutauimus eos qui de mundo et de factore eius deo aliter sentiunt quam ueritas habet, ad diuinam mundi fabricam reuertamur, de qua in arcanis religionis sanctae litteris traditur. fecit igitur deus primum omnium caelum et in sublime suspendit, quod esset sedes ipsius dei conditoris. deinde terram fundauit ac subdidit caelo, quam homo cum ceteris animalium generibus incoleret. eam uoluit umore circumflui et contineri. suum uero habitaculum distinxit claris luminibus et impleuit, sole scilicet et lunae orbe fulgenti et astrorum micantium splendentibus signis adornauit. tenebras autem, quod est his contrarium, constituit in terra; nihil enim per se continet luminis, nisi accipiat e caelo. in quo posuit lucem perennem et superos et uitam perpetuam, et contra in terra tenebras et inferos et mortem. tanto enim haec ab illis superioribus distant, quantum mala bonis et uitia uirtutibus. ipsius quoque terrae binas partes contrarias inter se diuersasque constituit, orientem scilicet

Epit.: 2, 9, 2 ... 3 ornasset] 22, 2 caelumque ... adornasset

Test.: **12–14** distinxit ... adornauit] Isid. orig. 13, 4, 1

Codd.: **14** *a* tenebras *incipit* G *p. 112 exceptis paucis ex §§ 8–9 tota lecta; hinc extant* B G D V P H M R

1 arcana] a. ea R   **2** scies B; scires M[ac]   **3** fias DV
5 num B   **9** sublimes P[1], *corr.* P[2]   dei *s.l.* P   **10** fundauit terram P
11 humore DV   **12** uerbo D[ac]   **13** scilicet sol *sic* P
14–15 quod ... his] h. q. e. V[ac]; q. h. e. *signis s.l.* V[pc]; q. his e., h *s.l.*, HM   **15** terram G   **16** nisi *om.* G   **17** supero B[1], *corr.* B[3]; super G; superbos D[ar]   et *ante* uitam *om.* GP, *s.l.* D   et *ante* contra] e, *deinde* t? *eras.*, B; *om.* HM   **18** tantum HM   quanto BG
19 bonis et uitia] a bonis et uitia a HM *edd., Br; cf. Heck, 1972, 182 n. 68*   ips[i] G *spatio indice*   quodque H[ar] M   **20** scilicet] s. et GP[1] (*et exp.* P[3])

occidentemque. ex quibus oriens deo adcensetur, quia ipse luminis fons et inlustrator est rerum et quod oriri nos faciat ad uitam sempiternam. occidens autem conturbatae illi prauaeque menti adscribitur, quod lumen abscondat, quod tenebras semper inducat et quod homines faciat occidere atque interire peccatis.

6 nam sicut lux orientis est, in luce autem uitae ratio uersatur, sic occidentis tenebrae sunt, in tenebris autem mors et interitus continetur.
7 deinde alteras partes eadem ratione dimensus est, meridiem ac septentrionem, quae partes illis duabus societate iunguntur.
8 ea enim quae est solis calore flagrantior, proxima est et cohaeret orienti, at illa quae frigoribus ac perpetuo gelu torpet, eiusdem est cuius extremus occasus. nam sicut contrariae sunt lumini tenebrae, ita frigus calori.
9 ut igitur calor lumini est proximus, sic meridies orienti, ut frigus tenebris, ita plaga septentrionalis occasui. quibus singulis partibus suum tempus attribuit, uer scilicet orienti, aestatem meridianae plagae; occidentis autumnus est, septentrionis hibernum.
10 in his quoque duabus partibus, meridiana et septentrionali, figura uitae ac mortis continetur, quia uita in calore est, mors in frigore. sicut autem calor ex igni est, ita frigus ex aqua.
11 secundum harum partium

Test.: *3–5* occidens . . . interire] *cf.* Isid. orig. 13, 1, 4

Codd.: **12** *post* occasus *(fol. 55 ^{v}) usque ad 3, 4, 4* sicut *deest* R, *succedit* R^p; *u. p. XXIII sq.*   **14** *in* [pla]ga *desinit* G *p. 112; seq. p. 111, in qua ex § 9 et 13 pauca leguntur; hinc extant* B G D V P H M R^p

1 censetur G   luminibus P^1, *corr.* P^3 **3** prau[i] | que, i *inc.*, G; -uaque H^1 M^1 **6** ratio uitae H M   **9** ac] a G   illi M sociatae B^1 G *(et rursus* B^3, *cum correxisset* B^2)   **10** est . . . flagrantior] s. c. f. e. B G   calor P   flagantior V *(D deest)*, fragla- H M, frantior R^1 **11** qua H *(seq.* f *ex* e*)* M   frigidioribus B G ac] et H M   **12** occisus B^{ac} **13** ita] i. et P   **14** plagas D; -ga est P septentrionis G *(spatio indice; legitur* [n]is*)* D V R   **16** aestate H M place P   **17** est] et P   septentrionalis H M   hibernum *Br (cf. Thes. VI 3, 2689, 67–72);* -nus *codd.* (G *non legitur);* hiems *edd.* quodque H^{ar} M *(ut saepe, hinc noniam notatur)*   **18** meridianae H M septentrionalis P^{ar} **20** igne H M

dimensionem diem quoque fecit ac noctem, quae spatia et orbes
temporum perpetuos ac uolubiles, quos uocamus annos, alterna *144*
per uices successione conficiant. dies, quem primus oriens subministrat, dei sit necesse est, ut omnia quaecumque meliora
sunt, nox autem, quam occidens extremus inducit, eius scilicet
quem dei esse aemulum diximus. quae duo etiam in hoc prae-
scius futurorum deus fecit, ut ex his et uerae religionis et falsa-
rum superstitionum imago quaedam ostenderetur. nam sicut 12
sol, qui oritur in diem, licet sit unus, unde 'solem esse appel-
latum' Cicero uult uideri, 'quod obscuratis sideribus solus appareat', tamen quia uerum ac perfectae plenitudinis lumen est et
calore potentissimo et fulgore clarissimo inlustrat omnia, ita in
deo, licet sit unus, et maiestas et uirtus et claritudo perfecta est.
nox autem, quam prauo illi antitheo dicimus attributam, eius 13
ipsius multas et uarias religiones per similitudinem monstrat.
quamuis enim stellae innumerabiles micare ac radiare uideantur, 14
tamen quia non sunt plena et solida lumina, nec caloris praeferunt quidquam nec tenebras multitudine sua uincunt. duo igitur 15
illa principalia inueniuntur, quae diuersam et contrariam sibi

6 diximus] § 5; *cf. 2, 8, 4 sq.*

Auct.: **9–11** Cic. nat. deor. 2, 68

Test.: **9–11** sol ... appareat] Isid. orig. 3, 71, 1. nat. 24, 1

Codd.: **15** *in* [si]militu| *desinit* G *p. 111, seq. p. 118, in qua ex §§
13–14 et 17–20 aliqua legi possunt*

1 die H   quae HM *edd.*, Br; qui B *(*ui euan., ft. i del.*)* DVR *(uix 'ad
sensum'; seq.* quae duo*);* quia, a *exp.,* P   orbis P   **3** perficiant HM
primum B *(alt.* m *in ras. m.3)* HM   **5** quam *om.* M   **6** quae duo]
quando B   **7** religiones B   falsorum B¹, *corr.* B³   **9** sit] si B^{ac}
10 ⟨cunctis⟩ sideribus *coni.* Br *cl. Isid.*   **11** lumen] nomen P
12 potissimo DVP   **13** una P   **14** diximus *coni.* Br
15 monstrant G, demonstrat P   **16** innumerabiles *bis, alt. del.* D
17 et] ac BP *(G non legitur)*   praefecerunt V¹   **17–18** quicquam
preferunt P   **18** nec *om.* B

habent potestatem, calor et umor, quae mirabiliter deus ad sustentanda et gignenda omnia excogitauit. nam cum uirtus dei sit in calore et igni, nisi ardorem uimque eius admixta umoris ac frigoris materia temperasset, nec nasci quidquam nec cohaerere potuisset, quin statim conflagratione interiret quidquid esse coepisset. unde et philosophi quidam et poetae 'discordi concordia' mundum constare dixerunt, sed rationem penitus non uidebant. Heraclitus ex igni nata esse dixit omnia, Thales ex aqua. uterque uidit aliquid, sed errauit tamen uterque, quod alterutrum si solum fuisset, neque aqua nasci posset ex igni neque rursus ignis ex aqua. sed est uerius simul ex utroque permixto cuncta generari. ignis quidem permisceri cum aqua non potest, quia sunt utraque inimica et, si comminus uenerint, alterutrum quod superauerit conficiat alterum necesse est. sed eorum substantiae permisceri possunt; substantia ignis calor est, aquae umor. recte igitur Ouidius:

'quippe ubi temperiem sumpsere umorque calorque,
concipiunt et ab his oriuntur cuncta duobus.
cumque sit ignis aquae pugnax, uapor umidus omnes
res creat et discors concordia fetibus apta est.'

Auct.: **6–7** Hor. epist. 1, 12, 19. Ou. met. 1, 433   **8** Heraclitus] *cf.* Cic. nat. deor. 3, 35 *et* VS 22 A 5. B 30   Thales] *cf. 1, 5, 16* **12** §§ 19. 21. 23] *cf.* Ou. fast. 4, 787–792   **17–20** Ou. met. 1, 430–433

Codd.: **18** *in* oriuntur *desinit* G *p. 118, seq. p. 117 fere tota lecta*

1 humor B² D V R *ut §§ 16. 19 al.*   **2** et *om.* H M   **3** admixtam B **4** materiam H M   cohere P¹, *corr.* P³   **5** potuissent V conflagatione D V¹ *(ut uid.; ras. corr.* V²*),* -fragl- H M   **6** et *post* unde *om.* B   discordiae *ut uid.* Dᵃʳ V¹; -dia a V²   **7** stare B *(in* G *legitur* con*)*   **8** ini B¹, *corr.* B³   **9** uterque *post* tamen] utea B¹, *corr.* B² B³ *(in* G *legitur* u*)*   **10** ex igne P   **11** et] est B   **12** quidem] qui q. H M   misceri P   **13** uenerit H¹   **14** superauit P   **15** atque B¹, *corr.* B³ *(*G *non legitur)*   **19** aquae *s.l.* P²; aqua D   pugnans B; repugnans H M   humidus B² D V R   omnis D¹ V   **20** res creat] recr- P H M   concordia] haec c. H M   fetibus] rebus B¹, *corr.* B³

alterum enim quasi masculinum elementum est, alterum quasi 21
femininum, alterum actiuum, alterum patibile. ideoque a ueteribus institutum est ut sacramento ignis et aquae nuptiarum foedera sanciantur, quod fetus animantium calore et umore corporentur atque animentur ad uitam. cum enim constet omne animal ex anima et corpore, materia corporis in umore est, animae 22
in calore. quod ex auium fetibus datur scire, quos crassi umoris
plenos nisi opifex calor fouerit, nec umor potest corporari nec
corpus animari. exulibus quoque igni et aqua interdici solebat; 23
adhuc enim nefas uidebatur quamuis malos, tamen homines supplicio capitis adficere. interdicto igitur usu earum rerum quibus 24
uita hominum constat perinde habebatur, ac si esset qui eam
sententiam exceperat morte multatus. adeo duo ista elementa
prima sunt habita, ut nec ortum hominis nec uitam sine his
crediderint posse constare. horum alterum nobis commune cum 25
ceteris animalibus est, alterum soli homini datum. nos enim
quoniam caeleste atque immortale animal sumus, igni utimur,
qui nobis in argumentum immortalitatis est datus, quoniam ignis
e caelo est; cuius natura quia mobilis est et sursum nititur, uitae
continet rationem. cetera uero animalia quoniam sunt tota 26

Auct.: **2–5** *cf.* Varro, ling. 5, 61

Codd.: **18** *in* datus *desinit* G *p. 117; hinc extant* B DV P HM R[p]

1 quasi masculinum *bis, pr. del.* D elementum *om.* B[1] *(s.l.* B[3]*)* G
2 feminum H[1] **3** sacramentum BG foedere B[1] *(corr.* B[3]*)* G
4 sanciatur B[1] *(corr.* B[3]*)* GP[1] *(corr.* P[2]*)* colore B[1], *corr.* B[3]
6 animae P[ar] materiae GP[1], *corr.* P[2] corporis in umore *om.* G; c.
innumerae B[1], *corr.* B[3]; c. in more P **7** in calorem G; incolare H
quos] quod BP; quo G umores P; humori V[1] **8** plenus D[ac]
fuerit H[1] **9** ignis B *(s euan.;* G *inc.)* D *(s s.l.)* **10** tamen *om.* P
11 adfligere BP; -fligerem G usu *om.* G earum] *ante* m *5 litt.
euan. (*[suarum] *Br) in* G **13** adeos P **14** sunt prima, *ord. lineolis
rest. (cf. p. XV)* B sine his] si nobis M **15** crediderant V[1]
16 est] e. et HM **18** inmortalis M **19** quia] quoniam HM
sursum] *sup. pr.* u *2 litt., an* ut uid. *(non* o*)* B[3] **20** cetero H[ac] M

mortalia, tantummodo aqua utuntur, quod est elementum corporale atque terrenum. cuius natura quia immobilis est ac deorsum uergens, figuram mortis ostendit. ideo pecudes neque in caelum suspiciunt neque religionem sentiunt, quoniam ab his usus ignis alienus est. unde autem uel quomodo deus haec duo principalia, ignem et aquam, uel accenderit uel eliquauerit, solus potest scire qui fecit.

10. Consummato igitur mundo animalia uarii generis, dissimilibus formis, et magna et minora uti fierent imperauit. et facta sunt bina id est diuersi sexus singula, ex quorum fetibus et aer et terra et maria completa sunt, deditque his omnibus generatim deus alimenta de terra, ut usui esse homini possent, alia nimirum ad cibos, alia uero ad uestitum, quae autem magnarum sunt uirium, ut in excolenda terra iuuarent; unde sunt dicta iumenta. ita rebus omnibus mirabili discriptione compositis regnum sibi aeternum parare constituit et innumerabiles animas procreare, quibus immortalitatem daret. tum fecit sibi ipse simulacrum sensibile atque intellegens, id est ad imaginis suae

Epit.: 2, 10, 1 ... completa sunt] 22, 2 terram ... animalibus 3] 22, 2 tum ... uitam

Auct.: **18–p. 169, 2** ad ... terrae] *cf.* gen. 1, 26–27. 2, 7

Test.: **14–15** iuuarent ... iumenta] Isid. orig. 12, 1, 7 **17–p. 169, 1** tum ... formam] Zeno 2, 4, 4

1–2 utuntur ... corporale] q. est el- u. c., *ord. lineolis rest. (cf. § 24),* B **2** inmobilis, n *ex* m *m.3,* B *Br (in addendis) cl. supra* mobilis ... sursum*;* mobilis DVHMR *edd.;* mollis P   **4** suscipiunt V^{ac} *(D deest)* ab *om.* HM   **5** deus *om.* HM   **6** principia P^1, *corr.* P^2 liquauerit P   **8** consumpto P   uaris B^{ac} **9** ut R *Mo*   **10** diuersa M^{ac} **12** deus *om.* P   elementa D^1 *(extat* ali | *m.2 ex* ele |*)* V   homini esse HM   **14** ut *s.l.* P^2 in excolenda] ex inco[lenda] D   iubarent HM   dicta sunt M   **15** omnibus rebus P discriptione B *(pr.* i *ex* e*)* P, descr- VHM *(D deest);* discretione R   **16** patrare B   et] eo B   **17** procreari HM   dedit V *(D deest)* ipse sibi HM

formam, qua nihil potest esse perfectius: hominem figurauit ex limo terrae; unde homo nuncupatus est, quod sit fictus ex humo. denique Plato humanam formam θεοειδῆ esse ait, et Sibylla quae dicit:

εἰκών ἐστ' ἄνθρωπος ἐμὴ λόγον ὀρθὸν ἔχουσα.

de hac hominis fictione poetae quoque quamuis corrupte, tamen non aliter tradiderunt. namque hominem de luto a Prometheo factum esse dixerunt. res eos non fefellit, sed nomen artificis. nullas enim litteras ueritatis attigerant, sed quae prophetarum uaticinio tradita in sacrario dei continebantur, ea de fabulis et obscura opinione collecta et deprauata, ut ueritas a uulgo solet uariis sermonibus dissipata corrumpi nullo non addente aliquid ad quod audierat, carminibus suis comprehenderunt. et hoc quidem inepte, quod tam mirabile tamque diuinum opificium homini dederunt. quid enim opus fuit hominem de luto fingi, cum posset eadem ratione generari, qua ipse Prometheus ex Iapeto natus est? qui si fuit homo, generare hominem potuit, facere non potuit. de diis autem illum non fuisse poena eius in Caucaso monte declarat. sed neque patrem eius Iapetum patruumque

Epit.: 2, 10, 5–13] 20, 12–13

Auct.: 3 Plato] resp. 6, 501 b   5 Orac. Sib. 8, 402

Test.: 2 homo ... humo] Isid. diff. 2, 47; cf. orig. 11, 1, 4

1 perfectus B[ac]   e limo R   2 est *om.* B   factus P[1] *(corr.* P[3]*)* H M humo] limo V *(*D *deest)*   3 θεοειδῆ *edd.;* αθεοιαην R; theoiden B D V P *(*theo·i·den*);* theonidem H M   esse ait] adserit B
5 ἐστ'] εϲι P, ετι R, est H M; διϲι B; επ V *(pro* ἐπεί? *cf. interpr.* quoniam *pro* est *et in* V *et ap.* Sedul. – *u. p. XVII sq.* –, *qui* επι, *et 2, 16, 1* επι *pro* επει; D *deest)*   6 finctione H M   8 fictum R eos *s.l.* V[2]   10 ea de] eadem B P   11 a *om.* B   12 corrupit, t *exp.?,* P   13 ad] ad id B; *u. Br in addendis*   audierunt B comprehenderent D[1] V[1]   14 homini *in ras.* P   15 fuit] est D V
16 pos P[1], *corr.* P[2]   ex·I·ap&o P   19 eius] ipsius R
·I·A·p&um P   patruum P; -rumque H

Titana quisquam deos nuncupauit, quia regni sublimitas penes Saturnum solum fuit, per quam diuinos honores cum omnibus suis posteris consecutus est. multis argumentis hoc figmentum poetarum coargui potest. factum esse diluuium ad perdendam tollendamque ex orbe terrae malitiam constat inter omnes. id enim et philosophi et poetae scriptoresque rerum antiquarum loquuntur in eoque uel maxime cum prophetarum sermone consentiunt. si ergo cataclysmus ideo factus est, ut malitia quae per nimiam multitudinem increuerat perderetur, quomodo fictor hominis Prometheus fuit, cuius filium Deucalionem idem ipsi ob iustitiam solum dicunt esse seruatum? quomodo unus gradus et una progenies orbem terrae tam celeriter potuit hominibus implere? sed uidelicet hoc quoque sic corruperunt ut illud superius, cum ignorarent et quo tempore cataclysmus sit factus in terra et quis ob iustitiam meruerit genere humano pereunte seruari et quomodo aut cum quibus seruatus sit. quae omnia propheticae litterae docent. apparet ergo esse falsum quod de opificio Promethei narrant. uerum quia poetas dixeram non omnino mentiri solere, sed figuris inuoluere et obscurare quae dicant, non dico esse mentitos, sed primum omnium Promethea simulacrum hominis formasse de molli ac pingui luto ab eoque primo natam esse artem statuas et simulacra fingendi, siquidem

18 dixeram] 1, 11, 17–36

Test.: **20–22** primum ... fingendi] Isid. orig. 8, 11, 8

Codd.: **3** *a* suis *incipit* G *p. 76 usque ad § 9* perde[ndam] *lecta*

1 titanam B; -num H **2** quem HM **4** perdendum P **5** tollendamque ... terrae] de terra *tantum* B¹, *suppl. et corr.* B³ constet V¹ homines B id] idem DV; quidam P **6** et *post* enim *om.* PHM **7** uel *om.* DVP **8** cateclysmus DV factum D^{ac} malitiam HM **12** tam] quam P **15** terram B meruerit] uoluerit B generis D¹ V **16** saluari DV **18** opificio] o. idem B dixerant P **19** menti M **20** primo HM **20–21** omnium ... simulacrum *bis, alt. del.* D **20** prometheo HM **21** simulacrum hominis *in ras.* V² de] sed e R **22** statuas] *alt.* s *s.l.* P³ et] sed P

Iouis temporibus fuit, quibus primum templa constitui et noui
deorum cultus esse coeperunt. sic ueritas fucata mendacio est 13
et illud quod a deo factum ferebatur, homini, qui opus diuinum
imitatus est, coepit adscribi. ceterum fictio ueri ac uiui hominis
e limo dei est. quod Hermes quoque tradit, qui non tantum 14
'hominem ad imaginem dei factum esse' dixit 'a deo', sed etiam
illud explanare temptauit, quam subtili ratione singula quaeque
in corpore hominis membra formauerit, cum eorum nihil sit
quod non tantundem ad usus necessitatem quantum ad pulchritudinem ualeat. id uero etiam Stoici cum de prouidentia dis- 15
serunt, facere conantur et secutus eos Tullius pluribus quidem
locis, sed tamen materiam tam copiosam et uberem strictim con-
tingit. quam ego nunc idcirco praetereo, quia nuper proprium de *150*
ea re librum ad Demetrianum auditorem meum scripsi.
Illud hoc loco praeterire non possum quod errantes quidam 16
philosophi aiunt, homines ceteraque animalia sine ullo artifice
orta esse de terra. unde illud est Vergilianum:

Auct.: 5 § 14] CH IV 109 (frg. 8 a) **6** CH I 10, 15–17 (serm. 1, 12); *cf.* II 308, 20 (Ascl. 10) **7–10** *cf.* CH I 62, 15 – 63, 18 (serm. 5, 6–8), *sed u. Wlosok, 1960, 116 n. 7* **11–12** Tullius] *Lact. opif. 1, 12–13 laudat* Cic. rep. 4 *(noniam extat).* leg. 1, 26 sq. nat. deor. 2, 133–150

Codd.: 1 *a* fuit *incipit* G *p. 75 praeter § 13 fere tota lecta; extant* B G D V P HM R^p

1 primum] et p. HM   constituit PH^{ar} M   **2** fugata D^1 VP mentio D^1 **3** et *om.* B   **5** e ... dei] eiusmodi B^1, *corr.* B^3 est *in mg.* V^2 **5–6** quod ... dei *bis, alt. del. m.2 (alt. dī eras., post pr. eras.* est*)* V   **5** tradidit HMR *(in* D *extat* |dit*), ft. recte; cf. Heck, 1972, 183 n. 81*   **6** factum BG *(legitur* fac|*)* HM; -tus P^1; fictum D *(extat* fictu*)* VP^3 R   a deo] adeos V *(D deest)*   **7** quoque DVP   **10** cum] qui P   *ante* disserunt *del.* disputant R   **11** plurimis H, -rimi M   **12** contigit PHM   **13** quam] qua G   **14** ad] a GP^1 *(corr.* P^2*)*   *ante* |demetrianum *in mg. m.1?* de prouidentia ad demetrianum librum edidit B   eum B^1, *corr.* B^2 **15–16** filosofi quidam BG   **17** de terra *om.* G   illud est] illades B^1, *corr.* B^3 uergilianum est DV   uerginianum R

'uirumque
ferrea progenies duris caput extulit aruis.'
et ii maxime in ea fuere sententia, qui esse prouidentiam negant.
nam Stoici animantium fabricam diuinae sollertiae tribuunt.
17 Aristoteles autem labore se ac molestia liberauit dicens 'semper
fuisse mundum; itaque et humanum genus et cetera quae in eo
sunt initium non habere, sed fuisse semper ac semper fore'.
18 sed cum uideamus singula quaeque animalia quae ante non fuerint esse incipere et esse desinere, necesse est totum genus aliquando esse coepisse et aliquando desiturum esse, quia coepit.
19 omnia enim tribus temporibus contineri necesse est, praeterito praesenti futuro. praeteriti est origo, praesentis substantia, futuri
20 dissolutio. quae omnia in singulis hominibus apparent. et incipimus enim, cum nascimur, et sumus, cum uiuimus, et desinimus, cum interimus. unde etiam tres Parcas esse uoluerunt, unam quae uitam hominis ordiatur, alteram quae contexat, ter-
21 tiam quae rumpat ac finiat. in toto autem genere hominum quia solum praesens tempus apparet, ex eo tamen et praeteritum id
22 est origo colligitur et futurum id est dissolutio. nam quoniam

Auct.: **1–2** Verg. georg. 2, 340 sq.   **5–7** *cf.* Cic. ac. 2, 119 = Arist. frg. 22 Rose *(cf.* cael. 1, 10*)*

Test.: **13** § 20] *cf.* Isid. orig. 8, 11, 93

Codd.: **6** *post* fuisse *desinit* G *p. 75; hinc extant* B DV P HM R^p

1 uirumque *om.* DV   **2** ferrea BHMR *(et ft.* G*; prima litt. potius* f *quam* t*) ut plurimi codd. Verg.,* Mo*;* terrea V *ut cod. Verg.* M *m.2,* Br*, edd. Verg.;* terrae a D*;* terrae P   **3** ii *edd.,* hii BP *(et* G *ut uid.),* hi *cet.,* Mo   sententia G   **5** se labore BG   **6** et *post* itaque *om.* B   **8** sed cum] ac B^1, *del. et s.l. s. c.* B^3 uidemus B   fuerunt BR   **9** sinere B^1, *corr.* B^3 **9–10** aliquando ... aliquando *praeter alt.* quando *in ras.* P   **10** desiturum] desinit utrumque P   **13** et *ante* incipimus *om.* P   **15** partes *ex* parcas, *sed* cas *s.l.* V^2; *in* D *extat* ches *uel* thes, *s.l.* a   **16** unam quae] *alt.* a *eras.* V (D *deest*) uita DV^1 **17** totum *ut uid.* V^1 **19** nam] quam R

est, apparet aliquando coepisse – esse enim nulla res sine exordio potest –, et quia coepit, apparet quandoque desiturum; nec enim potest id totum esse immortale quod ex mortalibus constat. nam sicut uniuersi per singulos interimus, fieri potest ut aliquo casu omnes simul, uel sterilitate terrarum, quae accidere particulatim solet, uel pestilentia ubique diffusa, quae singulas urbes aut regiones plerumque populatur, uel incendio in orbem immisso, quale iam fuisse sub Phaethonte dicitur, uel diluuio aquarum, quale sub Deucalione traditur, cum praeter unum hominem genus omne deletum est. quod diluuium si casu accidit, profecto potuit accidere, ut et ille unus qui superfuit interiret. si autem diuinae prouidentiae nutu, quod negari non potest, ad reparandos homines reseruatus est, apparet in dei potestate esse uel uitam uel interitum generis humani. quod si potest occidere in totum, quia per partes occidit, apparet aliquando esse ortum, et fragilitas ut initium, sic declarat et terminum. quae si uera sunt, non poterit defendere Aristoteles, quominus habuerit et mundus ipse principium. quod si Aristoteli Plato et Epicurus extorquent, et Platoni et Aristoteli qui semper fore mundum putauerunt, licet sint eloquentes, ingratis tamen idem Epicurus eripiet quia sequitur ut habeat et finem. sed haec in ultimo libro pluribus. nunc ad hominis originem recurramus.

21 in ultimo libro] 7, 14, 5 – 26, 7

Auct.: **16** § 25] *cf.* Epicur. frg. 304 Usener

2 desiturum] esse d. R   **5** sterelitate B V[1]   accidere] a. uel P
6 uelli, li *exp.*, B   qua B   **7** aut] ac H M R; *cf. Heck, 1972, 183 n. 82*   religiones D[ac]   orbe H M   **8** qualem H M
post iam *exp.* in orbe B[3]   sub *ex* in B[3]   **11** unus] iustus B[1], *corr.* B[3]
12 nutu] datur B   **13** dei *in ras.* P   potestatem P[ac]
14 accidere H M   **15** accidit H M   **16** ut] et B[1] *(corr.* B[3]*)* H M
declararet H M   **17** potest R   **18** si] si et V[ar]; *om.* P
20 ingrate, e *ex* is *uel* i, B[3]   epicurus idem H M   **21** eripiet] -puit et R; docet B   ut] et P[1], *in mg.* ut P[3]   **22** pluribus] p. exsequemur B
percurramus P

152 1   11. Aiunt certis conuersionibus caeli et astrorum motibus maturitatem quandam extitisse animalium serendorum, itaque terram nouam semen genitale retinentem folliculos ex se quosdam in uterorum similitudinem protulisse – de quibus Lucretius:
'crescebant uteri terram radicibus apti' –
eosque cum maturuissent, natura cogente ruptos animalia tenera
2 profudisse. deinde terram ipsam umore quodam qui esset lacti similis exuberasse eoque alimento animantes esse nutritas. quomodo igitur uim frigoris uel caloris ferre aut uitare potuerunt aut omnino nasci, cum sol exureret, frigus adstringeret? 'non erant' inquiunt 'in principio mundi nec hiems nec aestas, sed perpetua
3 temperies et uer aequabile.' cur ergo nihil horum fieri etiamnunc uidemus? 'quia semel fieri necessarium fuit, ut animalia nascerentur; postquam uero esse coeperunt, concessa his facultate generandi et terra parere desiit et temporis condicio mutata
4 est.' o quam facile est redarguere mendacia! primum, quod nihil potest esse in hoc mundo, quod non sic permaneat ut coepit. nec enim sol et luna et astra tunc non erant aut, cum essent, meatus non habebant; ac non diuina moderatio, quae cursus
5 eorum temperat et gubernat, cum ipsis simul coeperit deinde, quod si ita sit ut dicunt, esse prouidentiam necesse est, et in id

Auct.: **1–2** aiunt ... serendorum] *cf.* Cic. leg. 1, 24   **2** §§ 1–3] *cf.* Lucr. 5, 783–836   **5** ibid. 808   **10–12** *cf.* ibid. 818–820   **13–16** *cf.* ibid. 793–796. 826–836

1 ceteris conuersationibus B   **3** semel D^ac   retinentium *ut uid.* D¹   **4** similitudine D V   **5** terram D V *ut codd. Lucr.;* -rae B H M R *(-*re*);* -ra P   **6** maturuissenot *sic, sed* n *exp.,* B; -riss- H M; -rass- R   temera H M   **7** ipsa P   lacte H M   **9** igitur *in mg.* D   caloris uel frigoris R   uel] aut H M   uel caloris *om.* P   **10** erat H M   **11** nec *ante* hiems *om.* H M   hiems H M, -mps *cet.; u. ind. form.*   nec *ante* aestas] aut H M   sed *om.* P   **12** uir P   **13** semel] s. aiunt B   **14** hiis, *pr.* i *exp.,* P; is H M   **19** ac] aut *recc., edd.;* ut *coni. Buen*   **20** coeperit *codd.;* -rat *Hm (pluribus mutatis), Fr (rest.* ac*), Br (ex* P *falso lecto, inde Mo); ft. coni. perf. pro imperf. q. d. potentialis; u. Hofmann-Szantyr 334*

ipsum incidunt quod maxime fugiunt. nondum enim natis animalibus aliquis utique prouidit ut nascerentur, ne orbis terrae desertus atque incultus horreret. ut autem de terra sine officio parentum nasci possent, necesse est magna ratione esse prouisum; deinde ut umor ille concretus e terra in uarias imagines corporum fingeretur, item ut e folliculis quibus tegebantur accepta uiuendi sentiendique ratione tamquam ex aluo matrum profunderentur, mira inexplicabilisque prouisio est. sed putemus id quoque casu accidisse, illa certe quae sequuntur fortuita esse non possunt, ut terra continuo lacte manaret, ut aeris temperies esset aequalis. quae si constat idcirco esse facta, ut animalia recens edita uel haberent alimentum uel non haberent periculum, necesse est ut aliquis diuina nescio qua ratione prouiderit. quis autem potest prouidere nisi deus? uideamus tamen an id ipsum quod dictitant fieri potuerit, ut homines nascerentur e terra. si consideret aliquis, quamdiu et quibus modis educetur infans, intelleget profecto non potuisse terrigenas illos pueros sine ullo educatore nutriri. fuit enim necesse compluribus mensibus iacere proiectos, donec confirmatis neruis mouere se locumque mutare possent; quod uix intra unius anni spatium fieri

---

1 faciunt V[1]   enim *om.* B   **2** ne *in ras.* V[2]   **4** possunt P[1], *corr.* P[2] esse *s.l.* P[2]   **5** umori, i *s.l. m.2,* P   e] et P   **6** iterum P   **7** uidendi P   **8** funderentur B   inextricabilisque B *Br male cl. 3, 17, 17 al.* (-plic- *ap. Lact. alias solum opif. 8, 9,* -tric- *quinquies*); *cf. Thes. VII 1, 1335, 54–57*   **10** manaret] e *ex* a? B[2]   **11** constant B[1], *corr.* B[3]   facta esse PR   **12** recens edita] recensenda B   alimentum ... haberent *bis* B[1], u. n. h. a. *exp.* B[3]   **13** nescio qua *om.* HM   **14** quis ... prouid[ere] *in mg. inf.* D   tamen] ergo B   **15** an id *s.l.* B[3]   dictitant] iactant HM   poterit HM   **16** e] et P[ac]   si *om.* P   diu B[1], *suppl.* B[2]   **17** infans *s.l.* B[3]   intelleget] hoc i. B; sane i. R   potuisset D[ar] V[1]   **18** fuit ... necesse] n. e. f. P; fuisset e. n. HM   cum pluribus V *(D inc.)*   **19** eiectos B   confirmatis neruis] confirmati B[1], *suppl.* B[3]   **20** unius *om.* B   annis P[1], *corr.* P[2]

11 potest. iam uide utrumne infans eodem loco et eodem modo quo effusus est iacere per multos menses ualuerit ac non et umore illo terrae, quem alimenti gratia ministrabat, et sui corporis purgamentis in unum mixtis obrutus corruptusque moreretur?
12 itaque nullo modo fieri potest, quin ab aliquo fuerit educatus, nisi forte animalia omnia non tenera nata sunt, sed excreta, quod
13 ut dicerent numquam illis uenit in mentem. omnis igitur illa ratio impossibilis et uana est, si tamen ratio dici potest qua id agitur, ut nulla sit ratio. qui enim dicit omnia sua sponte esse nata nihilque diuinae prouidentiae tribuit, hic profecto rationem
14 non adserit, sed euertit. quodsi neque fieri quidquam sine ratione neque nasci potest, apparet esse diuinam prouidentiam, cuius est proprium quod dicitur ratio. deus igitur rerum omnium
15 machinator fecit hominem. quod Cicero quamuis expers caelestium litterarum uidit tamen, qui libro de legibus primo hoc
16 idem tradidit quod prophetae. cuius uerba subieci: 'animal hoc prouidum sagax multiplex acutum memor plenum rationis et consilii, quem uocamus hominem, praeclara quadam condicione generatum esse a supremo deo. solum est enim ex tot animantium generibus atque naturis particeps rationis et cogitationis,
17 cum cetera sint omnia expertia.' uidesne hominem quamuis longe a ueritatis notitia remotum tamen, quoniam imaginem sapientiae tuebatur, intellexisse non nisi a deo hominem potuisse
18 generari? sed tamen diuinis opus est testimoniis, ne minus

Auct.: **16–21** Cic. leg. 1, 22

1 iam *om.* B   eodem] in e. V^{ar} H M   eodem ... et *om.* P   et] et in V^1 *(D deest)*   **2** fusus B   permultis mensibus B   **3** quem] quod B V P *(D deest), ex anteced.* quo   ministraret P^1, *corr.* P^2 **6** tenera] e terra H M   execreta P^1, *corr.* P^2; ex se creata H M   **8** et uana *om.* P   quia H^{ar} **9** ut *om.* H M   dici V^1 *(D deest)*   **12** appareret P^{ac} **13** proprium est, est *s.l. m.2,* B   quod] d *exp.* V^2 *(D deest)*   omnium *om.* P   **15** littera[ru]m B *(foramen)*   uidi P^1, *corr.* P^2 libro] in l. R   **16** quod ... subieci] profetis eius uerba sunt subiecta B   propheta H M   **19** esse *s.l.* H^2 solo P^{ac} **23** intellexis[s]e B   potuisse *in mg.* V^2 **24** sed] et H M

humana sufficiant. Sibylla hominem dei opus esse testatur:

ὃς μόνος ἐστὶ θεὸς κτίστης ἀκράτητος ὑπάρχων,
αὐτὸς δ' ἐστήριξε τύπον μορφῆς μερόπων τε
αὐτὸς ἔμιξε φύσιν πάντων, γενέτης βιότοιο.   *155*

eadem sanctae litterae continent. deus ergo ueri patris officio 19
functus est, ipse corpus effinxit, ipse animam qua spiramus infudit, illius est totum quidquid sumus. quomodo id fecerit si 20
nos oporteret scire, docuisset, sicut docuit cetera quae cognitionem nobis et pristini erroris et ueri luminis attulerunt.

12. Cum ergo marem primum ad similitudinem suam finxisset, tum etiam feminam configurauit ad ipsius hominis effigiem, ut duo inter se permixti sexus propagare subolem possent et omnem terram multitudine opplere. in ipsius autem hominis 2
fictione illarum duarum materiarum quas inter se diximus esse contrarias, ignis et aquae, conclusit perfecitque rationem. ficto 3

Epit.: 2, 12, 1 ... finxisset. 3 ... animam] 22, 2 tum ... uitam

14 diximus] 2, 9, 15–27

Auct.: 2–4 Orac. Sib. frg. 5 Geffcken *(cf. 3, 27 et p. 5, 98–100 G.)*

Test.: 2–4 Theosoph. Sib. 4 l. 111–113 Erbse   6 animam ... infudit] Zeno 2, 4, 4

1 sibyllam B   hominum P^ac   **2** κατιστης, α *s.l.*, P   ακρατητοτυπαρχων D V *(post* το *dist.* V*; cf. interpr.* et est creator liber*)*   **3** τύπον μορφῆς] φης *tantum* P   *post* τε *a Lact. aliquid omissum ratus dist.* Br; *cf. Erbse ad Theosoph. l. c.*   **4** εμ[ιξ]ε πυσιν παντε | B γενέτης *Stadtmüller, Br, Geffcken, Erbse;* γενεος *post foramen (cf. § 15) 2–3 litt. aptum* B*;* γενεης *cet. (*teneas H M*);* γενεῆς βιότοιο *tamquam asyndeton bimembre pendens ex* φύσιν *accipere uid. Cellarius (1698), Buen*   **5** [s]anctae ... continen[t] B   off[i]cio B   **6** ipse *ante* animam] ipsa R   quam H M   infundit P^ac   **7** illut *ut uid.* B¹, *corr.* B²   effecerit D V   **10** matrem V¹; mare H M   ad] et D¹   **12** mixti B   sexsus B¹, *corr.* B³   sobolem D V P M R; *u. ind. form.*   **13** opplere] operae H M¹, operirae M², in *s.l.* B² P²   **14** finctione D V H M   **15** ignis] s *in ras.* B

enim corpore inspirauit ei animam de uitali fonte spiritus sui qui
est perennis, ut ipsius mundi ex contrariis constantis elementis
similitudinem gereret. constat enim ex anima et corpore, id est
quasi ex caelo et terra, quandoquidem anima qua uiuimus uelut
e caelo oritur a deo, corpus e terra, cuius e limo diximus esse
4 formatum. Empedocles, quem nescias utrumne inter poetas an
inter philosophos numeres, quia de rerum natura uersibus scripsit ut apud Romanos Lucretius et Varro, quattuor elementa constituit, ignem aerem aquam terram, fortasse Trismegistum secutus, qui 'nostra corpora ex his quattuor elementis constituta
5 esse' dixit 'a deo; habere namque in se aliquid ignis, aliquid
aeris, aliquid aquae, aliquid terrae, et neque ignem esse neque
aerem neque aquam neque terram'. quae quidem falsa non sunt.
nam terrae ratio in carne est, umoris in sanguine, aeris in spiritu,
6 ignis in calore uitali. sed neque sanguis a corpore secerni
potest sicut umor a terra neque calor uitalis a spiritu sicut ignis
ab aere; adeo rerum omnium duo sola reperiuntur elementa,
quorum omnis ratio in nostri corporis fictione conclusa est.
7 ex rebus ergo diuersis ac repugnantibus homo factus est sicut
ipse mundus *ex bono et malo,* ex luce ac tenebris, ex uita et

5 diximus] 2, 10, 3

Auct.: **1** inspirauit ei animam] *cf.* gen. 2, 7 *et Wlosok, 1960, 183*
6–8 Empedocles ... Varro] *cf.* Quint. inst. 1, 4, 4   **10–13** CH III 3 (ad
Tat frg. 2 a, 2)

Test.: **1** fonte ... sui] Zeno 2, 4, 4   **14–15** Isid. orig. 11, 1, 16. diff.
2, 48   **19** § 7] *cf.* Zeno 2, 4, 8

1 spirauit D V P H M; *cf. epit.*   ei *om.* H M   **2** constantes P[ac]; -ns M
elementi P H[pr]   **5** e caelo oritur] c. o. *tantum* H M, o. e. c. R
et terra P[ac]   ex limo P[ac]   **6** formatum] formam. tum R
Empedocles quem] enp- quem B; -esque D[1] V   **7** uersibus scripsit *in
ras.* V[2]   **9** trismegestum B; trimegi- R   **10** hiis P   **11** dixit esse B
in se *in mg.* V[2]   **14** est] est et H M   **15** secerni] separari B
16 ab spiritu B   **17** reperiuntur R, -pp- *cet.; u.* 2, 7, 18   **20** ipsi H
ex bono et malo R *solus, ex retractatione; u. Heck, 1972, 187*

morte. quae duo inter se pugnare in homine praecepit, ut si anima superauerit quae oritur ex deo, sit immortalis et in perpetua luce uersetur, si autem corpus uicerit animam dicionique subiecerit, sit in tenebris sempiternis et in morte. cuius non ea uis est, ut iniustas animas extinguat omnino, sed ut puniat in aeternum. eam poenam mortem secundam nominamus, quae est et ipsa perpetua sicut et immortalitas. primam sic definimus: mors est naturae animantium dissolutio, uel ita: mors est corporis animaeque seductio; secundam uero sic: mors est aeterni doloris perpessio, uel ita: mors est animarum pro meritis ad aeterna supplicia damnatio. haec mutas pecudes non attingit, quarum animae non ex deo constantes, sed ex communi aere morte soluuntur. in hac igitur societate caeli atque terrae, quorum effigies expressa est in homine, superiorem partem tenent ea quae sunt dei, anima scilicet quae dominium corporis habet, inferiorem autem ea quae sunt diaboli, corpus utique, quod quia terrenum est, animae debet esse subiectum sicut terra caelo. est enim quasi uasculum, quo tamquam domicilio temporali spiritus hic caelestis utatur. utriusque officia sunt, ut hoc quod est ex caelo et deo, imperet, illud uero quod ex terra et diabolo, seruiat. quod quidem non fugit hominem nequam Sallustium, qui ait: 'sed nostra omnis uis in animo et corpore sita est; animi imperio, corporis seruitio magis utimur.' recte, si ita uixisset ut

Auct.: **22–23** Sall. Catil. 1, 2   **23–p. 180, 2** *cf.* Ps. Cic. in Sall. 13–21

2 deo] eo D   inmortalitas B[ar]   **2–3** perpetua in luce H M
4 non *om.* D   **5** est *om.* H M   ut *post* est *s.l.* V[2] *(*D *deest)*
7 et *post* sicut *om.* H M   primum V   **8–10** mors est corporis ... perpessio uel ita] secunda *(sic) tantum, cet. om.* H M   **12** constant B[3] *(ex* constan|tes*)* P H M   ex] de B   **13** has B   **14** hominem B
15 eaque B[1] *(corr.* B[3]*)* H   animae B; -mas H M[ar]   dominum B
corpus M[ac]   **18** est *om.* P   quod B[ar]   tamquam *s.l. pro del.* quasi R
temporalis H M   **19** hoc B   utrisque P[ac]   **20** ex] e H M
impleret D[ar]; imperet et V   terra] t. est H M   et diabolo *om.* B[1] *(s.l.* diabolo B[3]*)* M, *exp.* H   **22** qui ait *in ras.* B[3]

14 locutus est.   seruiuit enim foedissime uoluptatibus suamque ipse sententiam uitae prauitate dissoluit. quodsi anima ignis est ut ostendimus, in caelum debet eniti sicut ignis, ne extinguatur, hoc est ad immortalitatem, quae in caelo est; et sicut ardere ac uiuere non potest ignis, nisi aliqua pingui materia teneatur in qua habeat alimentum, sic animae materia et cibus est sola iustitia, qua tenetur ad uitam.

15 Post haec deus hominem qua exposui ratione generatum posuit in paradiso id est in horto fecundissimo et amoenissimo, quem in partibus orientis omni genere ligni arborumque conseuit, ut ex earum uariis fructibus aleretur expersque omnium laborum 16 deo patri summa deuotione seruiret.   tum dedit ei certa mandata, quae si obseruasset, immortalis maneret, si transcendisset, morte adficeretur. id autem praeceptum fuit, ut ex arbore una quae fuerat in medio paradiso non gustaret, in qua posuerat 17 intellegentiam boni ac mali.   tum criminator ille inuidens operibus dei omnes fallacias et calliditates suas ad deiciendum 18 hominem intendit, ut ei adimeret immortalitatem.   et primo mulierem dolo inlexit, ut uetitum cibum sumeret, et per eam ipsi quoque homini persuasit, ut transcenderet dei legem. percepta

Epit.: 2, 12, 15–16] 22, 2 posuitque ... permaneret   17 ... 18 mali] *cf.* 22, 3

Auct.: 8 §§ 15 ... 19 accedere] *cf.* gen. 2, 8 – 3, 24

1 foedissimis V *(D deest), Br male cl. 4, 17, 21*   **2** sentiam P[1], *corr.* P[3]   **3** ostendi P   **4** et] nam B   **5** nisi] n. in B teneat V[1] *(in D extat tenea|)*   **6** est] et D[1] V   **7** quae HM   **8** quam exposuit HM   **9** orto M[ac] R   et amoenissimo *om.* P   **10** arborum quae B[ar] *(b euan.)* D[1] V   **11** fetibus R   **12** ei] et P   **13** transgrressisset B[1], -sgressus esset B[2]   **15** erat P   paradisi D V R   quo B[1], *corr.* B[3]   **16** ac D V P *Br cl. epit. 22, 3 (sed 22, 2 malique);* et B H M R *ex § 18*   tunc H   **17** decipiendum P   **18** et] sed H M   **19** intellexit D[ac]   *ante* ut *2 litt. eras.* B   **20** transgrederetur, ur *s.l. m.2,* B   legem dei M   praecepta P[1], *corr.* P[2]

LACT. INST. II 12

igitur scientia boni et mali pudere eum nuditatis suae coepit absconditque se a facie dei, quod antea non solebat. tum deus sententia in peccatores data iecit hominem de paradiso, ut uictum sibi labore conquireret, ipsumque paradisum igni circumuallauit, ne homo posset accedere, donec summum iudicium faciat in terra et iustos uiros cultores suos in eundem locum reuocet morte sublata, sicut sacrae uoces docent et Sibylla Erythraea, cum dicit:

οἱ δὲ θεὸν τιμῶντες ἀληθινὸν ἀέναόν τε
ζωὴν κληρονομοῦσι, τὸν αἰῶνος χρόνον αὐτοὶ
οἰκοῦντες παράδεισον ὁμῶς, ἐριθηλέα κῆπον.

uerum haec quoniam extrema sunt, in extrema operis huius parte tractabimus; nunc ea quae prima sunt explicemus. mors itaque secuta est hominem secundum dei sententiam, quod etiam Sibylla in carmine suo docet dicens:

ἄνθρωπον πλασθέντα θεοῦ παλάμαις ἁγίαισιν,

Epit.: 2, 12, 19 ... sublata] 22, 4   20 ... mors ... sententiam] 22, 5 ... sententia

12 in extrema ... parte] 7, 20, 1 – 26, 7

Auct.: 5–7 donec ... morte sublata] *cf.* Theophil. Autol. 2, 26, 2
9–11 Orac. Sib. frg. 3, 46–48 Geffcken = Theophil. ibid. 2, 36, 15
16–p. 182, 2 Orac. Sib. 8, 260–262

Test.: **13–p. 182, 3** mors ... temporaria] *hinc pendere uid.* Theosoph. Sib. 5 l. 119–125 Erbse, *ubi laudatur Orac. Sib. l. c.*

2 abscondit B   tunc P   **3** peccatore B   paradisso, *pr.* s *s.l. m.3,* B
4 uitam P   labore] *post* o *2–3 litt. eras.* B   paradissum B
5 *post* homo *5 litt. eras.* H   **7** lata D   sicut] s. et H M
9 θεὸν] ον P   ἀέναόν τε] δενοοντα B; αιεν εοντα R
10 κανρονομουcει D V   **11** παραδείσου, *om.* ὅμως, *codd. Theophil.*   **12** in] tota in P   cuius B¹, *corr.* B³   partem B
13 tractauimus B¹ *(corr.* B³*)* D V¹; *deinde s.l.* exponemus, *sed del. ut uid.,* B³   **16** παλας θεου B   πλασμαις P   ἁγίαισιν *codd. Sib.;* αγιεccιν B, αγαιcιν R; ετεccειν D V, αιτεcιν P

ὃν κ' ἐπλάνησεν ὄφις δολίως ἐπὶ μοῖραν ἀνελθεῖν
τοῦ θανάτου γνῶσίν τε λαβεῖν ἀγαθοῦ τε κακοῦ τε.

21 sic facta est uita hominis temporaria, sed tamen longa, quae in mille annos prorogaretur. quod diuinis litteris proditum et per omnium scientiam publicatum cum Varro non ignoraret, argumentari nisus est, 'cur putarentur antiqui mille annos uictitasse'.

22 ait enim, 'apud Aegyptios pro annis menses haberi, ut non solis per duodecim signa circuitus faciat annum, sed luna, quae orbem illum signiferum triginta dierum spatio lustrat'. quod argumentum perspicue falsum est; nemo enim tunc millesimum

23 annum transgressus est, nunc uero qui ad centesimum perueniunt, quod fit saepissime, mille certe ac ducentis mensibus uiuunt. et auctores idonei tradunt 'ad centum uiginti annos per-

24 ueniri solere'. sed quia ignorabat Varro cur aut quando esset uita hominis deminuta, ipse deminuit, cum sciret mille et quadringentis mensibus posse hominem uiuere.

1 13. Deus autem postea cum uideret orbem terrae malitia et sceleribus oppletum, statuit humanum genus diluuio perdere.

Epit.: 2, 12, 21 ... prorogaretur] 22, 5 tamen ... sumpsit

Auct.: 5–9 Varro frg. inc. (ant. rer. hum. *tribuit Br, Ed. II 266; cf.* Plin. nat. 7, 155. Cens. 19, 4) 13 auctores] *cf.* Plin. nat. 7, 156–159 17 §§ 1–9] *cf.* gen. 6, 1 – 10, 32 *passim et Monat, 1982, 242–245*

1 καὶ πλανθcεν DV   ανελθιν DV (-θηιν)   2 λαβιν DV
ατακθου P   τε ... τε] καὶ κακου DV (-κοι)   κακουc P
3 si B[1], *corr.* B[3]   uita *s.l.* V[2]   temporalia P[ac]; -ralis HM; *cf. St 241*
4 prorogabatur B[1], *corr.* B[3]; propagaretur DV (paga *in ras. m.2*) HM
5 scientia H   non *s.l.* V[2]   ignoret D[1]   6–7 cur ... enim] ait enim *tantum, spatio 3 lin. relicto,* B[1], *exp. et* cum *(sic)* putarentur ... enim *suppl.* B[3]   6 putarent P   annis B[3] P   7 annos B[1], *corr.* B[3]
8 signis, *alt.* s *exp.,* M   circuitu HM   lunae HM   10 perspicue ... est] e. p. f. H (p. f. *s.l. m.2*) M   tum B   11 transgressus V[ac] (D *deest*)   est *om.* P   centesimum] c. annum HM   12 ac ducentis] adduc- D[ac]   13 actores R   centum et uiginti HMR
peruenire PR   15 diminuta B   et *om.* B   16 *sup.* mensibus *add.* quadraginta B[3]   17 malitiae P   18 dilluuio B *(pr.* l *del. m.3)* H

sed tamen ad multitudinem reparandam delegit unum, quod corruptis omnibus singulare iustitiae supererat exemplum. hic cum sescentorum esset annorum, fabricauit arcam, sicut ei praeceperat deus, in qua ipse cum coniuge ac tribus filiis totidemque nuribus reseruatus est, cum aqua uniuersos montes altissimos operuisset. deinde orbe siccato exsecratus iniustitiam prioris saeculi deus, ne rursus longitudo uitae causa esset excogitandorum malorum, paulatim per singulas progenies deminuit hominis aetatem atque in centum et uiginti annis metam collocauit, quam transgredi non liceret. ille uero cum egressus esset ex arca, sicuti sanctae litterae docent, terram studiose coluit ac uineam sua manu seuit. unde arguuntur qui auctorem uini Liberum putant. ille enim non modo Liberum, sed etiam Saturnum atque Vranum multis antecessit aetatibus. qua ex uinea cum primum fructum cepisset, laetus factus bibit usque ad ebrietatem iacuitque nudus. quod cum uidisset unus ex filiis, cui nomen fuit Cham, non texit patris nuditatem, sed egressus etiam fratribus indicauit. at illi sumpto pallio intrauerunt auersis uultibus patremque texerunt. quae facta cum pater recognosset, abdicauit atque expulit filium. at ille profugus in eius terrae parte consedit quae nunc Arabia nominatur, eaque terra de nomine eius Cha-

Epit.: 2, 13, 3] 22, 5 et id . . . redacta est

1 diligit HM   **2** singulari HM   *post* supererat *exp.* erat P; superaret HM   exemplum] *in* D *extat* | pletum, et *exp.*   **3** sexcentorum DV; DC *in ras.* P² ei *om.* R   **4** ac] et HM   **5** seruatus P   **6** exsecratur B¹, *corr.* B³   **7** rursum B; russus V   **8** diminuit DVP   **10** licet B   **11** sicut H¹ R   sanctae] sc̄i sc̄ae *i. e.* sancti sanctae P colluit, *pr.* 1 *exp.*, Pᵃᶜ   **12** uinea B¹ *(corr.* B³*)* Hᵃᶜ M   suam P sua manu *om.* B   seruit HM   actorem PR   **15** coepisset DVPM   **16** e filiis VHMR *(D deest)*   fuit *s.l.* D   **17** chan BDV² (n *ex* m) fratribus] a *in ras.*, tri *s.l.* P²   **18** at] et B   palleo B auersibus P   **19** recognosceret HM, -nouisset R   **21** eaque] quae V¹ *(D deest)*   de] ex B   chanan DVH

7 naan dicta est et posteri eius Chananaei. haec fuit prima gens quae deum ignorauit, quoniam princeps eius et conditor cultum dei a patre non accepit maledictus ab eo; itaque ignorantiam
8 diuinitatis minoribus suis reliquit. ab hac gente proximi quique populi multitudine increscente fluxerunt. ipsius autem patris
9 posteri Hebraei dicti, penes quos religio dei resedit. sed et ab his postea multiplicato in immensum numero cum eos angustiae locorum suorum capere non possent, tum adulescentes uel missi a parentibus uel sua sponte, cum rerum penuria cogeret, profugi ad quaerendas sibi nouas sedes huc atque illuc dispersi omnes insulas et orbem totum repleuerunt et a stirpe sanctae radicis auulsi nouos sibi mores atque instituta pro arbitrio condiderunt.
10 sed omnium primi qui Aegyptum occupauerant caelestia suspicere atque adorare coeperunt. et quia neque domiciliis tegebantur propter aeris qualitatem nec ullis in ea regione nubibus subtexitur caelum, cursus siderum et effectus notauerunt, dum ea
11 saepe uenerantes curiosius ac liberius intuentur. postea deinde portentificas animalium figuras quas colerent commenti sunt quibusdam prodigiis inducti, quorum mox auctores aperiemus.
12 ceteri autem qui per terram dispersi fuerant admirantes elementa

19 mox] 2, 14, 5. 16, 3

1 dicta ... Chananaei] naei *(sic) tantum* P¹, *exp. et in mg. inf.* est d. et p. eius cananei P²   chananei BDVHMR   hae V *(D deest)* gens] progenies BHM   **2** et *om.* P   uultum B   **5** populi *om.* P, *post* multitudine *repet.* R   crescente B   **6** hebraei V, -rei *cet.* dei *om.* P   sed et *om.* P   et *s.l.* B³   ab *s.l.* V²   **7** multiplicati B in *s.l.* D   numerum BM^ac   **8** suorum *om.* P   possunt P^ac adolescentes D   missa M   **9** cogeret] c. et P   *post* profugi *1 litt. eras.* D   **11** insulas *in fine lin.* P²   a] alii? B^ar; ab HM **13** occuparant R; -uerunt V¹ PHM   suspicere] picere *in ras.* V²; suscipere R   **14** neque domiciliis] d. non R   **15** pro aeris qualitate R *post* nec *s.l.* uel enim? V²   obtexitur HM   **16** cursum H^ac defectus P   **17** uenerantur B   intuentes B   **18** portificas DV commentiti B^ar   **19** actores R   **20** fuerunt BDVP

mundi, caelum solem terram mare, sine ullis imaginibus ac templis uenerabantur et his sacrificia in aperto celebrabant, donec processu temporum potentissimis regibus templa et simulacra fecerunt eaque uictimis et odoribus colere instituerunt. sic aberrantes a notitia dei gentes esse coeperunt. errant igitur qui deorum cultus ab exordio rerum fuisse contendunt et priorem esse gentilitatem quam dei religionem, quam putant posterius inuentam, quia fontem atque originem ueritatis ignorant. nunc ad principium mundi reuertamur.

14. Cum ergo numerus hominum coepisset increscere, prouidens deus ne fraudibus suis diabolus, cui ab initio dederat terrae potestatem, uel corrumperet homines uel disperderet, quod in exordio fecerat, misit angelos ad tutelam cultumque generis humani. quibus praecepit ante omnia, ne terrae contagione maculati substantiae caelestis amitterent dignitatem. scilicet id eos facere prohibuit quod sciebat esse facturos, ut ueniam sperare non possent. itaque illos cum hominibus commorantes dominator ille terrae fallacissimus consuetudine ipsa paulatim ad uitia pellexit et mulierum congressibus inquinauit. tum in caelum ob peccata quibus se immerserant non recepti ceciderunt in terram. sic eos diabolus ex angelis dei suos fecit satellites ac ministros. qui autem sunt ex his procreati quia neque angeli

Epit.: 2, 14, 1 – 16, 21] 22, 9 – 23, 9   2, 14, 1–3] 22, 9 . . . 11 facti

Auct.: **10** 14, 1 – 15, 5] *cf.* Min. Fel. 26, 7 – 27, 8

1 sole H^1 **2** hiis P   **4** aberrantis B^1, *corr.* B^2 **5** dei *om.* P   erant D^{ac} R^{ac} **6** rerum *om.* P   **8** fonte D^1 **10** cum] cur D^1 V^1 hominis R   **11** diabolus] zabolus B^1, i *post* z *ins.* B^2, d *sup.* z B^3 **12** hominem P   **13** exordio] e. rerum B   **14** quibus] q. quia liberum arbitrium erat datum B *ex 2, 8, 4*   maculatis H^{ar} **15** caelestes P^1, *corr.* P^2 id eos] ideo et is P; ideo R   **17** possunt P^{ac} commemorantes B^{ar}; omnes commorantes P   **18** ipsa *in ras.* V^2; ipse M   **19** mulierem D^1 **20** quibus] in q. H M   inmerserunt B H M   in] rursus in R   **21** eos *s.l.* B^3 **22** quia *om.* P neque homines fuerunt, sed mediam quandam naturam gerentes, non sunt ad inferos recepti sicut in caelum parentes eorum. ita duo genera daemonum facta sunt, unum caeleste, alterum terrenum. hi sunt immundi spiritus, malorum quae geruntur auctores, quorum idem diabolus est princeps. unde illum Trismegistus 'daemoniarchen' uocat. daemonas autem grammatici dictos aiunt quasi δαήμονας, id est peritos ac rerum scios; hos enim putant deos esse. sciunt illi quidem futura multa, sed non omnia, quippe quibus penitus consilium dei scire non liceat, et ideo solent responsa in ambiguos exitus temperare. eos poetae et sciunt esse daemonas et loquuntur. Hesiodus ita tradit:

τοὶ μὲν δαίμονές εἰσι Διὸς μεγάλου διὰ βουλὰς
ἐσθλοί, ἐπιχθόνιοι, φύλακες θνητῶν ἀνθρώπων.

Epit.: 2, 14, 5 hi sunt ... 9 regeretur. 11] 22, 9 ut habeant ... 23, 2 posset *ordine mutato; ad* 6 daemoniarchen *cf.* 24, 1

Auct.: 6 daemoniarchen] *ad* CH II 334, 5 (Ascl. 28) *referunt Nock-Festugière, sed cf.* Clem. Alex. strom. 5, 92, 5 διάβολον ... δαιμόνων ἄρχοντα   **6–7** *cf. e. g.* Etym. Magn. p. 251, 10 Gaisford *(ex Platone, Crat. 398 b)*   **12–13** Hes. op. 122 sq. *(aliter Plato Crat. 397 e; cf. Solmsen, ed. Hes. ad l.)*

Test.: **6–8** daemonas ... futura] Isid. orig. 8, 1, 15

1 naturam] notitiam B¹, *corr.* B³   **2** ad] apud HM   **3** demonum B *(sic hinc semper; 1, 7, 9* daem-*);* dominium V² *ex* demonium, *quod rest. m. post.* (D *deest*)   pacta *ut uid.* H¹   ut *(s.l. m.2)* unum caelestem P   **4** hii VP   immundis H^ar   spiritis spiritus malorum *in ras. fere 15 litt.* V²   malorumque P   gerentur H^ac   actores R   **5** trismegitus B¹, -gest- B²   **6** daemoniarchen Br *cl. epit. (graec. litt. edd. antea);* dem- BDV *(r s.l.)* HMR, dęmoniarchem P   demones B   **7** aiunt] esse a. HM   δαημονας DV, δημ- BR *(et s.l.* demonas*);* dęmonas P; dammonas HM   hoc DV   **8** futura] sed f., sed eras. M   **11** et *om.* HM   daemones B *(*dem-*)* HM   et] ut HM   esiodus BV^ac HM   tradidit HM   **12** τοὶ] οι B; του DV   δαιμοναις V (D *deest*)   Διὸς] οδιος DV   μεγααου *bis* DV   **13** εστλιο V (D *deest*)   φυλακαις V (D *deest*)

quod idcirco dictum est, quoniam custodes eos humano generi 8
deus miserat; sed et ipsi, cum sint perditores hominum, custodes
tamen se uideri uolunt, ut ipsi colantur et deus non colatur.
philosophi quoque de his disserunt. nam Plato etiam naturas 9
eorum in Symposio exprimere conatus est et Socrates esse circa
se adsiduum daemona loquebatur, qui puero sibi adhaesisset,
cuius nutu et arbitrio sua uita regeretur. magorum quoque ars 10
omnis ac potentia horum aspirationibus constat, a quibus in-
uocati uisus hominum praestigiis occaecantibus fallunt, ut non
uideant ea quae sunt et uidere se putent illa quae non sunt.
hi ut dico spiritus contaminati ac perditi per omnem terram 11
uagantur et in solacium perditionis suae perdendis hominibus
operantur. itaque omnia insidiis fraudibus dolis erroribus com- 12
plent. adhaerent enim singulis hominibus et omnes ostiatim domos occupant ac sibi geniorum nomen adsumunt; sic enim Latino sermone daemonas interpretantur. hos in suis penetralibus 13 *165*
consecrant, his cottidie profundunt et scientes daemonas uenerantur quasi terrestres deos et quasi depulsores malorum quae

Epit.: 2, 14, 10] 23, 6   12–13] 23, 3

Auct.: 4 §§ 9–10] Min. Fel. 26, 9–10. 12   Plato] conu. 202 e sq.

Test.: 4 § 9] *cf.* Ps. Cypr. idol. 6 p. 23, 15–16 *et Heck, 1995, 153 sq.*

2 et *om.* B   **3** et . . . colatur *om.* B   **4** hiis P   **5** symphonio B[1],
-phosio B[2], -possio D[ac]   **6** adsiduum] ad *in ras.* V[2]   daemonam P,
-nem *epit.*   loquebatur] fatebatur R   **7** gereretur HM
8 ac] et HM   adspirationis B[1], *corr.* B[3]   **9** praestrigiis P
obscene *(ne inc.)* cantibus B[ar], obc(a)ec- *cet.*   falluntur HM
10 [p]utant D[1]   **11** hii, *alt.* i *s.l. m.*2, B   **12** in *om.* VP *(D deest)*
13 operatur H[1]   fraudibus insidiis P   compellent HM
14 adhaerent enim] adhaerentium D[1] (-tes D[2]) V[1] *(corr.* V[2])   omnis
B[1] *(corr.* B[3]) D[1] V[1] HMR   **16** demones B   **17** consecrant] con-
locant B   cottidie B *(pr.* t *eras.)* HM, cotid- *cet., sed cf.* 1, 4, 3
profundunt] p. preces R *ft. recte;* ⟨uina⟩ p. *Br,* ⟨merum⟩ p. *edd.; cf. St
233 et Heck, 1972, 188*   demones B

14 ipsi faciunt et inrogant.   qui quoniam spiritus sunt tenues et incomprehensibiles, insinuant se corporibus hominum et occulte in uisceribus operati ualetudinem uitiant, morbos citant, somniis animos terrent, mentes furoribus quatiunt, ut homines his malis cogant ad eorum auxilia decurrere.

1   **15.**   Quarum omnium fallaciarum ratio expertibus ueritatis obscura est. prodesse enim putant eos, cum nocere desinunt, qui
2 nihil possunt aliud quam nocere.   dicat fortasse aliquis colendos ergo esse , ne noceant, siquidem possint nocere. nocent illi quidem, sed iis a quibus timentur, quos manus dei potens et excelsa
3 non protegit, qui profani sunt a sacramento ueritatis.   iustos autem id est cultores dei metuunt, cuius nomine adiurati de corporibus excedunt. quorum uerbis tamquam flagris uerberati non modo daemonas esse se confitentur, sed etiam nomina sua edunt, illa quae in templis adorantur. quod plerumque coram cultoribus suis faciunt, non utique in opprobrium religionis, sed honoris sui, quia nec deo per quem adiurantur nec iustis quorum uoce
4 torquentur mentiri possunt.   itaque maximis saepe ululatibus editis uerberari se et ardere et iam iamque exire proclamant.
5 tantum habet cognitio dei ac iustitia potestatis. cui ergo nocere

Epit.: 2, 14, 14] 23, 8   3 . . . confitentur] 46, 7 cum . . . cedunt

2 [homi]nis *ut uid. ex* -num D² **3** operantur B   morbo R somnis D V H² *(*i *ex* e*)*; -nos M **4** hominibus D V **5** ad deorum P **6** hominum M **7** prodeesse H M; *cf. 2, 3, 1*   cum] quod B¹, *corr.* B³ **8** quam] nisi D V *contra numerum, ex § 5?* **9** esse . . . illi] noceant illi *tantum* P   possint D V *(ex* -sit*), Br;* -sunt BHMR *(ex § 1), edd. priores, Mo* **10** iis *edd.,* hiis V P, his *cet., Mo* **11** qui] quia, *a s.l.,* B³ **12** custores D¹ V   de *s.l.* H, *om.* M **13** abscedunt B fraglis D V; flagellis H M **14** daemones H M   esse se] se *s.l.* B³; sese H M   nomina sua] a sua *in ras. 4–5 litt.* B³   edunt *s.l.* B³ **15** odorantur B   quod] et H M **16** utrique Bᵃʳ   sed D V; et *cet.* **17** quia] qui B   adiurantur] tur *in ras.* V² **19** editis *in ras. 8–9 litt.* B³   uerberari] ari | *in ras. 1–2 litt.* B³   etiamque P **20** habet *s.l.* B³   dei ac] de sua B¹, i *sup.* e B², su *exp. et* c *s.l.* B³ potestatis] pote | B¹, statis *in fine lin.* B³; *ante* cui *4 litt. exp. et eras.* B

possunt nisi his quos habent in sua potestate? denique adfirmat 6
Hermes eos qui cognouerunt deum non tantum ab incursibus
daemonum tutos esse, uerum etiam ne fato quidem teneri. μία
inquit φυλακὴ εὐσέβεια. εὐσεβοῦς γὰρ ἀνθρώπου οὔτε
δαίμων κακὸς οὔτε εἱμαρμένη κρατεῖ. θεὸς γὰρ ῥύεται
τὸν εὐσεβῆ ἐκ παντὸς κακοῦ. τὸ γὰρ ἓν καὶ μόνον ἐν ἀν-
θρώποις ἐστὶν ἀγαθὸν εὐσέβεια. quid sit autem εὐσέβεια,
ostendit alio loco his uerbis: ἡ γὰρ εὐσέβεια γνῶσίς ἐστιν τοῦ
θεοῦ. Asclepius quoque auditor eius eandem sententiam latius 7
explicauit in illo sermone perfecto quem scripsit ad regem.
uterque uero 'daemonas esse' adfirmat 'inimicos et uexatores 8
hominum', quos ideo Trismegistus ἀγγέλους πονηρούς appellat; adeo non ignorauit ex caelestibus deprauatos terrenos esse
coepisse.

Auct.: **3–7** *test.* CH II 336, 1–2 (Ascl. 29); *cf.* Cyrill. Alex. c. Iulian. 4
p. 130 Aubert = PG 76, 701 b   **8–9** CH IV 110 (frg. 10); *cf.* I 97, 17
(serm. 9, 4)   **9** §§ 7–8] *test.* CH II 330, 1; *cf.* 328, 10 – 331, 14 (Ascl.
25–26)   **12** *cf.* CH II 329, 15 (Ascl. 25) nocentes angeli

Test.: **2** Hermes] *hinc* Ps. Cypr. idol. 6 p. 24, 5; *cf. Heck, 1995, 152;
uix recte Löw 65–70*

1 his *codd.*, iis *edd.*, Br, *ft. recte; cf.* § 2   habet V¹   **2** hos B
cognouerunt B D V¹ H M R, -rint V² P *edd.*, Br   **3** totos D^ac M;
tutus P^ac   esse *om.* R   **3–7** μία ... ἀγαθὸν εὐσέβεια *om.* B; una
tantum B¹; *in uacua lin.* hd· bonum pietas autem *(exp.) et in mg. inf.
reliqua interpr.* tutella ... homine hs· B³   μία ... φυλακὴ] μια ταρ
(i. e. γαρ*)* φ. *et in interpr.* una inquit custodia *eqs.* P   **4** ευσεβια D V,
εσεβι P   ουτε] ουτη V, ουcε P   **5** οὔτε] ου P   **6** μόνον]
κοινον R   **7** eusebia B; ε. pietas P R *(pietas s.l.);* eyseuia H M
8 his] in h. R   **8–9** ἡ ... θεοῦ *om.* B; *in spatio lin.* pietas enim est
deus B³   **8** τοι R   **9** adiutor B   **10** sermo D¹ V   regem *in fine lin.*
B³ *ut uid.*   **11** daemonas B (dem-) M   esse] et e. P; *om.* H M
12 idem R   trismagistus H, -maeg- M, trimeg- R   ἀγγέλους
πονηρούς *om.* B, *s.l.* angelos nequissimos B³; angelos malignos α. π.
D V; angelos α. malos π. P *(eadem lat. in mg.* H, *s.l.* R); angelus (-los
H) ponerus H M   appellans, ns *in ras. m.2,* B; appellaui *ut uid.* V¹

167 1   16. Eorum inuenta sunt astrologia et haruspicina et auguratio et ipsa quae dicuntur oracula et necromantia et ars magica et quidquid praeterea malorum exercent homines uel palam uel occulte. quae omnia per se falsa sunt, ut Sibylla Erythraea testatur:

ἐπεὶ πλάνα πάντα τάδ' ἐστιν,
ὅσσαπερ ἄφρονες ἄνδρες ἐρευνῶσιν κατὰ ἦμαρ.

2 sed idem ipsi auctores praesentia sua faciunt ut uera esse credantur; ita hominum credulitatem mentita diuinitate deludunt,
3 quod illis uerum aperire non expedit. hi sunt qui fingere imagines et simulacra docuerunt, qui ut hominum mentes a cultu ueri dei auerterent, effictos mortuorum regum uultus et ornatos exquisita pulchritudine statui consecrarique fecerunt et illorum
168 4 sibi nomina quasi personas aliquas induerunt. sed eos magi et

Epit.: 2, 16, 1–2] 23, 5 ... 7 deludant *mutato ordine*   3] 23, 4 ... docuerunt

Auct.: 6–7 Orac. Sib. 3, 228 sq.; *cf. Geffcken ad l.*

Test.: 1–2 Isid. orig. 8, 9, 3   14 magi ... appellat] *cf.* ibid. 8, 9, 9

1 uenta P   haruspicina] h *eras.* V; ar- P[1], *corr.* P[2]; -nae HM
2 necromanti V[1]; nigr-, i *ex* e *m.*2, P   3 uel *post* palam *s.l.* B[3]
4 falsa] palam B[1], *corr.* B[3]   6–7 ἐπεὶ ... ἦμαρ *om. (tamen interpr. in mg. sin. add.)* B[1], *suppl. in mg. inf. cum signis* hd· *et* hs· B[3]   επει R; επι B[3] D V P; τὰ *(uel* καὶ*) γὰρ codd. Sib.*   6 τάδ' *om.* B[3]   τάδ' ἐστιν] πέφυκεν *codd. Sib.*   7 οccαπερ PR; οcα *et 4 litt. inc.* B[3]; απερ V *(in* D *extat* α*);* ὅσσα κεν *codd. Sib.*   ἐρευνῶσι(ν) *codd. Sib., edd.,* -νωσι B[3]; -νωουσι *sic* R; επευν- V (D *deest);* επευρωσιν P κατα ημαρ D (ρ *periit)* V (ε *pro* η), *codd. Sib., edd.;* κατεμαρ, τε *inc.,* B[3]; καταημωρ P; κτνμαρ R, *unde* ἐρευνώωσι κατ' ἦμαρ *Geffcken*   8 actores R   facient P   9 hominis B[1], *corr.* B[3] credulitate H   diuinitate] diuinatione *epit.* 23, 7; *cf. Heck-Wlosok, 1996, 153 sq.*   10 quid B[ac]   uere M   pingere B   11 qui] quia B[ar]   ut *om.* B   12 auerterunt B   et fictos B H M; effectos D (tos *periit)* V (effec *in ras. m.*2)   ornatus P   13 consacrari quae B[1], *corr.* B[3]   14 induxerunt B

hi quos uere maleficos uulgus appellat, cum artes suas exsecrabiles exercent, ueris suis nominibus cient, illis caelestibus quae in litteris sanctis leguntur. hi porro incesti ac uagi spiritus ut turbent omnia et errores humanis pectoribus offundant, serunt ac miscent falsa cum ueris. ipsi enim caelestes multos esse finxerunt unumque omnium regem Iouem eo, quod multi sint in caelo spiritus angelorum et unus dominus ac parens omnium deus. sed ueritatem mentitis nominibus inuolutam ex oculis abstulerunt. nam deus, ut in principio docui, neque nomine, cum solus sit, eget neque angeli, cum sint immortales, dici se deos aut patiuntur aut uolunt; quorum unum solumque officium est seruire nutibus dei nec omnino quidquam nisi iussu facere. sic enim mundum regi a deo dicimus ut a rectore prouinciam; cuius apparitores nemo socios esse in regenda prouincia dixerit, quamuis illorum ministerio res geratur. et hi tamen possunt aliquid praeter iussa rectoris per ipsius ignorantiam, quae est condicionis humanae. ille autem praeses mundi et rector uniuersi, qui scit omnia, cuius diuinis oculis nihil saeptum est, solus habet rerum omnium potestatem nec est in angelis quidquam

9 in principio] 1, 6, 4 sq. 7, 5–7

Test.: **1** quos ... appellat] Aug. ciu. 10, 9 p. 415, 13; cf. Mo ad l.

1 hi *codd.*; ii *edd., Br*   maleficio HM   *post* cum *in fine lin.* autem B³   execrabilis D^ac   **2** scient HM   **3** his M pro H¹   ingesti D¹ V; incerti M   **4** ut turbent] obturbant B¹, *corr.* B³   errore R^ac   offendunt B^ac, -fundunt B¹, *corr.* B²   **5** caelestis B   **6** sunt BDM   **7** dominus *om.* HM   **8** metitis V¹; mentis P¹, *corr.* P²   **9** neque] qui n. HM   homine V^ac (D *deest*)   **9–10** cum ... eget] eget cum solus sit cum filio P   **10** immortalis P¹, *corr.* P²   dici se deos *s.l.* B³   **12** iussum B; iussi HM; *cf. St 235 sq.*   **13** regi mundum HM   decimus V (D *deest*)   **14** nemo] immo B socios] *ft. pr.* o *del.* B; s. eius R   dixerim B   **15** gerantur B hii BP; *an* ii?   tamen] t. et P   **17** illo P   parens B; praesens HM uniuersitatis B   **18** scit] fecit B   saeptum DV (sęp-) P, sep- *cet.* **19** rerum] r. cum *(s.l. m.3)* filio P; *cf.* § 6

9 nisi parendi necessitas. itaque nullum sibi honorem tribui uolunt, quorum honor omnis in deo est, illi autem qui desciuerunt a dei ministerio, quia sunt ueritatis inimici et praeuaricatores dei, nomen sibi et cultum deorum uindicare conantur, non quo ullum honorem desiderent – quis enim perditis honor est? – nec ut deo noceant, cui noceri non potest, sed ut hominibus; quos nituntur a cultu et notitia uerae maiestatis auertere, ne immortalitatem possint adipisci, quam ipsi sua nequitia perdide-
10 runt. offundunt itaque tenebras et ueritatem caligine obducunt, ne dominum, ne patrem suum norint, et ut facile inliciant, in templis se occulunt et sacrificiis omnibus praesto adsunt eduntque saepe prodigia, quibus obstupefacti homines fidem com-
11 modent simulacris diuinitatis ac numinis. inde est quod ab augure lapis nouacula incisus est, quod Iuno Veiens migrare se Romam uelle respondit, quod Fortuna Muliebris periculum denuntiauit, quod Claudiae manum nauis secuta est, quod in sacrilegos et Iuno nudata et Locrensis Proserpina et Ceres Milesia uindicauit et Hercules de Appio et Iuppiter de Atinio et Minerua

Epit.: 2, 16, 9 non quo ... perdiderunt] 23, 4 non ut ... peruenirent 10] 23, 7 in templis ... credant. 9 sic ... ueniret   11] 23, 9 ... fiat

Auct.: **13** § 11 ... Caesare] *cf. 2, 7, 8–28*

Test.: **13** §§ 11–12] *cf.* Aug. ciu. 10, 16 p. 427, 27–32

2 omnis *om.* D V   est] e. per angelos refugas fieri prodigia responsa in templis dari nocentes plerumque puniri ut his monstris atque terroribus adhibitis ipsi dii putentur P   **3** quia] qui B[1], *corr.* B[3]   **4** et *post* sibi *in ras.* B[3], *s.l.* V   **5** quo] o *in ras. 1–2 litt.* B[3]; quod H[ar] M[ar]   **6** deum D V P H M   ut *post* sed *s.l.* B[3]   **7** notitiae D[ar] V[ar]   **8** possent B D[1] V[1]   qua H M   **9** offendunt V[1]   ueritatis R   **10** deum H M   ne *ante* patrem *s.l.* V[2]; et P   inliceant B M[ac]   **11** occultant, a *ex* u *m.2,* D V   sunt B   **12** commendent M   **13** ab *s.l.* D   **14** augure] haruspice B   quod] quo B[1], *corr.* B[3]   ueiensis B; uegiens H M   **15** romamam, am *exp.,* P   mulieris H M   **16** clauide V[1]   **17** lucrensis B   **18** herculis P   apio B   antinio P[1], *corr.* P[2]; utinio D   minerue V[1]

de Caesare, hinc quod serpens urbem Romam pestilentia liberauit Epidauro accersitus. nam illuc daemoniarches ipse in figura sua sine ulla dissimulatione perlatus est, siquidem legati ad eam rem missi draconem secum mirae magnitudinis attulerunt. in oraculis autem uel maxime fallunt, quorum praestigias profani a ueritate intellegere non possunt, ideoque ab ipsis attribui putant et imperia et uictorias et opes et euentus prosperos rerum, denique ipsorum nutu saepe rem publicam periculis imminentibus liberatam, quae pericula et responsis denuntiauerint et sacrificiis placati auerterint. sed omnia ista fallaciae sunt. nam cum dispositiones dei praesentiant, quippe qui ministri eius fuerunt, interponunt se in his rebus, ut quaecumque a deo uel facta sunt uel fiunt, ipsi potissimum facere aut fecisse uideantur, et quotiens alicui populo uel urbi secundum dei statutum boni quid impendet, illi se id facturos uel prodigiis uel somniis uel

Epit.: 2, 16, 11 serpens ... 12 perlatus est] 22, 6 serpens ... diabolus; *cf.* 3 serpens   14 prodigiis ... uenerationem] *cf.* 23, 8

Auct.: **1–5** *cf.* Val. Max. *(et* Paris*)* 1, 8, 2

1 de] et H^{ar} M, e H^{pr} hinc] h. est H M   *ante* urbem *2 litt.* (in?) *eras.* B   **2** accersitus] acce *ob lituram inc.* B; arcessitus H M   illuc ... ipse *partim ob lituram inc.* B   illud V^{ac} H M   daemoniarches H M *(*dẹm-*)* R (dem-), Br *(graece edd. antea; cf. supra 2, 14, 6),* -chos D, demonioar- V, demoniaar- P; demoniarceis *ut uid., ex* demonaccersitus *ut uid.,* B^3 **4** ea P^{ac} rem missi] remissi D V   attulerunt] atuexerunt P, aduex- *recc., Buen, Br cl. Val. Max., contra numerum*   **5** praestrigias P *Br*   **6** ueritatem B^1, *corr.* B^3 **7** opes] s *exp.* D   prosperos] pros, *del. m.2,* D   **8–9** denique ... liberatam *propter lituram partim inc. in* B *(cf. § 16)*   **8** ipsorum] horum B   nutu *ex pluribus litt.* (nuntiis?) *ras.* B^3 **9** et *post* pericula *om.* P   **10** auerterent D^{ac} V; -runt H M   **11** nam *om.* P   praesentiant] nt *ex* rum? B^2 qui *om.* P   **12** his *s.l.* B^2 domino P   uel *post* deo *om.* B P   **13** fiunt] sunt B^1, *corr.* B^3 aut] ut V^1 **14** et ... secundum *om.* B^1, *in mg. inf. suppl. cum signis* hd· *et* hs· B^3 dei *ex* de? B^3 statu B   **15** quod B^1, *corr.* B^3 inpenditur D   somnis H M oraculis pollicentur, si sibi templa, si honores, si sacrificia tribuantur. quibus datis cum illud acciderit quod necesse est, summam sibi pariunt uenerationem. hinc templa deuouentur et nouae imagines consecrantur, mactantur greges hostiarum, sed cum haec facta sunt, nihilominus tamen uita et salus eorum qui haec fecerint immolatur. quotiens autem pericula impendent, ob aliquam se ineptam et leuem causam profitentur iratos, sicut Iuno Varroni, quod formosum puerum in tensa Iouis ad exuuias tenendas collocauerat; et ob hanc causam Romanum nomen apud Cannas paene deletum est. quodsi Iuno alterum Ganymeden uerebatur, cur iuuentus Romana luit poenas? uel si dii tantummodo duces curant, ceteram multitudinem neglegunt, cur Varro solus euasit, qui hoc fecit, et Paulus, qui nihil meruit, occisus est? uidelicet nihil tunc Romanis accidit 'fatis Iunonis iniquae,' cum Hannibal duos exercitus populi Romani astu et uirtute confecit. nam Iuno audere non poterat aut Carthaginem defendere, ubi 'arma' eius et 'currus fuit', aut Romanis nocere, quia

Auct.: 6 § 16] cf. Val. Max. 1, 1, 16 14–15 Verg. Aen. 8, 292
17 cf. ibid. 1, 16 sq.

1 si *ante* sibi] ut HM si honores si] sibi h. sibi HM
2 occiderit V^ac 3 *post* pariunt 2 litt. eras. H deuoluentur HM
4 gresces *sic* P 5 erunt B uita] eorum u. R 6 fecerit P
7 se ... causam] i. et l. c. se P sicuti B 8 Iuno *om.* B
uarronis V¹ formonsum BP *(n exp. m.2)* HM in tensa] intentesa D, intenteas, *alt.* e *s.l.,* V 8–9 tensa . . et *in* B *propter lituram inc. (cf.* § 13); *ft.* in tensa iouis *ex* infenso ouis B³ 8 exui uas V¹
9 tendendas HM conlocarat *ut uid.* B 10 est *om.* DV
ganymeden BD *(-nim-, ult.* n *ex* m) P, -dem V, -nimedē R; -numedem H *(-*de*)* M 11 cur] cum D^ac 12 curent B neglegantur DV¹ cur] cum B¹ *(corr.* B³) V 14 uidelicet] unde licet D^ac romanus D^ac factis P 15 iniquae *om.* DV Romani *om.* DV astu] et a. DV, Br *(sed u. eius addenda);* actu HM 16 non *om.* V aut] ut P¹, *corr.* P² karthaginem HM; *u. 1, 21, 13*

'progeniem Troiano a sanguine duci
audierat, Tyrias olim quae uerteret arces'.

sed illorum sunt isti lusus, qui sub nominibus mortuorum delitescentes uiuentibus plagas tendunt. itaque siue illud periculum quod imminet uitari potest, uideri uolunt id placati auertisse, siue non potest, id agunt ut propter illorum contemptum accidisse uideatur. ita sibi apud homines qui eos nesciunt auctoritatem pariunt ac timorem. hac uersutia et his artibus notitiam dei ueri et singularis apud omnes gentes inueterauerunt. suis enim uitiis perditi saeuiunt et grassantur, ut perdant. idcirco etiam humanas hostias excogitauerunt, ipsi hostes generis humani, ut quam multas deuorent animas.

17. Dicet aliquis: cur ergo deus haec fieri patitur nec tam malis succurrit erroribus? ut mala cum bonis pugnent, ut uitia sint aduersa uirtutibus, ut habeat alios quos puniat, alios quos honoret. ultimis enim temporibus statuit de uiuis ac mortuis iudicare; de quo iudicio mihi erit in ultimo libro disputatio. differt igitur, donec ueniat temporum finis, quo effundat iram suam in potestate ac uirtute caelesti, sicut

Epit.: 2, 17, 1 – 19, 6] 24, 1 – 25, 3   2, 17, 1 ... honoret] *cf.* 24, 1–3

17 in ultimo libro] 7, 20, 1 – 21, 8

Auct.: **1–2** Verg. Aen. 1, 19 sq. *uerbis* sed enim *consulto omissis*

Codd.: **6** a |rum contemptum *incipit* G *p. 122 fere tota lecta; hinc extant* B G D V P H M R^p

1 a] ac H^{ar} deduci H M   **2** euerteret P*;* uerterat H M
3 delitescentes R, -tisc- *cet.* (-ntes *ex* -ntis B^2)   **4** uiuentibus] hominibus D V   **5** immine P^1, *corr.* P^2 uideri] uitari V^1 *(D deest)*
7 actoritatem R   **8** haec B^{ar}*;* ac H M   et *om.* B G   notitia G
9 apud *om.* B   inueterauerunt] *cf. Thes. VII 2, 172, 55–73*
10 seruiunt G   **13** dicit B G H M   **14** ut uitia] et u. H M
15 habeant P   **16** honorat P^{ac} ac] et P   **17** in *s.l.* V^2
disputandum R   **18** igitur] enim P   **19** uirtute] ueritate V^{ac} *(D deest)*

'uatum praedicta priorum
terribili monitu horrificant'.

3 nunc autem patitur homines errare et aduersum se quoque impios esse, ipse iustus et mitis et patiens. nec enim fieri potest, ut non is, in quo perfecta sit uirtus, sit etiam perfecta patientia.
4 unde quidam putant ne irasci quidem deum omnino, quod adfectibus, qui sunt perturbationes animi, subiectus non sit, quia fragile est omne animal quod adficitur et commouetur. quae
5 persuasio ueritatem ac religionem funditus tollit. sed seponatur interim nobis hic locus de ira ⟨dei⟩ disserendi, quod et uberior est materia et opere proprio latius exsequenda. illos ergo nequissimos spiritus quisquis ueneratus fuerit ac secutus, neque caelo neque luce potietur, quae sunt dei, sed in illa decidet, quae in distributione rerum attributa esse ipsi malorum principi disputauimus, in tenebras scilicet et inferos et supplicium sempiternum.
6 Docui religiones deorum triplici modo uanas esse: uno, quod simulacra ista quae coluntur effigies sint hominum mortuorum;

Epit.: 2, 17, 6–11] 25, 1; *ad* § 6 *cf. et* 20, 11 ... homo

14 disputauimus] 2, 9, 3–6. 11

Auct.: **1–2** Verg. Aen. 4, 464 sq.

Codd.: 9 *in* sepo| *desinit* G *p. 122, seq. p. 121 praeter* § 6 *fere lecta*
1 priorum BGHM *ut plurimi codd.* Verg., Mo; piorum VPR *(in* D *extat* p *tantum) ut* Verg. *cod.* M, Br; *quid legerit Lact., nescimus; cf.* Seru.   **2** horrificant] *s.l.* uel noti *(i.e.* notificant*)* V²   **3** et *om.* D aduersus G   **4** ipse] et i. HM   mittis R   **5** is] his sit G; his HM patientia] sap D *(cet. desunt);* sapientia *Mo ex errore*   **6** nec, c *exp. (m. post.?),* R, *ft. recte; cf. 1, 6, 7*   quod] quia BG   **8** quae] qua H¹
9 ac] atque R   ponatur M   **10** dei *om. codd. (etiam* B; G *non legitur,* D *deest), add. recc. (ex Hier. uir. ill. 80, 2), edd.; cf. ira 22, 1;* St 236; Heck, 1992, 595   uberior] ubi Bᵃᶜ, uberi B¹, *corr.* B³
11 nequissimo P¹, *corr.* P³   **12** quisque DV *(prob. Br cl. 6, 15, 5);* quisque uis *ut uid.* Pᵃʳ   ac secutus *in mg.* H²   **15** scilicet *om.* BG et in inferos B; *hoc et om.* HM   **18** colunt HM   effigies] et e. P

esse autem peruersum et incongruens, ut simulacrum hominis a
simulacro dei colatur; colit enim quod est deterius et imbecillius;
tum inexpiabile facinus esse deserere uiuentem, ut defunctorum
monumentis seruias, qui nec uitam nec lucem dare cuiquam
possunt, qua ipsi carent; nec esse alium quemquam deum praeter unum, cuius iudicio ac potestati omnis anima subiecta sit.
altero, quod ipsae imagines sacrae quibus homines inanissimi
seruiunt omni sensu careant, quoniam terra sint. quis autem
non intellegat nefas esse rectum animal curuari, ut adoret terram? quae idcirco pedibus nostris subiecta est, ut calcanda nobis, non adoranda sit, qui simus ideo excitati ex ea statumque
sublimem praeter ceteras animantes acceperimus, ut non reuol-
uamur deorsum nec hunc caelestem uultum proiciamus ad terram, sed oculos eo dirigamus, quo illos naturae suae condicio
direxit, nihilque aliud adoremus, nihil colamus nisi solius artificis parentisque nostri unicum nomen, qui propterea hominem
rigidum figurauit, ut sciamus nos ad superna et caelestia pro-

---

Codd.: 13 *in* caelestem *desinit* G *p. 121; hinc extant* B D V P H M R^p

1 ut *s.l.* M   simulacra P   **1–2** a . . . colatur] quasi deus colantur *sic* P
2 deo V^1 colent B; -let P^1 *(corr.* P^2*)* H M   inbeccillius B^{ar}
3 ut] et H M   **4** monimentis H   seruas D^{ac} cuiquam *om.* D V
5 potesunt D^1 qua] quia D^1 *(*qui D^2*)* V^1 P^1 *(corr.* P^3*);* quam
H^{ar} M^{ar} nec ... alium] necessarium V^1 *(*D *deest);* c *exp.* P
deum quemquam H M   deum] dominum P^1 **7** alterum H M
ipsae B^2 H, -se B^1 G *cet.*   quibus *s.l.* P^2 omnes P
uanissimi R   **8** seruiunt *om.* R   careant] n *exp.?* B
terra sint B^3 H M R; t. si B^1; sunt t. si G; t. sit V P *(*D *deest)*
qui H M   **9** rectum] ec *in ras.* V^2 *(*D *deest)*   **10** quae] neque B^1,
corr. B^3 **11** adoranda] o *pro exp.* a, ran *ex 3–4 litt. inc.* D^2
sumus H M R *recc., edd., Mo (ft. recte, si* simus *ex anteced.* sit *ortum)*
ex *s.l.* P^2; ut V^1; ab V^2 *(*D *deest)*   **12** acceperimus *codd. (*-pimus R*),*
Br, Mo; -pimus *recc., edd. (ft. recte suadente numero)*   **13** nec] ne
H M   hunc *ex* humo R   **14** oculos *om.* D V   erigamus *sic* H M
15 direxerit M^{ac} **16** parentis B^1, *corr.* B^3 **17** et] et ad R

uocari. tertio, quod spiritus qui praesunt ipsis religionibus condemnati et abiecti a deo per terram uolutentur, qui non tantum nihil praestare cultoribus suis possint, quoniam rerum potestas penes unum est, uerum etiam mortiferis eos inlecebris et erroribus perdant, quoniam hoc illis cottidianum sit opus, tenebras hominibus obducere, ne quaeratur ab his uerus deus. non igitur colendi sunt, quia sententiae dei subiacent. est enim piaculum maximum addicere se potestati eorum quibus, si iustitiam sequare, potentior esse possis et eos adiuratione diuini nominis expellere ac fugare. quodsi apparet religiones istas tot modis esse uanas quibus docui, manifestum est eos qui uel mortuis supplicant uel terram uenerantur uel spiritibus impuris animas suas mancipant, rationem hominum non tenere eosque impietatis ac sceleris sui supplicia pensuros, qui rebelles aduersus parentem generis humani deum susceptis inexpiabilibus sacris fas omne uiolauerint.

18. Quicumque igitur sacramentum hominis tueri rationemque naturae suae nititur obtinere, ipse se ab humo suscitet et erecta mente oculos suos tendat in caelum. non sub pedibus deum quaerat nec a uestigiis suis eruat quod adoret, quia quidquid homini subiacet, infra hominem sit necesse est, sed quaerat in sublimi, quaerat in summo, quia nihil potest esse homine

---

1 *ante* spiritus *eras.* sanctus? V   praesunt] sunt B   **3** possunt BDVP   **4** etiam] tamen D¹   mortiferas P¹, *corr.* P² terroribus DHM   **5** cottidianum, *pr.* t *eras.*, B, cotid- *cet.; cf. 1, 4, 3* est B   **6** omnibus P   ad HM   hiis P; iis *Br*   **7** quia] quoniam B   **11** est] et B¹, *corr.* B²   **12** uel *ante* spiritibus *om.* B   impuris] inmundis B; inportunis HM   **13** mancipantes B   ratione HM teneri, i *ex* e, H   **14** aduersum B   **15** parene D¹   inexpiabilibus] bus *in ras.* P; inexplica- R   sacri DV¹   **16** profas, pro *exp.*, D   **17** quaecumque V¹   homines D^ac   rationem quae P¹, *corr.* P²; -neque HM (-quae)   **18** naturae *om.* B   *post* suae *s.l.* uitae B² se *om.* R   et *s.l.* B³   **19** recte M   **20** eruat] erigat HM   **21** homines D   intra PHM   homines V   **22** summo] sublimo V^ac

maius nisi quod fuerit supra hominem. deus autem maior est homine. supra ergo, non infra est nec in ima potius, sed in summa regione quaerendus est.   quare non est dubium, quin religio nulla sit ubicumque simulacrum est. nam si religio ex diuinis rebus est, diuini autem nihil est nisi in rebus caelestibus, carent ergo religione simulacra, quia nihil potest esse caeleste in ea re quae fit ex terra. quod quidem de nomine ipso apparere sapienti potest.   quidquid enim simulatur, id falsum sit necesse est, nec potest umquam ueri nomen accipere quod ueritatem fuco et imitatione mentitur. si autem omnis imitatio non res potissimum seria, sed quasi ludus ac iocus est, non religio in simulacris, sed mimus religionis est.   praeferendum est igitur falsis omnibus uerum, calcanda terrena, ut caelestia consequamur.   ita enim se res habet, ut quisquis animam suam, cuius origo de caelo est, ad inferna et ima prostrauerit, eo cadat, quo se ipse deiecerit, ideoque oportet rationis ac status sui memorem non nisi ad superna niti semper ac tendere.   quod qui fecerit, hic plane sapiens, hic iustus, hic homo, hic denique caelo dignus iudicabitur, quem suus parens non humilem nec ad terram more quadrupedis abiectum, sed stantem potius ac rectum sicut eum fecit agnouerit.

Codd.: **17** *a* qui *incipit* G *p. 5 paene tota lecta; hinc extant* B G D V P H M R^p

1 maius] melius B¹, *corr.* B³   maior] si m. B; maius DVPR **2** in *utroque loco om.* P   **3** religione HM   quaerendum D   quiin D^{ar}, *s.l.* qr̃ *(i. e.* quare*)* D²   **4** ubique B^{ac}   **4–5** ex . . . rebus] d. in r. R   **5** diuini P¹, *corr.* P²   in *ex* e B³   **6** carent] apparent B religionis, is *pro* e *s.l.*, B²   *ante* potest *exp.* est V²   **7** ea *in ras.* D² fuit B^{ar}   **7–8** quod . . . potest *om.* B   **8** enim *om.* DV necesse est *in mg. inf.* D   **10** fuco] facie B   metitur DV¹ **12** est *ante* igitur *s.l.* D   **14** habent B   **15** infernam P¹, *corr.* P² **16** rationes P¹, *corr.* P²   statutus D^{ar} V¹   **17** niti ac *(s.l. m.2)* semper adtendere B   **18** hic *ante* homo *om.* HM   **20** quadripedis P instantem DV   ac rectum] arr- V   **21** fecerit B¹ *(corr. B³)* G

19. Peracta est nisi fallor magna et difficilis suscepti operis portio, et maiestate caelesti suggerente nobis dicendi facultatem inueteratos depulimus errores. nunc uero maior nobis ac difficilior cum philosophis proposita luctatio est, quorum summa doctrina et eloquentia quasi moles aliqua mihi opponitur   nam ut illic multitudine ac prope consensu omnium gentium premebamur, ita hic auctoritate praestantium omni genere laudis uirorum. quis autem nesciat plus esse momenti in paucioribus doctis quam in pluribus imperitis? sed non est desperandum istos quoque de sententia deo et ueritate ducibus posse depelli nec tam pertinaces fore arbitror, ut clarissimum solem sanis ac patentibus oculis uidere se negent. modo illud uerum sit quod ipsi solent profiteri, studio inuestigandae ueritatis se teneri, efficiam profecto, ut quaesitam ueritatem diu et aliquando inuentam esse credant et humanis ingeniis inueniri non potuisse fateantur.

Epit.: 2, 19, 2] 25, 2 ... praediti   5] 25, 3

Codd.: **5** *a* | ponitur *ad* § *6* fateantur *(fol. 52^v col. sin.) in* B *nonnullas litt. euan. uel oblitas rest.* B³   **16** *in* fateantur *desinit* G *p. 5; seq. p. 6 ut in fine libri uacua*

1 ni H   **2** caeleste B¹ *(corr.* B³*)* G   **3** dedepulimus D^{ar} nobis *om.* B¹ G; *ante* cum *s.l.* B³   **5** quasi] quales B¹, *corr.* B³ mihi *om.* P   **6** illoc *ut uid.* B¹, *corr.* B³; illuc D V   multitudinem H M   prope] paene B³ H M, pene B¹ G   consensum H M premebamur] ueritas premebatur B G *(praem-);* praemebatur *tantum* P   **8** nesciat] at *in ras. m.2?* V; nescit B¹ *(corr.* B³*)* D¹; -sciunt P^{ac} **9** *post* non *3 litt. eras.* M   disperandum V *(D deest)*   **10** dei H M ducibus *om.* H M   **11** sole V¹   **13** se *om.* P; sese R efficiant H M   **14** profecto *om.* P   **15** inuenire R   posse B G **16** *subscriptiones u. p. XXV sq.*

www.ingramcontent.com/pod-product-compliance
Lightning Source LLC
Chambersburg PA
CBHW052016290426
44112CB00014B/2262